# 新中国
# 城市社会组织
# 整合研究

RESEARCH ON THE INTEGRATION OF

# URBAN

## SOCIAL ORGANIZATIONS

IN NEW CHINA

高中伟 等 著

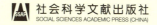
社会科学文献出版社
SOCIAL SCIENCES ACADEMIC PRESS (CHINA)

# 序

　　党的十八大明确指出："加快形成政社分开、权责明确、依法自治的现代社会组织体制，引导社会组织健康有序发展。"1949 年中华人民共和国成立后，中国共产党领导中国人民开展了一场气壮山河的深刻社会革命，中国的面貌焕然一新。新中国成立 70 多年来，中国社会发生了巨大的变迁，中国人民实现了从"站起来"、"富起来"到"强起来"的伟大飞跃，中国、中华民族、中国人民、中国共产党焕发新的生机和活力。中国共产党为实现对城市社会组织的有效整合，发挥其中介功能，在 70 多年的全面执政过程中，在整合城市社会组织的历史进程中取得了诸多创新性成果。

　　本研究以马克思主义基本原理为指导，充分运用党的文献、城市地方档案和社会调查资料，在对党与社会组织关系分析的基础上，采取"总—分—总"的研究思路：首先，根据历史分期对城市社会组织整合的历史进程进行考察，从新中国成立初期、改革开放时期、党的十八大以来三个阶段出发，探究城市社会组织的发展历程；其次，深入研究城市社会组织整合的基本经验与主要教训；最后，以史为鉴，提出新时代背景下提升城市社会组织整合效应的战略思考，以期为走出一条中国特色城市社会组织发展之路提供历史借鉴。

　　全书共五章。

　　第一章，概念·现状·作用：社会组织的研究现状及其概念与作用分析。本章首先在研究中厘清和界定了社会组织的概念，并对新中国成立以来中国的社会组织类型加以分析，梳理了研究的重难点及创新点。

其次，本章详细探讨了政党与社会组织的关系，尤其是中国共产党与社会组织之间的关系，分析了城市社会组织在社会整合中的作用。最后，着重分析了中国共产党如何通过社会组织这一新兴资源提升城市治理水平和执政能力。

第二章，思路·定位·重构：新中国成立初期城市社会组织的重构。本章首先厘清了新中国成立初期城市社会组织重构的总体思路，明确这一时期城市社会组织整合的方向。在此基础上，本章对中国城市社会组织的发展进程进行了梳理，总结了新中国成立初期城市社会组织发生的巨大变化，考察了20世纪五六十年代城市人民公社的兴衰历程，对城市空间的高度组织化实验进行了分析。我们认为：新中国成立初期，党在城市基层社会建立了以单位制为主体、以基层地区管理（街居制）和各类社会团体管理为辅的基层管理体制。国家依托"单位"组织形式管理职工，建立街道—居委会基层社会组织，管理各种社会闲散人员、民政救济和社会优抚对象等，通过社会团体把不同职业、性别、年龄、文化信仰的社会群体纳入受政府管辖的相应社会团体中，从而实现了对城市各阶层、各类型社会成员及社会组织的整合与再造，形成了集中力量恢复发展国民经济和促进社会安定团结的生动局面。

第三章，机遇·调整·发展：改革开放时期城市社会组织的新整合。改革开放以来，随着我国经济和政治体制改革逐步深化，独立的社会组织力量悄然萌发，社会组织的主体地位不断提升，活动领域日益广泛。本章主要对改革开放以来城市社会组织的新整合进行历史梳理。首先，分析改革开放时期城市社会组织恢复与发展的社会背景与历史动因，探究影响城市社会组织发展的因素，以实现党对城市社会组织整合的有效把握。其次，梳理改革开放时期城市社会组织发展的演进历程，考察这一时期城市社会组织整合的具体举措，梳理了城市社会组织整合的发展历程。再次，总结了改革开放时期城市社会组织发展的特征，进一步提炼了城市社会组织在参与社会建设、从事非营利性活动、提供基层社区服务、化解社会矛盾过程中体现出的特定的政治、经济、文化与社会环境的鲜明特点。最后，归纳改革开放时期城市社会组织整合方面的主要成就，总结其经验，把握其规律，这有助于探索城市社会组织整合的新机制。

第四章，变革·创新·成就：新时代城市社会组织整合的变革与创新。本章以党的十八大为研究起点，分析了新时代城市社会组织整合的变革和创新。首先，系统研究了党的十八大以来对城市社会组织的谋划与布局，以从战略高度更好地把握城市社会组织在参与社会治理和承担政府职能转移过程中的重要作用。其次，梳理了党的十八大以来城市社会组织的发展概况，从城市社区组织的演变与发展、群团组织的改革与建设、新型社会组织的建立与完善三个维度进行研究，以期概括这一时期城市社会组织整合的新举措。再次，概括总结了党的十八大以来城市社会组织创新发展的特征，为推动经济社会的可持续发展、激发社会活力和维护国家的长治久安提供借鉴。最后，着重分析了党的十八大以来城市社会组织创新发展的主要成就，这有助于更清晰地展现我国城市社会组织的发展经验，从而为新时代城市社会组织的发展提供参考。

第五章，既往·站位·开来：新中国成立以来城市社会组织整合的基本经验与战略思考。本章首先对新中国成立以来城市社会组织整合的基本经验进行了总结。我们认为：坚持党的领导是开展城市社会组织整合工作的基本前提，坚持群众广泛参与是推动城市社会组织整合的关键，坚持把社会组织作为中国共产党执政的新兴资源是实现社会组织整合的保障。其次，本章还分析和总结了促进社会组织发展的国际经验。我们认为国外关于社会组织的监管体制及法律体系的构建对中国社会组织的发展有重要借鉴作用，同时我们更应构建起在中国特色社会主义制度下运行和发展的具有中国特色、中国元素、中国智慧的社会组织。最后，本章对新时代如何提升社会组织的整合效应进行了战略思考。我们的观点是：以史为鉴，加强和改善社会组织的党建工作；推动社会组织的政治参与，丰富党的政治资源；发挥社会组织在国家与市场发展中的中介功能，丰富党的经济资源；发挥社会组织的社会服务功能，丰富党的社会管理资源；发挥社会组织的利益协调功能，丰富党的群众资源。

目录

# 第一章 概念·现状·作用：社会组织的 研究现状及其概念与作用分析

新中国成立以来，通过对城市基层社会组织进行重新构建，并借此在短时间内迅速实现有效的社会治理，成功地完成城市基层社会的重大转型，将旧的城市社会改造为符合社会主义发展目标的新型城市社会是中国共产党对城市进行改造的重要内容之一。因此，在进行深入研究之前，有必要对"社会组织"这一概念及其所涉及的相关问题进行阐释。

## 第一节 研究意义与研究思路及方法

所谓社会整合，就是要解决在一种竞争的系统中维持秩序的问题，其最大功能在于维系社会的和谐，提高社会的整体发展水平。中国共产党作为执政党，要实现建设和谐社会的目标，就必须进行社会整合的机制建构，协调好各方面的利益关系。中国共产党为了实现对社会组织的有效整合，发挥其中间功能，在70多年的执政过程中，在整合城市社会组织的历史进程中取得了诸多创造性成果。新中国成立以后，中国共产党对城市社会进行了全面重构，实现了城市社会的全面组织化，逐步形成了适应计划经济体制的国家社会一体化的社会治理格局，有效地实现了城市社会的稳定。随着改革开放的深入和市场经济的发展，社会阶层出现了明显的分化，新的社会组织大量涌现，在城市基层社会中形成了种类多样、行业广泛、层次众多、社会影响突出的社会组织体系。

2009 年底，全国社会组织登记注册数量约为 42.5 万个[1]，2018 年全国各种社会组织有 80 余万个[2]，增幅巨大，这与该时期中国经济和社会发展的需求相适应，与国家和社会结构转换也有关联。除数量迅猛发展外，社会组织层次也出现下移的现象，数量繁多的社会组织根植基层社会，截至 2020 年 6 月，约有 54 万个社会组织活跃在县级区域，市级社会组织数量约为 13 万个，而省部级社会组织占 22.59%。[3] 从社会组织的类型来看，民办非企业单位一类的社会组织约有 43 万个，社会团体类别的社会组织约有 38 万个，两种类型几乎占了 98%。[4] 社会组织的快速发展，能在一定程度上凝聚社会共识，同时需要合理的治理方式，加以规范运行，以确保社会组织平稳和谐发展。

当前，我国正处在全面建成小康社会的决胜期、实现中华民族伟大复兴的关键期。如何实现对城市社会组织的有效整合，凝聚社会组织所代表的重要民间力量，推动新时代中国特色社会主义不断发展，是中国共产党执政实践面临的新挑战，事关党的执政能力的提升，事关全面建成小康社会与中华民族伟大复兴目标的实现。党的十八大以来，中央明确提出，要加快形成"现代社会组织体制"，"引导社会组织健康有序发展"。本研究系统梳理新中国成立以来城市社会组织整合的历史进程，认真总结其历史经验，进一步探索新形势下城市社会组织整合的新路径，以期为促进城市社会的和谐稳定提供历史借鉴和对策思路。

## 一　研究意义

第一，本研究可以在一定程度上扩大目前中共党史的研究范畴。本研究不仅可以更为全面地展现新中国成立以来我国城市社会组织转型和发展的历史进程，而且可以更为系统地考察党在整合城市社会组织中的

---

[1] 《2009 年民政事业发展统计公报》，《中国民政》2010 年第 7 期，第 16 页。
[2] 《民政统计季报（2018 年 4 季度）》，中华人民共和国民政部网站，www.mca.gov.cn。
[3] 资料来源于中国社会组织公共服务平台网站，www.chinanpo.gov.cn。
[4] 黄晓勇主编《中国社会组织报告（2018）》，社会科学文献出版社，2018，第 3 页。

重要成就和基本经验，从一个新的视角回顾中国共产党对中国特色社会主义社会发展道路的艰辛探索历程。因此，本研究具有一定的理论意义和学术价值。

第二，本研究可以为推进城市社会和谐稳定提供历史借鉴和对策思路。在现代治理条件下加强城市社会建设和社会管理创新需要整合城市社会组织的力量。当前我国新型社会组织大量涌现，城市社会管理创新的需求越来越迫切。党的十八大明确指出，要"加快形成政社分开、权责明确、依法自治的现代社会组织体制"，要"引导社会组织健康有序发展"，要加大"社会组织党建工作力度"。① 本研究在梳理历史的基础上，深入研究了城市社会组织整合的成功经验，同时总结了一些不足之处，以期提出新时代进一步提升社会组织整合效应的战略思考，积极探索促进城市社会组织作用发挥的体制机制，构建有中国特色的社会组织发展模式。因此，本研究具有一定的现实意义。

## 二　主要研究内容

本研究根据所能收集到的党的文献、城市地方档案和社会调查资料，本着历史与现实相统一的原则，重点研究了以下五部分内容。

第一部分：社会组织的概念界定及其与政党的关系研究。具体包括以下四点：一是在研究中厘清和界定社会组织的概念，并对新中国成立以来中国的社会组织类型加以分析；二是详细探讨政党与社会组织的关系，尤其是中国共产党与社会组织之间的关系；三是分析中国共产党在城市社会组织中展开的社会整合的作用；四是探讨中国共产党如何通过社会组织这一新兴资源提升城市治理水平和执政能力。

第二部分：新中国成立初期党对城市社会组织的重构。具体包括以下六点：一是新中国成立初期城市社会组织重构的总体思路；二是单位制作为新中国成立初期城市基层社会组织的主体，在整合社会资源、加

---

① 胡锦涛：《坚定不移沿着中国特色社会主义道路前进，为全面建成小康社会而奋斗——在中国共产党第十八次全国代表大会上的报告》，《人民日报》2012 年 11 月 18 日。

强城市基层社会治理中的做法；三是新中国成立初期党和国家对城市基层社会组织的重新定位，也就是用城市居委会取代保甲制，居委会成为党在城市最基层的管理组织，以社会主义社会思想改造基层社会；四是新中国成立初期中国共产党通过改造旧型人民团体与构建新型人民团体，并确认其身份，使人民团体成为党联系基层群众的新形式；五是中国共产党通过对旧有慈善团体的改造，实现了从社会救助到政府主导的转变；六是通过文化改造和宗教革新，旧式文化社团实现了官方化，新建的爱国宗教社团成为党和政府与宗教界联系的纽带。

第三部分：改革开放以来城市社会组织的新整合。具体包括以下四点：一是分析改革开放时期城市社会组织恢复与发展的社会背景与历史动因，探究影响城市社会组织发展的因素，实现党对城市社会组织整合的有效把握；二是梳理和研究改革开放时期党领导城市社会组织发展的演进历程，深入理解这一时期城市社会组织整合的具体举措，厘清城市社会组织整合的发展历程；三是总结改革开放时期城市社会组织发展的特征，进一步提炼城市社会组织在参与社会建设、从事非营利性活动、提供基层社区服务、化解社会矛盾过程中体现出的特定的政治、经济、文化与社会环境的鲜明特点；四是归纳改革开放时期城市社会组织整合的主要成就，总结其经验，把握其规律，这有助于探索城市社会组织整合的新机制。

第四部分：新时代城市社会组织整合的变革与创新。具体包括以下四点：一是系统研究党的十八大以来对社会组织的谋划与布局，从战略高度把握城市社会组织在参与社会治理和承担政府职能转移过程中的重要作用；二是梳理党的十八大以来城市社会组织的发展概况，从城市社区组织的演变与发展、群团组织的改革与建设、新型社会组织的建立与完善三个角度进行研究，以期概括这一时期城市社会组织整合的举措；三是概括总结党的十八大以来城市社会组织创新发展的特征，为促进经济社会发展进步、激发社会活力和实现国家长治久安提供借鉴；四是分析党的十八大以来城市社会组织创新发展的主要成就，这有助于更清晰地展现我国城市社会组织发展的经验，从而为新时代城市社会组织的发展提供参考。

第五部分：新中国成立以来城市社会组织整合的基本经验与战略思考。具体包括以下三点。一是总结新中国成立以来城市社会组织整合工作的基本经验，即坚持党的领导是开展城市社会组织整合工作的基本前提，坚持群众广泛参与是推动城市社会组织整合的关键，坚持把社会组织作为中国共产党执政的新兴资源是实现社会组织整合的保障。二是总结社会组织发展的国际经验，包括国外关于社会组织的监管体制对中国的启示，国外关于社会组织的法律体系的构建对中国的启示。三是提出新时代提升社会组织整合效应的战略思考，包括：以史为鉴，加强和改善社会组织的党建工作；推动社会组织的政治参与，丰富党的政治资源；发挥社会组织在国家与市场发展中的中介功能，丰富党的经济资源；发挥社会组织的社会服务功能，丰富党的社会管理资源；发挥社会组织的利益协调功能，丰富党的群众资源。

### 三　基本思路和研究方法

#### （一）基本思路

本研究以马克思主义基本原理为指导，充分运用党的文献、城市地方档案和社会调查资料，在对党与社会组织之间关系分析的基础上，采取"总—分—总"的研究思路。首先，根据历史分期对城市社会组织整合的历史进程进行考察和分析；其次，深入研究城市社会组织整合的基本经验与主要教训；最后，以史为鉴，提出新时代背景下提升城市社会组织整合效应的战略思考，以期为走出一条中国特色城市社会组织发展之路提供历史借鉴。

#### （二）研究方法

第一，历史分析与多学科综合分析相统一。本研究在考察分析史料时以历史学的基本方法为主，注重分析城市社会组织发展的历史变迁。

在运用历史学分析方法的基础上，引入政治学和社会学的相关理论与方法进行综合分析，重点引入社会学中的社会控制理论来探究城市社会组织整合的历史经验。

第二，理论研究和实证研究相结合。本研究在对新中国成立以来城市社会组织整合进行理论分析的同时，开展了广泛深入的社会调查，调研城市社会组织发展中的经验、问题、障碍及解决办法。

## 四 研究的重点、难点

### （一）研究重点

对城市社会组织的有效整合关系城市社会和谐稳定，更关系中国共产党执政能力的提升。因此，我们应当把对这一问题的研究放到总结共产党执政经验的高度来看待。本研究的重点主要有三个方面。

第一，城市社会组织整合模式的嬗变及走向。新中国成立70多年来，城市社会组织整合的模式变迁和特点演变，内含政治规律和社会规律，科学总结和准确把握这些规律，不断创新整合社会组织的思路，关乎党在城市的执政能力的提升。

第二，基本经验与主要教训。深入总结新中国成立70多年来城市社会组织整合的成功经验，同时吸取既往的主要教训，根据新的党情、世情、国情审慎灵活地调整城市社会组织整合的思路与政策，成为本研究的重点领域和关键环节。

第三，新时代背景下提升城市社会组织整合效应的战略思考。当前我国改革发展进入攻坚阶段，新型社会组织不断涌现，积极探索城市社会组织在国家治理体系与治理能力现代化过程中的体制机制创新，促进其在社会治理中多种功能的发挥，为构建中国特色社会组织发展之路贡献力量，是一项十分紧迫和极其艰巨的工作。

### （二）研究难点

第一，文献档案的搜集、整理和社会调查具有一定的难度。随着近年来各城市有关档案的陆续开放，虽然研究具有更好的资料基础，但有关新中国成立以来城市社会组织发展的资料非常庞杂和分散，故资料的搜集和整理工作量很大。同时，本研究还需进行广泛的社会调查，这进一步加大了工作的难度。因此，本研究需要投入相当大的人力、财力，才能完成资料搜集整理和社会调查工作。

第二，理论上的宏观把握具有一定的难度。本课题的研究时段较长，涉及的城市很多，研究的空间范围很广，而且研究的内容也很多，同时需要运用多学科的研究方法，因而要想对研究对象进行全面系统地总结，研究者在高度熟悉所研究领域的同时，还必须具备相当高的理论水平和概括能力，才能更好地完成该研究。

## 五　主要观点及创新之处

### (一) 主要观点

本研究在对党与社会组织关系分析的基础上，采取"总—分—总"的研究思路，对新中国成立初期城市社会组织的重构和改革开放以来城市社会组织整合的发展进程进行了历史考察，认为城市社会组织整合工作的基本经验有：坚持党的领导是开展城市社会组织整合工作的基本前提，坚持群众广泛参与是推动城市社会组织整合的关键，坚持把社会组织作为中国共产党执政的新兴资源是实现社会组织整合的保障。在新时代提升城市社会组织的整合效应，需要加强和改善社会组织的党建工作，推动社会组织的政治参与，发挥社会组织的市场中介功能、社会服务功能、利益协调功能，以丰富党的政治资源、经济资源、社会管理资源和群众资源。

### (二) 创新之处

第一，选题具有一定的创新意义。目前国内外相关研究成果中，尚无专门研究新中国成立以来党对城市社会组织整合的著作，本研究具有一定的开拓创新意义。

第二，观点具有一定的创新性。以往关于社会组织的研究主要针对某一个历史阶段，少有对新中国成立以来城市社会组织整合的历史全过程加以考察的，特别是对党在推动城市社会组织整合的思路演进及马克思主义中国化过程中的作用与影响认识不足。本研究则侧重于从马克思主义中国化与构建中国特色社会主义发展之路的角度出发，深入总结历史经验，并提出针对当下问题的对策思路。

第三，资料具有一定的新颖性。以往的中共党史研究，侧重于对中央层面的文献档案资料进行挖掘和利用，对地方档案的运用则相对不足。本研究以北京、上海、武汉、成都等各区域典型城市的地方档案为主，深入探讨中国共产党在各个时期整合城市社会组织的大政方针是如何在各城市施行的，以及其在实践过程中遇到什么样的问题、最终如何解决，从而沿着中国特色社会主义道路不断向前。

## 第二节　社会组织研究学术史回顾与评述

新中国成立以来，我国社会组织得到发展，数量逐步增多，规模逐渐扩大，但也出现不少问题，社会组织在发展过程中遭遇很多现实的困境。随着党和国家对社会组织建设的重视，学界逐步掀起对社会组织的研究热潮。在众多的学术成果中，既有对社会组织理论方面的研究，比如社会组织发展历史逻辑研究、社会组织内涵和特征研究、领导人的社会组织思想研究、社会组织与党的关系研究、城市和乡村社会组织研究等从多种视角对社会组织进行的多样化的研究，也有对社会组织发展实践的研究，这里的实践不仅包括对各个时期具体行动的研究，还有对当下社会组织理论的实践路径的研究，如对南京、张家港、成都、北京等城市社会组织培育的实践研究。文献当中也涉及政府与社会组织的实践研究，探讨了处理政府与社会组织之间关系的实践路径。这些丰富的研究成果为我们提供了研究资料和研究空间。在实际研读的过程中，存在几个亟待加强的研究薄弱点。缺乏整体性和历史性，缺乏社会组织实践材料的支撑，缺乏对社会组织实时材料的研究，这三个方面的薄弱点是我们在以后的研究当中应当注意的重点方面。

党的十九大报告中对社会组织给予了足够的重视，习近平强调："党的基层组织是确保党的路线方针政策和决策部署贯彻落实的基础。要以提升组织力为重点，突出政治功能，把企业、农村、机关、学校、科研院所、街道社区、社会组织等基层党组织建设成为宣传党的主张、贯彻党的决定、领导基层治理、团结动员群众、推动改革发展的坚强战斗堡垒。"① 这给社会组织提出了新的要求和新的使命。习近平还强调，特别要"注重从产业工人、青年农民、高知识群体中和在非公有制经济组织、社会组织中发展党员"②，要通过多种类、多层次、多领域的社会组织来尽可能吸纳更多的社会主义建设者，并且要加强党的领导，发挥党员在社会组织中的模范带头作用，推动社会组织向规范化、制度化的方向发展。上述要求实际上是对党的十八大以来社会组织建设与发展思想的继承与发展。党的十八大报告中提出："加快形成政社分开、权责明确、依法自治的现代社会组织体制，加快形成源头治理、动态管理、应急处置相结合的社会管理机制。"③ 由此可见，党的十八大以来推动社会组织健康发展成为我国社会改革和建设的重要内容，有利于实现我国的现代化目标。

党的十六届六中全会上第一次提出"社会组织"的概念④，明确提出要"坚持培育发展和管理监督并重，完善培育扶持和依法管理社会组

---

① 习近平：《决胜全面建成小康社会，夺取新时代中国特色社会主义伟大胜利——在中国共产党第十九次全国代表大会上的报告》，《人民日报》2017 年 10 月 28 日。

② 习近平：《决胜全面建成小康社会，夺取新时代中国特色社会主义伟大胜利——在中国共产党第十九次全国代表大会上的报告》，《人民日报》2017 年 10 月 28 日。

③ 胡锦涛：《坚定不移沿着中国特色社会主义道路前进，为全面建成小康社会而奋斗——在中国共产党第十八次全国代表大会上的报告》，《人民日报》2012 年 11 月 18 日。

④ 张海军：《"社会组织"概念的提出及其重要意义》，《社团管理研究》2012 年第 12 期，第 82 页。

织的政策"①。党的十七大报告在关于"加快推进以改善民生为重点的社会建设"的章节中强调"重视社会组织建设和管理"②，社会组织是对非政府组织、非营利组织、传统民间组织、公益机构或者第三部门等历史上出现和使用过的关于这一性质的组织的新名称③，是在中国改革开放与现代化建设过程中对其概念、特质概括做出的科学指称。从新中国成立至今，我国的社会组织经历了很多的挫折和困难，比如社会组织自身发展动力的不足，主要表现为：行政色彩较浓，内部机制不健全；经费紧张，社会发展资金主要依靠政府的投入和社会捐赠，缺乏可持续发展的资金来源；社会组织定位不明、目标不清；各种社会组织较少且不同地区、不同类型的社会组织发展极不平衡，影响社会组织发挥作用。另外，改革开放以来，我国的社会组织发展还存在很多的障碍。比如我国对于社会组织的管理缺乏柔性，关于社会组织管理的法律法规的支撑力不足，虽然党的十八大以来中央发布了很多强调社会组织的内容，但是个别基层政府和民众对社会组织的认可度还有待提高。社会组织在对自己的认定中过多地依赖外界力量，对自身的管理缺乏系统性和科学性，治理手段落后，治理力量薄弱，欠缺激励机制和监管机制。社会组织发展面临众多的现实困境，但是整体上还是呈现持续增长的趋势。因为社会组织具有重要作用，所以需要及时解决社会组织面临的问题和困难，需要促使社会组织在党的领导下发挥重要的推进作用。因此，不断探索和考察新中国成立以来社会组织发展的历程，分析社会组织发展的过程、特征，总结经验和教训，有利于深入了解社会组织的成长特点和规律，在新时代更好地推进社会组织的发展，有效地发挥各类社会组织在国家治理体系和治理能力现代化中的作用，有力地促进中国特色社会主义健

---

① 中共中央文献研究室编《改革开放三十年重要文献选编》下，中央文献出版社，2008，第1653 页。

② 胡锦涛：《高举中国特色社会主义伟大旗帜，为夺取全面建设小康社会新胜利而奋斗——在中国共产党第十七次全国代表大会上的报告》，《人民日报》2007 年 10 月 16 日。

③ 陈洪涛：《"社会组织"概念的政策与理论考察及使用必要性探析》，《社团管理研究》2009 年第 6 期。

康稳定发展。

## 一　研究成果的主要内容

在中国的语境中使用"社会组织"这一概念，具有特殊的内涵和指向。它与国内外非政治和非经济组织相关，但是在不同发展时期又具有特殊性。党的十六届六中全会中第一次出现"社会组织"一词，这一词语有不同于非营利组织和非政府组织的意义。实际上，在社会组织的发展历程当中，"社会组织"是一个灵活的、具有包含性的概念。当前学界使用的"社会组织"的含义很多，既有自然人、法人和其他社会团体为满足社会需要或部分社会成员需要而设立的非营利性组织[1]（主要包括社会团体、民办非企业单位、基金会、社会中介组织以及城乡社区组织等[2]），也有"以社会力量为基础，以公共利益为主要目标，以提供公共服务和从事公益活动为内容的群体和组织形式"（包括有着共同利益追求的公民自愿组成并且依法注册登记的社会团体、民办非企业单位、基金会三大类，是相对独立于政府、企业之外的第三部门）[3]。由于社会组织概念界定多样、含义广泛、内容丰富，本书会在后文对其进行具体全面的界定。

新中国成立以来，随着社会组织的成长和完善，其在促进经济与社会发展等方面的作用日渐增大，我国对于社会组织的重视程度越来越高，学界对于社会组织的研究也逐步增多。学界对社会组织的真正关注始于1995年第四次世界妇女大会，经历了从学习国外先进经验到进行本土化研究的艰难历程。仅从数据库来看，1987年以前，学界对社会组织的研究几乎没有，1987年到2007年学界逐步增加对社会组织的研究，2007年以后学界对社会组织的研究稳步增加，这些相关资料主要分为两大部

---

[1]　周浩集：《近年来中国共产党与社会组织的关系研究述评》，《中共云南省委党校学报》2010年第3期。

[2]　《关于加强社会组织党的建设工作的意见（试行）》，《中国社会组织》2015年第19期。

[3]　陈玲玲：《我国社会组织发展的现实困境与路径选择》，《学理论》2015年第22期。

分，一部分是对党领导下的社会组织理论的研究，另一部分是对社会组织实践的研究。

## （一）关于社会组织理论的研究

这部分材料主要是从理论的角度研究社会组织，这些理论成果可分为以下几类：对社会组织历史逻辑的研究，对社会组织概念和特征的研究，对重要人物社会组织思想的研究，对社会组织与中国共产党关系的研究，对城市和乡村社会组织的研究，对社会组织多种视角的研究。

### 1. 关于社会组织历史逻辑的研究

社会组织在实践当中是要不断变化和调整的。这部分资料主要是按照社会组织发展的时间顺序组织起来的，可分成两个部分。一是对于社会组织整体发展历史逻辑的研究，比如于成文、王凛然、胡婷、黄进、陈序、陈姝娅、吴晓霞、周智俐、刘春、王晓阳都通过阐释社会组织的组成部分（社团、城市基层）或者整体社会组织的管理的发展历程去探索社会组织的发展状况。[①] 其中，社会组织在新中国成立以来发展历程的分期是目前学界探索的一个重要方面，其研究成果具有多样性。于成文是按照新中国成立初期、改革开放后、党的十六大以来三个时期进行划分的。王凛然、胡婷直接按照时间的变化对社会组织的发展进行阐述。黄进、陈序从社会管理的准备时期、奠基时期、形成时期三个阶段对社会组织进行研究。陈姝娅按照新中国成立以后、改革开放以来、21 世纪

---

① 于成文：《建国以来我国社会组织结构的演变与发展》，中共中央党校博士学位论文，2008；王凛然：《新中国成立以来党的群团工作的主要成就及基本经验》，《中州学刊》2017 年第 9 期；胡婷：《中国社会组织的发展与治理问题研究》，《西藏科技》2017 年第 11 期；黄进、陈序：《论中国特色社会主义社会管理理论的形成》，《毛泽东思想研究》2013 年第 1 期；陈姝娅：《马克思主义视域下中国社会组织发展研究》，浙江大学博士学位论文，2017；吴晓霞：《当代中国城市基层治理的演进线索和内在逻辑》，《新视野》2016 年第 2 期；周智俐：《中国共产主义青年团的历史演变及当代转型》，四川省社会科学院硕士学位论文，2017；刘春：《当代中国社会组织发展史研究》，中国社会科学院研究生院博士学位论文，2013；王晓阳：《和谐社会建设视阈下我国社会组织发展研究》，西安工业大学硕士学位论文，2018。

以来三个时期对社会组织的发展历程进行探索。吴晓霞从改革开放之前三十年、改革开放初期、新时期三个时期的城市基层治理来研究社会组织的发展。周智俐则从新民主主义革命时期、社会主义革命及建设时期、改革开放至今三个时期对社会组织的一部分——共青团进行研究。刘春对社会组织的研究是比较全面的，他将社会组织的发展细致地分为"1949~1956""1957~1977""1978~1991""1992~2006""2007~2012"五个时期。二是对社会组织在某一个时期发展的历史逻辑的研究，比如周浩集、廖鸿、杨婧、陈鹏、谢菊、马庆钰、邓泉国等基本上都是对改革开放以来社会组织发展的历史进程进行分期研究，且分期各有不同。[①]周浩集将党领导的社会组织发展过程分为"1978~1987""1988~2000""2001~2012"等阶段。廖鸿、杨婧将社会组织的发展历程分为三个阶段，即"1978~1995""1996~2011""2012年以后"。陈鹏将改革开放后社会治理的基本历程分为管控阶段（1978~1992）、经营阶段（1992~2002）、管理阶段（2002~2012）、治理阶段（2012年至今）。谢菊、马庆钰将社会组织的发展历程分为复苏发展时期（1978~1989）、曲折发展时期（1990~2001）、稳定发展时期（2002~2012）。邓泉国将城市社区建设中社区居民自治分为酝酿阶段（1978~1991）、探索和试验阶段（1991~2000）、全面推进阶段（2000年至今）。

　　这部分研究总体上来说，对于社会组织整体历史进程的研究较少，基本上都是关于社会组织的部分内容——社团和社会治理的研究，或者是对新中国成立以来某一段时期社会组织的研究。基于整体的研究也基本停留在2012年前后，如今社会组织的发展又有了新的变化。因此，很有必要将这些碎片化的社会组织发展历程资料集中起来进行系统性研究，

---

[①]　周浩集：《改革开放以来党领导社会组织发展的历史考察》，《聊城大学学报》（社会科学版）2018年第5期；廖鸿、杨婧：《改革开放以来社会组织的发展与主要成就》，《中国民政》2018年第15期；陈鹏：《中国社会治理40年：回顾与前瞻》，《北京师范大学学报》（社会科学版）2018年第6期；谢菊、马庆钰：《中国社会组织发展历程回顾》，《云南行政学院学报》2015年第1期；邓泉国：《中国城市社区居民自治》，天津师范大学硕士学位论文，2003。

厘清整个发展历程，这既有研究的空间，也存在研究材料的支撑，更有研究的必要性和紧迫性。

2. 关于社会组织概念和特征的研究

对社会组织具体的内涵需要进行清晰的界定。曾正滋、王新明、谷玉辉、赖佩媛、陈娟娟、祝建兵、陈姝娅、于成文都对社会组织的概念进行了界定，基本上可分为两种：一种是从马克思主义的社会组织理论和学界对社会组织的概念进行概括总结的角度来对社会组织进行定义，另一种则是从广义和狭义的角度对社会组织进行定义。① 其中，曾正滋认为社会组织从广义上来说指的是人类社会中的各种组织，从狭义方面来说是与政治组织和经济组织并列的组织，是排除政治组织和经济组织的其他社会组织。另外一种具有代表性的解释是于成文提出的，他认为要从马克思主义由低级向高级发展的社会组织理论和社会组织性质出发，他还整理和分析了各个学者（如中央党校的青连斌教授等）对于社会组织的观点。

相对来说，这部分研究成果角度较多，从多个方面详细地介绍了社会组织的含义、分类、特征。相关研究不仅包含马克思主义社会组织的观点，还包括现代发展中学者们对社会组织的观点，通过仔细地对这些材料进行归类、整理、阅读，可以更为全面地掌握社会组织的定义，为本书奠定写作基础和提供材料。

3. 关于重要人物社会组织思想的研究

在社会组织的发展过程当中，各个时期的重要人物也在社会组织的建设中积累了许多思想。比如张光成、郭修起、李忠霞、曾辉方、康宗

---

① 曾正滋：《中国特色社会主义社会组织协同治理研究——以国家治理现代化为视角》，福建师范大学硕士学位论文，2015；王新明：《中国特色社会建设视域下的社会组织研究》，中国石油大学博士学位论文，2014；谷玉辉：《中国社会组织协商民主研究》，吉林大学博士学位论文，2018；赖佩媛：《社会组织在中国国家治理中的作用研究》，中共中央党校博士学位论文，2016；陈娟娟、祝建兵：《社会组织：中国共产党执政的新兴资源》，《中共成都市委党校学报》2010年第4期；陈姝娅：《马克思主义视域下中国社会组织发展研究》，浙江大学博士学位论文，2017；于成文：《建国以来我国社会组织结构的演变与发展》，中共中央党校博士学位论文，2008。

基、庄锡福、段治文、陈姝娅、刘晨之、李禹阶、王小华等人的文章当
中涉及马克思、恩格斯、葛兰西、哈贝马斯、墨子、司马迁、康有为、
邓小平等人的社会组织思想。① 其中，既涉及马克思等他国经典人物对
社会组织的阐述，也涉及中国领导人及思想家关于社会组织的思想。中
国社会组织思想的发展情况也受国外社会组织思想发展的影响，特别是
在 1919 年以后，中国共产党以马克思主义思想为指导，领导中国社会的
革命、建设和发展，所以社会组织思想在很大程度上受到了马克思主义
经典作家的社会组织思想影响。

关于社会组织思想的资料中，包含中国古代关于社会组织的思想和
西方的社会组织思想，还包括新中国成立以来我国社会组织思想的发展，
这些思想充分反映了当时的社会组织发展情况。因此，在研究社会组织
的整合时，这部分资料可以提供思想渊源，证明社会组织在发展的同时
也受相关理论的指导，这也是这个历程当中，社会组织不断发展的历史
经验之一。

4. 关于社会组织与中国共产党关系的研究

社会组织的发展必须要接受中国共产党的领导，但社会组织是一种
非政治性组织，党在领导并促进社会组织正常发展的同时，又不能完全
主导社会组织的发展，这就需要我们在社会组织的发展历程当中探索并
正确处理党与社会组织的关系。沈筱芳、周浩集、黄建、军梁宇、余晓
芳、王义、康宗基、孙希江、刘志辉等学者的论著当中阐明了新中国成

---

① 张光成、郭修起、李忠霞：《邓小平社会组织思想初探》，《毛泽东思想研究》1995 年第 1
期；曾辉方：《邓小平的社会组织建设思想研究》，《理论与当代》2015 年第 6 期；康宗
基：《马克思主义社会组织思想及其在当代中国的新发展》，《广西社会科学》2017 年第 2
期；康宗基、庄锡福：《马克思恩格斯社会组织思想及其现实意义》，《南京航空航天大学
学报》（社会科学版）2017 年第 6 期；段治文、陈姝娅：《马克思——葛兰西——哈贝马
斯：马克思主义社会组织思想的逻辑生成》，《湖北社会科学》2016 年第 3 期；刘晨之：
《墨子社会组织思想琐论》，《管子学刊》1998 年第 1 期；刘晨之：《墨子社会组织思想与
家族制企业文化转型》，《管子学刊》2010 年第 4 期；李禹阶：《司马迁的社会整合与社会
组织思想》，《重庆师院学报》（哲学社会科学版）1998 年第 1 期；王小华：《康有为社会
组织整合思想探微》，《重庆科技学院学报》（社会科学版）2008 年第 10 期。

立以来党和社会组织的关系。① 其中，比较多的是对于改革开放以后党和社会组织关系的探讨。这些文献概括了政党与社会组织关系的一般模式，主要有合作、对抗、支配、相互转化等类型。中国改革开放以来，由于多种因素的变化，中国共产党与社会组织的关系基本上经历了控制型—控制和培育型—培育型的转变历程。

学界对于党和社会组织关系的探讨大多数集中在改革开放以后，对于新中国成立到改革开放这段时间的党和社会组织关系的研究较少。整体梳理新中国成立以来党与社会组织关系的变化，以及其中的影响因素，比如政府、市场、社会治理的现代化以及执政党巩固政权的需要等，有助于深化党对社会组织整合情况的研究。

5. 关于城市和乡村社会组织的研究

学界的研究中，不仅有本书所需的对城市社会组织的研究资料，还有对乡村社会组织的研究资料。邱梦华、耿云、高中伟、邱国盛、刘新宇等都做了关于城市社区等城市基层社会组织的成长、发展和作用等的研究。② 其中，一部分文章强调城市基层社会组织是基层社会力量的集中体现，由于其与社会建设和社区建设都有着密切的联系，将成为我国社会发展的重要领域。③ 另一部分文章强调现在我国虽拥有大规模的、

---

① 沈筱芳：《党的领导与基层社会治理研究》，中共中央党校博士学位论文，2017；周浩集：《改革开放以来党与社会组织的关系研究》，中共中央党校博士学位论文，2010；周浩集：《近年来中国共产党与社会组织的关系研究述评》，《中共云南省委党校学报》2010 年第 3 期；黄建、军梁宇、余晓芳：《改革开放以来我国政府与社会组织关系建构的历程与思考》，《中国行政管理》2016 年第 7 期；王义：《改革开放以来中国共产党与社会组织关系演变的阶段特征与动因分析》，《泰山学院学报》2014 年第 5 期；康宗基：《中国共产党引领社会组织发展的实践和基本经验》，《大连海事大学学报》（社会科学版）2016 年第 2 期；孙希江：《中国共产党与民间组织关系问题研究》，中共中央党校博士学位论文，2015；刘志辉：《政府与社会组织关系：从非对称性共生到对称性互惠共生》，《湖北社会科学》2015 年第 9 期。

② 邱梦华：《利益、认同与制度：城市基层社会组织的生长研究》，《上海大学学报》（社会科学版）2015 年第 3 期；耿云：《我国城市社区社会组织的发展困境及其对策》，《云南行政学院学报》2013 年第 6 期；高中伟、邱国盛：《新中国成立初期党对城市基层社会组织的认识及工作目标》，《当代中国史研究》2011 年第 4 期；刘新宇：《社会管理创新背景下深化社会组织环保参与的研究》，《社会科学》2013 年第 8 期。

③ 夏建中、张菊枝：《我国城市社区社会组织的主要类型与特点》，《城市观察》2012 年第 2 期。

数量众多的社区社会组织，但是面临很多的问题，比如生存艰难、公信力不高等，这些问题影响着我国城市社区的发展，甚至将会影响整个社会的发展。朱新山、周伟、邹新艳、徐家良、杨嵘均、赵春雷、李熠煜、唐明勇等对乡村组织的构建、发展、作用、价值进行了分析研究。① 在国家的发展过程中不能忽视乡村社会组织的作用，但是目前的乡村社会组织发展当中存在很多的矛盾，比如党和政府的各项任务和决策都需要乡村社会组织去积极落实，但是在现实的发展过程中，乡村社会组织的职能表现出弱化的趋势。农村的任务十分艰巨，但是基层干部的工作不能及时创新。农村必须培养人才，但是培养的大多数人才基本都流向城市。基层组织在发展集体经济、进行建设的过程中，在摆脱对国家财政的依赖、接受企业资产的同时，也存在很多的潜在问题。农村建设是一项复杂的系统工程，但是现在的工作方法有些单一。

这些资料当中有些关于乡村社会组织发展的材料与本书对城市社会组织整合情况的研究似乎无关，但是并不是完全没有助益的，城市和乡村是一个整体，不能偏废其一，要注重城市与乡村的协调发展，将乡村社会组织和城市社会组织结合在一起研究，有助于我们加深对社会组织发展的认识，有关乡村社会组织的研究也可以推动关于城市社会组织整合的研究。

6. 对社会组织多种视角的研究

笔者所收集的材料当中，部分材料并不是单纯地研究社会组织的发展，而是结合与社会组织相关的某些方面，以这些方面为视角来研究社会组织的发展，比如和谐社会建设的视角、国家治理的视角、共青团转型的视角、马克思主义的视角、现代性的视角、法治思维的视角、治理理论的

① 朱新山：《中国乡村社会组织重构研究》，《毛泽东邓小平理论研究》2006 年第 12 期；周伟：《乡村社会组织形式的现实状况与发展趋势》，《社会主义研究》1991 年第 4 期；邹新艳、徐家良：《基于整体性治理视域的社会组织集成攻坚扶贫模式研究》，《行政论坛》2018 年第 5 期；杨嵘均、赵春雷：《论发展农村社会中介组织对社会主义新农村建设的治理价值》，《云南行政学院学报》2010 年第 5 期；李熠煜：《文化视野下乡村民间组织转型动因研究》，《中国行政管理》2009 年第 6 期；唐明勇：《试论建国初期的农民协会》，《中共党史研究》2005 年第 1 期；唐明勇：《20 世纪 50 年代我国农民协会隐退的原因分析》，《史学月刊》2005 年第 6 期。

视角、中国特色社会建设的视角等。高江涛、石勇、曹雪姣、王晓阳、姚望、朱前星、陈姝娅、李强、金家厚、马庆钰、塞孝勇、王新明等人的文章都是以多方面的视角来研究社会组织的发展。① 其中，构建和谐社会与社会组织发展的关系有两个方面的影响，一方面和谐社会建设能为社会组织的发展提供良好的政治指引与社会环境，另一方面加强社会组织的建设在一定程度上能为构建和谐社会注入新的动力。从国家治理的角度来看，社会组织在国家治理当中发挥着重要作用，社会组织可以规范市场、完善经济治理、推动和完善政治治理、推动公共服务的发展、推动社会治理的完善，还可以推动中国特色社会主义政治民主化和社会文化建设、推动科技发展、实现生态治理。从马克思主义的视角来看，中国特色社会主义建设中不断开拓和发展关于社会组织的理论与实践既是马克思主义理论的重要组成内容，也是在马克思主义社会组织理论指导下发展和完善的。

目前，中国正处在重要的战略机遇期，党需要积极发挥社会组织的辅助作用，关怀和帮助社会组织在思想和能力上的提升，是这个时期重要的工作之一，对于促进马克思主义社会组织理论在中国的发展有很大的必要性。从中国特色社会的视角来看，社会组织是社会建设的重要力量，它的非政府性和社会性可弥补政府和市场的缺陷，社会组织作为社会建设的主体之一，既可推进社会的和谐稳定，还能促进其他各主体的

---

① 高江涛：《"治理"理念下我国社会组织的发展问题及其对策的研究》，《传承》2014 年第 7 期；高江涛：《"治理"理念下我国社会组织的发展问题探究》，《清江论坛》2015 年第 1 期；石勇：《共青团转型下的社会组织重构》，《资治文摘》2014 年第 7 期；曹雪姣：《国家治理视角下中国社会组织的财税政策研究》，中央财经大学博士学位论文，2015；王晓阳：《和谐社会建设视阈下我国社会组织发展研究》，西安工业大学硕士学位论文，2018；姚望：《和谐社会视角下的中国共产党社会整合功能研究》，《长春工程学院学报》（社会科学版）2008 年第 2 期；朱前星：《论和谐社会目标取向下中国共产党的社会整合模式选择与整合机制建构》，《社会主义研究》2006 年第 3 期；陈姝娅：《马克思主义视域下中国社会组织发展研究》，浙江大学博士学位论文，2017；李强：《强国家背景下社会组织的生成逻辑与发展倾向》，《广东行政学院学报》2016 年第 4 期；金家厚：《现代性视阈下的中国社会组织》，华东理工大学博士学位论文，2015；马庆钰：《在法治思维下促进社会组织发展》，《学会》2015 年第 1 期；塞孝勇：《治理理论视域下人民团体有效参与社会治理问题研究：以侨联组织为案例》，云南大学硕士学位论文，2015；王新明：《中国特色社会建设视域下的社会组织研究》，中国石油大学博士学位论文，2014。

发展。目前，中国社会组织的发展存在法律法规不完善和自身发展不足的问题，要发挥社会组织推动中国特色社会主义社会发展的作用，就必须推动社会组织管理、治理能力和治理体系实现全方位创新。

## （二）关于社会组织实践的研究

学界近年来从多学科、多角度、多领域对社会组织的理论研究，不仅积累了科学的社会组织理论思想，还从实践的视角对社会组织进行了研究。这里的实践是指在社会组织理念指导下的具体行动，旨在对当前社会组织的实践路径提供历史参考。这部分资料相对于理论研究资料来说，数量较少，且实践部分文献涉及的学科种类较多，既涉及社会学，也涉及历史学和政治学。如詹婷、陈锡友、沈新华、何立军、罗新录、孙华、秦洪源、付建军、岳金柱、吴新叶、张海涛、孔金平、刘彤、何静、许源源、王通、齐久恒、杨宝、蔡科云等都对社会组织实践层面进行了研究。[①] 其中一部分资料涉及很多城市社会组织培育的实践研究，

---

① 詹婷：《国家治理现代化视野中的社会组织自治——以张家港市社会组织自治实践为例》，《黑龙江省政法管理干部学院学报》2014年第5期；陈锡友：《构建枢纽型社会组织体系的实践与构想》，《工运研究》2013年第3期；沈新华、何立军、罗新录：《政府购买社会组织服务的实践探索与发展研究》，《中国社会组织》2013年第12期；孙华：《基于管理创新视角的社会组织培育机制探索——以南京社会组织培育发展实践为例》，《淮阴工学院学报》2013年第6期；秦洪源、付建军：《法团主义视角下地方政府培育社会组织的逻辑、过程和影响——以成都市W街道社会组织培育实践为例》，《社会主义研究》2013年第6期；岳金柱：《政府购买社会组织服务实践探索与创新研究——以北京市社会建设专项资金购买社会组织服务为例》，《行政管理改革》2017年第2期；吴新叶：《城市治理中的社会组织：政府购买与能力建设》，《上海行政学院学报》2018年第5期；张海涛：《认真学习贯彻落实党的十九大精神开创新时代广播影视社会组织发展新局面》，《中国广播电视学刊》2017年第11期；孔金平、刘彤：《国家治理体系中的社会组织：西方理论和中国经验》，《天津行政学院学报》2017年第4期；何静：《社会组织协同政府管理的难点及其发展路径》，《中南民族大学学报》（人文社会科学版）2015年第6期；许源源、王通：《公共物品供给中的合作与责任：政府与社会组织》，《马克思主义与现实》2015年第2期；齐久恒：《从"组织性覆盖"走向"包容性发展"——中国共产党引领社会组织发展的路径创新》，《领导科学》2014年第35期；杨宝：《政社合作与国家能力建设——基层社会管理创新的实践考察》，《公共管理学报》2014年第2期；蔡科云：《论政府与社会组织的合作扶贫及法律治理》，《国家行政学院学报》2013年第2期；《习近平同志调研新社会组织学习实践活动强调在新的起点上推进新社会组织党的建设》，《中国注册会计师》2010年第S2期。

比如南京、张家港、成都、北京等。这些城市都意识到社会组织的重要作用，都采取了购买服务、创新管理的方式支持和引导社会组织参与社会建设。其中也涉及政府与社会组织的实践研究，探讨了处理政府与社会组织之间关系的实践路径。既需要弄清楚政府与社会组织之间的职能范围，扩大社会组织的活动空间，也需要搭建一个社会组织协同政府的平台。另外，需要采取一些政策，完善各种制度，培育社会组织的独立性，建立公共的保障机制，这样才能正确发挥社会组织的重要作用。还有一部分资料从管理创新的视角对社会组织的实践进行审视。

理论和实践是相辅相成的，实践是理论的来源，理论对实践也具有很大的指导作用。因此，在探索社会组织理论的同时，也要梳理清楚社会组织实践方面的发展情况。关于社会组织的研究材料，主要集中于对现在社会组织理念下实践路径的研究，对新中国成立以后各个时期社会组织理论产生的实践研究比较薄弱，特别是从历史的角度来说，整体梳理新中国成立以后党整合社会组织的实践和基本经验的研究几乎没有。因此，梳理这部分实践成果既能弥补对当时实践研究的空缺，也可推动社会组织理论研究的发展。

## 二 研究成果述评

总的来说，社会组织在新中国的发展并不是一种偶然的结果，而是市场和政府推动的必然结果。随着国家对社会组织愈加重视，社会组织的地位也愈加重要，研究热度也逐步升温。学界对社会组织的研究成果颇丰，既有对社会组织理论渊源、理论发展的研究，也有对社会组织实践或者践行路径的研究，使理论避免沦为空谈，使社会组织的理论在实践的过程中更加鲜活。就目前的研究成果来看，绝大部分资料可以支撑本课题的研究。譬如，社会组织的思想渊源、社会组织的内涵和特征、政党和社会组织的关系、社会组织是中国共产党执政的新兴资源等方面的研究，可以构成新中国成立以来城市社会组织整合的历史进程与基本经验研究的一部分，可以推进本研究的进程。虽然这些资料可以推进新的研究的发展，但是目前研究当中还存在很多的问题。改革开放以后，中国社会组织在数量不断增多、规模不断壮大的同时也面临社会建设方面的问题。在中国共产党提出"国家治理现代化"的背景之下，现在的研究要在已有研究的基础之上进一步拓展。为了更好地在实践基础上对社会组织进行指导，为了理论和实践协调发展，我们需要在研究的时候特别注意以下三点。

首先，研究成果的整体性和历史性不够。对社会组织的研究，有从各种视角探讨社会组织的理论和实践发展的，有对领导人在历史过程当中产生的社会组织相关思想的研究，还有探索社会组织与共产党或者政府的关系、城市与农村社会组织的研究成果，但是几乎都未能涵盖整个社会组织从幼稚走向成熟、从弱小走向强大的历程。虽然其中有很大一部分文献涉及对社会组织历史成果的研究，但是这些研究大多为改革开放以来的历史分期研究，对于新中国成立以来社会组织整体发展历程的关注较少，成果也比较单一，基本上都是针对重大史实进行直接叙述，没有整体梳理新中国成立以来社会组织的历史发展阶段、特征、演变等。这种直接叙述基本上未能达到从历史的角度对社会组织的发展进行整体研究的效果，因此未来的研究应该逐步向这方面倾斜。

其次，研究成果缺乏社会组织实践材料的支撑。关于社会组织的理论研究成果十分丰富，在梳理各个时期社会组织理论发展的时候，笔者发现十分缺乏实践材料的支撑。实践是检验真理的唯一标准，实践在检验理论的同时也可推进理论的发展，所以如果缺乏对实践的认识，那么得出来的有关社会组织的理论就十分单薄，进而在理论的发展进程中得出来的历史的基本经验也就显得比较单一。为此，在研究社会组织及对其发展过程进行梳理时，除了要重视过程的整体性，还要重视在过程考察中对实践材料的合理运用。

最后，研究成果对社会组织实时材料的运用不足。党的十八大以来，中央出台了许多有关社会组织的政策文件，但是在实际的研究过程中，学者基本上只停留于对这些文件的一般引用，缺乏对这些材料的系统梳理和解读，更缺乏扎实深入的研究。而且，在全面依法治国的时代背景之下，更应该加强对社会组织法治建设的研究，结合国家最新导向和社会组织发展的现状来化解法治化面临的困境。另外，第一手研究资料还需进一步充实。新中国成立初期的档案材料很多地方没有开放，限制了研究的领域和深度。改革开放后的部分，社会调查不够，使用的原始数据偏少，对于口述和访谈类的材料运用不够。为此，在未来的研究中，应该加强对国家最新政策和制度的研究，查阅更多的档案资料，进行实地的调研访谈，使研究更加全面和科学。

在此后的研究过程当中应该注重之前研究中不足的领域，比如从历史的视角，按照历史的逻辑对社会组织发展的材料进行整合和研究，同时注重对社会组织发展过程当中实践材料的运用，用好丰富多样的研究材料。这样才可以形成一条连贯的逻辑线索，即在界定好社会组织概念的情况下，以马克思主义社会组织理论和中国特色社会组织发展理论为指导思想，探索新中国成立以后城市社会组织整合的历史进程，从各个时期特别是党的十八大以来的实践和理论材料中总结出基本经验。这个过程相当重要，尤其是当前中国发展进入关键期，如何积极解决社会组织的发展问题，如何正确处理中国共产党和社会组织的关系，如何解决社会组织发展资金的问题，如何保持社会组织相对独立性的问题，如何建立党对社会组织实施有效治理的体制机制、发挥社会组织在国家经济与社会快速发展方面的推动作用的问题，显得尤为重要。党的十九大报告中总结了过去的成就和不足，对未来进行了展望，对社会组织提出了新的要求。因此，本研究力图在充分总结与吸收前人研究成果的基础上，聚焦新中国成立以来社会组织演进的总体过程，归纳社会组织发展特征，系统研究社会组织取得的成就与不足，为新时代中国特色社会组织的发展提出建议与对策，以不断破除社会组织发展的阻力，强化其推动中国特色社会主义发展的重要作用。

## 第三节　社会组织的概念界定及类型分析

　　社会组织有广义与狭义之分。① 广义的社会组织是指人们参与社会共同活动的一切群体形式与组织方式；狭义的社会组织则是指为完成特定的社会目标而有意识、有目的成立的，具有特定社会职能、明确规章制度的正式社会群体。它只是人类各种组织形式中的某一种组织类型，主要是特定人群基于共同目的而建立起来的稳定合作形式，具有相应的组织规范、原则、价值、目标、措施等。②

　　新中国成立以来，在马克思主义理论指导下建立和发展起一批社会组织。我们需要厘清马克思主义及其中国化进程中对社会组织的概念认识及其变迁。一方面，马克思主义经典作家对社会组织有基本的定义，马克思认为："人的本质不是单个人所固有的抽象物，在其现实性上，它是一切社会关系的总和。"③ 恩格斯曾指出："国家再好也不过是在争取阶级统治的斗争中获胜的无产阶级所继承下来的一个祸害；胜利了的无产阶级也将同公社一样，不得不立即尽量除去这个祸害的最坏方面。"④ 列宁认为："只有当群众知道一切，能判断一切，并自觉地从事一切的时候，国家才有力量。"⑤ 马克思主义经典作家已经将社会组织看成人自由而全面发展和发挥民主的重要形式和载体。另一方面，马克思主义社会组织思想在传入中国的时候，也对中国的社会组织思想产生了影响。在毛泽东看来，"许多人，许多事，可以由社会团体想办法，可以由群众直接想办法，他们是能够想出很多好的办法来的"⑥。毛泽东的社会组织思想体现出在计划经济时代党和国家对社会组织发展的基本认

---

① 广义上的社会组织包括氏族、家庭、秘密团体、政府、军队和学校等；狭义上的社会组织包括企业、政府、学校、医院、社会团体等。

② 王思斌主编《社会学教程》（第二版），北京大学出版社，2003，第115页。

③ 《马克思恩格斯选集》第一卷，人民出版社，2012，第139页。

④ 《马克思恩格斯文集》第三卷，人民出版社，2009，第111页。

⑤ 《列宁全集》第三十三卷，人民出版社，2017，第16页。

⑥ 《毛泽东文集》第七卷，人民出版社，1999，第228页。

识，因为"这也就包括在统筹兼顾、适当安排的方针之内，我们应当指导社会团体和各地群众这样做"①。改革开放以来，党和国家领导人对社会组织的基本判断有所变化，促使各类、各层次社会组织介入社会管理，有助于更大范围调动积极因素促进社会主义事业的建设。邓小平在处理党中央和社会组织的关系时指出："我们的各级领导机关，都管了很多不该管、管不好、管不了的事，这些事只要有一定的规章，放在下面，放在企业、事业、社会单位，让他们真正按民主集中制自行处理。"② 江泽民强调："在党的路线方针政策指引下，这些新的社会阶层中的广大人员，通过诚实劳动和工作，通过合法经营，为发展社会主义社会的生产力和其他事业作出了贡献。他们与工人、农民、知识分子、干部和解放军指战员团结在一起，他们也是有中国特色社会主义事业的建设者。"③ 胡锦涛结合新时期的国情对社会组织产生了新的认识，提出要大力发挥社会组织提供服务、反应需求、规范行为的作用。党的十八大和十九大报告中又对社会组织的作用进行了新的阐释和强调。

与其他的初级社会群体相比较，社会组织具有四个特点：一是组织成员角色化，组织中形成了较为明晰的分工体系；二是组织规模的灵活性，规模有大有小；三是组织结构的多样性；四是组织目标的特定性和明确性。④ 就构成要素而言，一般来讲，社会组织必须具备以下要素：通过特定手续进入的成员，具有相应的组织规范、原则、价值、目标、措施，在一定程度上形成了较权威的领导体系。

许多社会学家依据不同标准对社会组织的类型进行了区分。根据社会组织在社会生活中承担的职能，帕森斯认为社会中包含经济生产、政治目标、整合力量和模式维持等四大类社会组织。埃齐奥尼（A. Etzioni）则将社会组织分为强制性组织、功利性组织和规范性组织三种

① 《毛泽东文集》第七卷，人民出版社，1999，第228页。
② 《邓小平文选》第二卷，人民出版社，1994，第328页。
③ 《江泽民文选》第三卷，人民出版社，2006，第286页。
④ 易益典主编《社会学教程》，上海人民出版社，2007，第170页。

类别，其划分标准为组织中的权威性质或组织对成员的控制方式。[①] 彼得·布劳等人从组织运行受惠者的角度将其分为互利组织、服务组织、经营性组织和公益组织。

我国的社会组织体系一般是根据社会组织的性质和职能来划分，包括以下五种类型：①政治组织，是指专门处理社会不同阶级、阶层和其他利益集团之间利益关系内容的社会组织，包括政党组织和政权组织；②经济组织，是指社会中以物质资料生产、交换、分配和消费为主要活动内容的社会组织；③文化组织，是指专门传播人类文化成果、从事科学研究、保障社会成员文明健康生活的广泛的多层次、多种类社会组织，包括社会各级各类教育组织、大众传媒组织、医疗卫生组织、文艺组织、体育组织和科学技术组织；④群众组织，包括基层群众自治组织和群众团体，基层群众自治组织主要是指城市居民委员会和农村村民自治委员会，群众团体是指人民群众为特定目的自愿组织的并经民政部门批准成立的不以营利为目的的社会组织；⑤宗教组织，现主要包括八个全国性宗教组织。[②]

尽管社会组织有各种各样的分类标准和方法，但我们根据所掌握的文献资料和对新中国成立初期城市基层社会历史状况的考察，认为当时经过改造的城市基层社会组织主要有三类：单位组织，城市基层地区管理组织——城市居民委员会，社会团体。其中，社会团体又可以分为多种类型，其分类的基本依据是1951年中央人民政府内务部公布的《社会团体登记暂行办法施行细则》，该细则将社会团体分为人民群众团体、学术研究团体、社会公益团体、宗教团体、文艺工作团体以及其他符合人民政府法律组成的团体。[③]

作为现代城市中重要的组织形式，社会组织在人类社会生活中扮演

---

① 吴增基、吴鹏森、苏振芳主编《现代社会学》，上海人民出版社，2014，第142页。
② 易益典主编《社会学教程》，上海人民出版社，2007，第194~195页。
③ 中央人民政府内务部：《社会团体登记暂行办法施行细则》，成都市档案馆藏档案：全宗号85，目录号1，案卷号78。

着非常重要的角色，同时发挥着不可或缺的作用，主要体现在以下四个方面。

首先，社会组织具有重要的社会中介功能。社团是由具有共同利益和共同爱好的人组成的，它既是沟通个人与政府的桥梁，又是将个体联结在一起的纽带。个人作为社会的成员，既是相对独立的个体，又总是处在一定关系中，最重要的关系之一就是社团。社团作为相对独立的法人，受到法律的保护，承担法律责任，有自己的目标和利益。以这些目标和利益为纽带，社团将社会中的个体联结在一起，在一定程度上将个体固定在社团关系中。当政府要实现自身的意志时，就可以通过社团这个中介有效地加以贯彻，从而提高治理效率。

其次，社会组织具有促进和推动经济发展的功能。一方面，社团有助于弥补政府用于社会发展的资金的不足。社会的需要是无穷的，政府的资金是有限的，而且政府无法满足所有社会群体的需要。健全的社团组织可以向社会筹集资金，帮政府解决一些问题。另一方面，社团组织能够扩大社会就业。美国约翰·霍普金斯大学学者赛拉蒙比较41个国家的社团情况后发现，社团组织就业人口在农业就业人口、服务业就业人口、相当于公共部门的行业就业人口中分别占5%、10%、27%。① 所以说，中国社团可以解决大量人口的就业问题，其潜力还没有被挖掘出来。社团组织对发展滞后地区弱势企业的转变有重要作用。另外，非营利组织增强了资金运用的透明度与合理性，这是因为社团处在人民群众和政府的双重监管下，易于避免贪污、浪费，从而充分利用各种社会资源。

再次，社会组织具有重要的政治稳定功能。社团是参政议政的重要力量。社团与政府的关系较密切，有些社团的负责人本身就是政府公务人员，有些社团的负责人是由政府委派的，各社团负责人与政府官员都有一定的联系，有些社团成员还是党委、人大、政协的成员。许多社团有自己的渠道，直接或间接地影响政府决策。另外，社团可承担部分政

① 王名、刘国翰、何建宇：《中国社团改革》，社会科学文献出版社，2001，第2页。

府职能。一些社团特别是一些行业协会组织在进行行业规范与管理、调节市场与社会关系中发挥的作用，弥补了政府在某些领域的不足。

最后，社会组织还具有促进社会稳定的重要功能。社团通过开展公益活动，推动社会广泛关注并帮助弱势群体，有利于维护社会公平。企业和政府难以完全满足个人需要，社团可以在一定程度上满足社会成员的需要。社团能够以组织的形式很好地表达其群体的要求，维护其成员的利益。社团的这些社会行为和活动，弥补了政府和企业对不同群体的关注的不足，间接降低了这些群体的潜在危险性，保障了社会的安全和稳定。

由上可见，从结构、功能的角度进行类型划分是目前学术界普遍认同的社会组织划分方式，社会组织具有的功能及作用是其受到政府及学术界高度重视的根本原因。基于此，在研究中，我们亦以此为新中国成立初期城市基层社会组织的划分标准，并分别对不同的组织类型进行论述。此外，必须要说明的是，本书所指基层社会组织并非与上文所述不同之组织，而是各种社会组织在城市中的基础层级，这些组织与城市居民有着普遍而直接的联系。因此，本书研究的城市基层社会组织主要是指市级以下的社会组织，对一些全国性的社会组织，本书也主要是考察它们在基层的运作情况和作用。

## 第四节　社会组织的作用与意义

社会组织是我国社会主义现代化建设的重要力量，是党的基层组织建设的重要领域，在促进社会管理、推动社会事业发展、提供社会服务、密切党政机关和群众的联系、促进市场主体的协调联合、促进社会生产力的解放和发展等方面具有不可或缺的作用。新中国成立以来，作为党的工作和群众工作的重要阵地，社会组织的数量迅速增长，涉及的领域日益广泛，地位和作用越来越凸显，日益成为推动经济发展不可或缺的力量。

## 一 政党与社会组织的关系分析

随着经济全球化和各国的发展，蓬勃发展的社会组织成为政府、市场之外的另一支重要力量。社会组织在当代世界各国的政治、经济、文化和社会领域逐步兴起，并发挥着重要的作用，其兴起和发展逐步打破了传统的国家—社会二元结构，"成为介于国家与市场间的第三部门"。①由于世界各国发展道路不尽相同，现代国家在形成与发展中面临的政治体制、经济状况、文化传统等也不尽相同，执政党在处理社会组织与国家、政党、社会、市场等的关系时也有所差异，不能照搬照抄所谓的模式与经验，但文明与文化需要相互交往借鉴、取长补短。因此，一方面要梳理国际上政党处理与社会组织之间关系的一般模式，另一方面要重点探讨中国共产党与社会组织的关系。

### (一) 政党与社会组织关系的一般模式

政党与社会组织的关系，是研究现代政党与社会关系的重要课题。社会组织的崛起逐步打破了国家与社会的二元结构，使政党面临来自社会各方面的压力。控制、引导、扶植社会组织的发展，对各国政党来说既是机遇也是挑战。通过梳理国内外政党与社会组织之间关系的相关资料和文献，综合学术界已有的研究成果，可发现互助合作型、冲突敌对型和相互转化型是现在理论界与学术界较为认同的二者之间关系的三种主要模式。

一是互助合作型模式。政党和社会组织都作为社会主体而存在，它们都能够集聚和动员群众参与社会建设，引导群众有秩序地参与政治，并能够协调和表达群众的利益诉求。社会组织作为政府的"助手"，能够及时服务基层群众。政党和社会组织都是国家政治体系的重要组成元素，其行为主体都能够有效地参与国家的政治实践，社会组织所服务的

---

① 陈振明编《公共管理学》，中国人民大学出版社，2003，第419页。

群众都是选民的重要组成部分，因此每一个渴望获得政权的政党都希望社会组织能够成为自己可依靠的社会力量，以获得更多的选票，来夺取国家政权并参与国家政权的建设。同样，社会组织自身不具备制定法律法规、公共政策的权力，这就需要政党特别是执政党能够在公共服务领域反映和代表群众的利益。在西方多党竞选的政治体制方案下，政党参与政治角逐需要大量的竞选资金以保证政治运作，社会组织在一定程度上能够为政党提供竞选资金，并通过动员、组织、宣传手段引导和争取选民，以直接或间接的方式影响选民的选择。从西方政治架构和政治理路上思考，通过社会组织的支持，赢得更多民众的政治支持，是提升政党合法性的有效路径。[1] 可见，在西方各国的政治运行中，社会组织与政党之间关系十分紧密，它们借助政党的渠道不断表达社会的利益诉求，维护社会组织成员的相关利益，以实现取长补短、互惠互利的目标。政党则在与社会组织相处过程中，广泛听取和吸收群众对政党执政理念的意见和建议，并将其进一步转化为自身的政治主张。英国作为一个老牌的西方民主国家，一贯重视民间组织对建设民主社会的积极作用。1998年11月英国政府签署和公布的《政府与英格兰地区志愿组织和社区组织关系框架协议》认为，民间组织的发展对于建设一个包容所有人群的民主社会具有根本性的作用。[2] 总之，这种互助合作型模式是健全民主法治机制、完善市场经济体制、促进群众利益有效表达的基本模式，能在一定程度上促进西方民主政治与社会的结合，实现政党与社会组织的良性互动。

二是冲突敌对型模式。政党和社会组织的冲突主要体现在二者在价值目标、政策导向、服务区域、资源依赖、组织模式、社会资本等方面的差别。在强大的政党力量统治的国家，政党仅为社会组织的政治活动留有很有限的空间。社会组织的兴起和发展，挤占了政党的传统空间，社会组织的独特优势使政党意识到自身权力的衰落，削弱了政党领导下

---

① 康晓强：《政党与民间组织的内在逻辑》，《天府新论》2008年第4期。
② 黄晓勇主编《中国民间组织报告（2008）》，社会科学文献出版社，2008，第19页。

的社会基础和群众基础，政党通过一定的资源对社会组织进行权力性的遏制，以在社会竞争中取胜。社会组织在一定的领域代替了政党的职能，政党和社会组织在社会动员、利益诉求及社会服务等方面存在交集，政党和社会组织都是公共利益表达的载体，都是联系国家权力和群众利益的桥梁，二者不可避免地存在一定程度的竞争关系，这在西方国家尤为明显。总之，政党和社会组织的冲突敌对型模式，反映了二者之间在功能和利益方面的博弈状态，政党和社会组织都为扩大自己的服务领域进行对抗和竞争，认为一方所得必导致一方所失。

三是相互转化型模式。有学者认为政党和社会组织都是社会性的组织体系与形式，虽然政党活跃在政治领域，社会组织活跃在社会领域，但在某种意义上政党与社会组织之间存在交集。随着社会组织的进一步发展和活动领域的进一步延伸，社会组织拥有了更广泛的群众基础，当其主张与诉求掺杂进政治性后，政治属性增强，活动范围甚至可能延伸到政治领域，成为政治生活中新的政治力量，这有利于保障其代表的群众的整体利益。与此相对应的是，政党一旦在执政过程中退化，政治影响力弱化，就会丧失自身存在的根基和维护群众利益的阶级属性，逐渐失去政治作用，也有可能退出历史舞台，从而沦为普通的社会组织。这种政党与社会组织相互转化的关系在西方国家较为普遍。

综上所述，政党与社会组织之间的关系在理论与实践中错综复杂，尤其是实践中的转化和变革是无法通过简单的模式概括厘清的。由于这非本研究之重点，此处仅进行概述，并不能真正涵盖世界各国的情况。互助合作型是现代社会发展中较成熟的政党共识，冲突敌对型是社会利益分配中存在的一种情况，相互转化型是二者发展趋势的动态转变过程。面对当今国外社会组织不断兴起的社会背景，总结国外政党和社会组织之间关系的经验，可为构建中国共产党与社会组织的关系提供启示。

## (二) 中国共产党与社会组织的关系分析

中国共产党与社会组织的关系，是政党与社会的基本关系。中国共产党自成立以来，在中国革命、建设和改革过程中与社会组织之间存在紧密的关系，在我国实现从"站起来"、"富起来"到"强起来"的过程中发挥了重要的作用。同时，社会组织的健康发展，需要中国共产党的培育、引领、扶植和监督。二者之间的关系，为我国社会主义现代化建设和民族伟大复兴提供了重要的力量。新中国成立以后，在计划经济体制背景下，中国共产党几乎控制着所有社会资源的分配和重组。由于当时的特殊国情，市场经济条件相对不足，特别是国家力量所代表的公权力在所有领域均表现得异常强大，社会组织发展缺少相应的土壤与体制机制规范，也缺乏自由生长的空间，中国共产党与社会组织的关系，无形中演化为一种隶属型领导关系。改革开放以来，经过了 40 多年的探索与积累，在社会主义市场经济体制建立和完善的过程中，随着党和政府逐步转换职能，社会组织经历了快速发展阶段，在数量上和质量上都有大的提升，中国共产党与社会组织在 40 多年发展、合作过程中构建起了具有中国特色的新型关系。新时代在处理中国共产党与社会组织的关系时，应把握好二者之间的关系基础。

第一，社会根本利益的一致性。党的十九大报告指出："中国共产党人的初心和使命，就是为中国人民谋幸福，为中华民族谋复兴。"① 全心全意为人民服务的执政理念根植于中国共产党的奋斗之中。社会组织是不具有公共权力属性的社会团体，需要借助能力建设与志愿活动来实现组织服务功能的发挥。社会组织的专业性和具体化可为社会提供政府不便和市场不愿或不能提供的公共服务，有利于调动和激发广大人民群众的积极性和创造性，使之积极参与社会治理和提供公共服务，真正符合时代需要，满足人民的根本利益诉求。中国共产党和社会组织都致力于最大限度地满足人民群众的根本利益，该一致性为合理构建两者关系奠定了坚实的基础。

第二，发展路径的协同性。社会组织是基层社会自主形成的群众组

---

① 习近平：《决胜全面建成小康社会，夺取新时代中国特色社会主义伟大胜利——在中国共产党第十九次全国代表大会上的报告》，《人民日报》2017 年 10 月 28 日。

织，其发展依靠社会空间的不断拓展。改革开放以来，各种各样的社会组织大量涌现，并且从多方面、多层次、多角度对社会政治、经济生活产生日益深刻的影响，在党的"五位一体"总体战略布局中，社会组织在社会建设方面发挥着重要协同作用。一方面，社会组织可促进社会保障体系建设，党的十八大报告中指出要加快完善我国社会保障体系，加快建立覆盖城乡居民的社会保障体系，在党和国家大力实施政策的过程中，社会组织通过承担社会物品的提供、慈善捐赠，为社会提供力所能及的公共服务。另一方面，社会组织有助于加强社会管理，社会管理作为政府的一项重要职能，必须与我国正在建设的服务型政府相适应，社会组织在党的精心培养和协助下，不断承接政府转移的职能，不断为城市建设出力。在这一过程中，中国共产党与社会组织相辅相成，合力进行社会服务和社会建设。同时，社会组织获得了更大的社会发展空间，党获得了更多来自社会的新型资源。

第三，领导与被领导的长期性。历史和人民在长期的革命斗争中选择了中国共产党作为中华民族伟大复兴的领导核心。党成立以来始终坚持贯彻以人民为中心的发展理念，在长期的实践中人民利益得到最大限度的满足和实现。社会组织是群众根据共同需求自愿形成的组合，致力于表达人民群众的意愿，是社会的有机组成部分。中国共产党作为国家和社会的领导者，同样也对社会组织进行领导，社会组织不能脱离党的领导。只有符合中国特色社会主义发展的真正需求的社会组织，才能使群众的利益最终获得实现，才能真正建立起政府和群众之间的桥梁和纽带，最终彰显其社会价值。换言之，领导与被领导的长期性，不仅是坚持中国共产党领导、完善国家治理体系和促进治理能力现代化的必然要求，而且是社会组织地位合法化的前提条件，更是充分发挥社会组织在建设中国特色社会主义伟大事业中的重要作用的坚实基础。

## 二 城市社会组织在社会整合中的作用分析

社会整合是应对当前我国社会分化与断裂态势、维护社会稳定和促进社会发展的重要手段。[①] 当前我国社会利益格局不断分化，城市社会组织日益多样化，城市流动人口和管理服务压力不断增大，基层党组织整合能力弱化。在这种背景下，客观分析社会整合面临的基本态势和制约因素，重新探究当代中国如何充分发挥城市社会组织在社会整合方面的作用，实现社会良性整合，对新时代全面建成小康社会和实现"两个一百年"奋斗目标，具有重要现实意义。社会组织通常是指人们为了追求一定宗旨和目标，依照国家宪法和其他法律的有关规定，自愿结成的不以营利为目的的社会团体。改革开放40多年来，社会主义市场经济体系不断健全，社会主义民主政治深入发展，社会转型不断加速，城市社会组织大量涌现，组织社会化的程度不断提高，城市社会组织在社会整合的过程中发挥着越来越重要的作用，归纳起来大致有以下两点。

第一，城市社会组织具有统一思想、凝聚人心、促进共识的价值整合作用。新中国成立初期，随着国家经济的逐步恢复和社会主义改造的基本完成，国家对城市社会组织进行了大规模的调整和整合。在计划经济体制下，城市中居委会、单位制等形式的社会组织在某种程度上严格规范成员的行为。随着改革开放的逐渐深入，单一的计划经济体制被打破，我国逐步建立了以公有制为主体，多种所有制经济共同发展的基本经济制度，社会成员的自由意志、自主选择能力、独立思考能力加强，价值观念由统一向多元转化。从价值多元的意义而言，一元化向多元化的转变，有利于社会的多元化发展，增强经济与社会实力，促进全面发展。但价值多元也导致曾经长期占主导地位的价值体系受到影响，实用主义、功利主义、个人主义等观念出现，价值错位和价值迷失现象给社会整合增加了新的时代难题。城市社会组织作为政府的有力助手，通过发挥自身的优势和能力，把自己的成员组织起来、团结起来。

第二，城市社会组织具有在不同利益主体之间协调、整合、再造共识的功能。1949~1978年，我国实行计划经济体制，国家经济相对落后，

---

① 刘峰：《当前我国社会整合的基本态势与应对方略》，《中州学刊》2015年第3期。

社会分化程度较低，虽然不同主体之间存在一定的利益差别，但不同利益主体之间的差别尚不明显。改革开放以来，随着私有制经济的发展，城市工厂之间、行业之间、部门之间的差距不断扩大，利益的分化导致社会矛盾的发生，因此需要协调、整合社会利益。但是单靠政府整合和协调不同利益主体的诉求，所消耗的财力和物力是非常多的。城市社会组织作为国家治理体系和治理能力现代化过程中的重要主体，必须充分发挥其在协调整合不同利益主体中的作用。

### 三　社会组织是中国共产党执政的新兴资源

中国共产党的执政地位是建立在坚实的人民群众拥护和认同的基础上的，同时需要不断巩固和发展党执政的有效性，将丰富的社会资源不断纳入执政的有效性之中。社会组织作为介于国家与地方、政党与人民之间的组织，是联系党和社会的桥梁与纽带，是弥补政府与市场失灵的中间组织，是党外代表人士在主流意识形态建设中的同盟军，是加强民主政治建设，增强政治参与度的重要力量。作为一种新兴执政资源，社会组织在新中国成立后发挥了重要的历史作用，同时应该为中国特色社会主义现代化建设贡献新的力量。

首先，社会组织是中国共产党与社会之间的桥梁和纽带。新中国成立以来，人们经历了从"单位人"向"社会人"转变的历程，社会组织在这一转变中逐渐发展起来。同时，国家治理体系和治理能力现代化要求作为治理主体的政府"简政放权"，实现政府治理职能的转变。社会组织是介于国家与人民之间的组织，是党联系人民群众的桥梁与纽带，充分确立社会组织在国家治理体系中的地位，发挥其在治理能力现代化中的作用，能够促进从"直接政府"向"间接政府"的转变，更大程度地提升人民在国家治理中的积极性和主动性，既能有效增强社会治理的深度和广度，又有利于作为治理主体的政府聚焦本职工作，实现政府和社会组织之间的良性互动。需要强调的是，发展社会组织要坚持在党的领导之下，推进体制机制完善，加强制度建设和组织建设，以各种监督管理方式对社会组织进行监督，真正让社会组织成为推动中国改革创新与维护国家平稳发展的重要力量。

其次，在党的领导下，社会组织逐步发展成为充当政府与市场之间"调节剂"的中间组织。党和国家做出了要充分发挥市场在资源配置中的决定性作用的决策，既要充分发挥政府在市场监管、宏观调控方面的作用，也要努力营造统一开放、有序竞争、合规合法的市场环境。这意味着市场的作用和地位进一步明确。政府需进一步明确与市场的分工，发挥市场在资源配置中的决定性作用，放宽市场准入，清除市场壁垒，减少政府对经济的直接干预，激发市场的活力。但发挥市场在资源配置中的决定性作用并非放任自流，一方面，要通过顶层设计，构建有助于促进社会组织在经济活动中产生正面效果的体制机制，将政府职能转移到保障公平、提升服务、规范市场秩序等方面，防止市场失灵；另一方面，加强政府对社会组织在市场运行中的监管，结合事前规范、事中监督、事后问责，厘清社会组织在政府权力让渡与行政权力退出中的边界，合理引导社会组织为中国特色社会主义建设服务。发挥市场在资源配置中的决定性作用并不等于放弃宏观调控所起到的重要作用，而是充分让社会组织在市场失灵或者政府失灵的领域发挥作用，填补政权结构空隙所带来的社会空间。近年来，在党和国家大力推动"精准扶贫"的过程中，一些公益性社会组织也投身中国的农村农业建设，关注扶贫政策、资金和资源尚未触及的领域。例如黑土麦田作为在民政部注册的公益性组织，在运行中人员构成多样，资金来源广泛，工作形式包含创业扶贫和创新服务，工作内容更加深入细致。社会组织参与到扶贫攻坚工作中，改善了农村生活条件，促进了农村人口就业，在一定程度上将新鲜的观念、先进的技术、不同的生活与思维方式楔入了农村，推动了农村发展动力从"输血"到"造血"的转变，弥补了政府与市场的失灵，为全面建成小康社会与实现乡村振兴提供了另一种可能性。

再次，社会组织日渐成为党外代表人士在主流意识形态建设中的同盟军。我国党外代表人士数量众多，他们既是意识形态工作的重要对象，更是意识形态工作的一支重要力量。新中国成立以来，社会组织充分发挥党外代表人士与党并肩战斗的同盟军作用，构筑意识形态领域统一战线，对加强意识形态建设、维护意识形态安全意义重大。一方面，绝大多数党外代表人士具有较高的政治素养，能够理解和把握中国特色社会主义理论体系，并能运用科学的理论认清形势、分析问题，自觉贯彻执行党的路线方针政策，可以很好地发挥政策引领作用。另一方面，党外代表人士在不同的社会组织中占据着重要的位置。他们有突出的业绩和较高的专业素养，都是在某些地区、某些行业领域、某些社会阶层、某些党派或社团内具有较大影响力的知名人士，有较为权威的话语权和较高的认同度，可以很好地发挥专业引领作用。此外，党外代表人士均有一定政治身份，有参政议政的渠道和能力，能够根据所联系群众的意愿提出意见和建议，服务党和政府科学化、民主化决策，可以很好地发挥意见引领作用。发挥各种社会组织的平台作用，通过教育引导，增强各界人士对主流意识形态的认同。一是各种社会组织要深入开展对习近平新时代中国特色社会主义思想的学习，不断坚定"四个自信"、增强"四个意识"。在非公有制经济人士中要深入开展理想信念教育实践活动，增强他们对中国特色社会主义的信念、对党和政府的信任、对企业发展的信心、对社会的信誉；在少数民族代表人士中要加强民族团结进步教育，积极培育中华民族共同体意识；在宗教界代表人士中要开展爱国主义、社会主义和法治宣传教育，增强他们的国家意识、公民意识、法治意识；在港澳台及海外代表人士中要深入开展爱国主义和中华民族伟大复兴中国梦宣传教育，引导海内外中华儿女把智慧和力量凝聚到民族复兴和祖国统一上来。二是各种社会组织要坚持经常性教育和集中教育培训相结合的方式，把主流意识形态教育作为各级各类党外代表人士学习培训的主要内容，不断强化和深化对马克思主义理论的学习和领悟。另外，发挥社会组织的平台作用，加强对中青年党外人士的教育引导，增强他们对国家、社会、民族的意识形态认同，培育团结奋斗的接班人。

最后，引导社会组织发挥组织优势，推动党的政治民主建设，扩大政治参与度。一方面，发挥我国政治协商制度的优势，利用政协、统战部门的组织优势，贯彻落实《中共中央关于加强社会主义协商民主建设的意见》，高度重视协商民主建设，依托各级社会组织，保障社会组织履职尽责、参政议政，达成决策和工作的最大共识，找到全社会意愿和要求的最大公约数。另一方面，发挥各种社会组织的协商渠道的作用，收集各方面的意见和建议，形成共同的决策意志，彰显主流意识形态的包容性和主导性。同时，利用社会组织健全民主制度，扩大政治参与度，保障社会人士的知情权、参与权与建言献策的权力，使社会各界人士能够更加全面、准确、深刻地理解党的方针政策和政府的各项施政方针，为各界人士参与党和国家的政治建设创造良好条件。

因此，在经济与社会快速发展、利益诉求日趋多元化、社会关系重组重构的时代背景下，中国共产党需要依靠和发挥社会组织在国家治理体系与治理能力现代化中的重要作用，将其视为执政中的新兴资源。党和国家有必要更加重视社会组织的参与，加强对社会组织发展和完善的顶层设计，破除现阶段社会组织建设中的体制机制障碍，发挥各种社会组织参与国家治理的主动性与创造性，有效推进国家与社会的良性互动，巩固党的执政基础。

# 第二章　思路·定位·重构：新中国成立初期城市社会组织的重构

新中国成立后，中国共产党面临着极其繁重的建设任务，特别是工作重心从农村转向城市后，面对比较陌生的城市社会，如何维持城市社会稳定和实现城市的有效治理，是中国共产党面临的重大时代课题。社会组织是中国城市社会的重要结构基础，有效整合社会组织对城市社会改造和秩序重建具有重要作用。新中国成立以后，通过对城市基层社会组织进行重新构建，并借此在短时间内迅速实现有效的社会控制，将旧的城市社会改造为符合社会主义发展的新型城市社会，从而成功地推动城市基层社会的重大转型，是中国共产党对城市进行改造的重要内容之一。

## 第一节　新中国成立初期城市社会组织重构的总体思路

1949年新中国成立后，中国共产党开始了重构城市社会组织的进程。重构主要以革命时期积累起来的经验为基础，全面组织化成为解放以后各城市构建新的社会秩序的重要途径。

### 一　近代以来中国城市基层社会组织的发展

社会组织是中国城市社会的重要结构基础，在对新中国成立以后的城市社会组织进行研究之前，有必要对近代以来中国城市社会组织的演变作一回溯，以厘清近代以来中国城市基本社会组织发展的历史脉络。

商业性组织是明清时期中国城市基层社会组织的重要组成部分。这一时期，活跃在各主要商路及各层级市场上的商人结成以地域为中心，以血缘、乡谊为纽带，以会馆、公所为主要联络载体的商帮。就城市而言，这一时期社会组织主要表现为会馆、公所。清代前期，中国各主要城市，尤其是商品经济较为繁荣的大城市，皆普遍设立商业行业性组织会馆、公所。以苏州为例，康乾年间，苏州为东南大都会，先后建立的会馆近 50 个。① 会馆在清代城市社会中发挥着重要作用，就外地客商而言，会馆在联乡谊、解纠纷、维权益、济贫困方面作用非常突出。同时，会馆对于封建时期地方政府的社会管理也有着重要的意义。封建官府往往支持会馆、公所对经济活动的约束。比如，嘉庆十一年（1806）两江总督铁保规定，上海一地凡客省商船进出口，皆需本省会馆出具保结。②

慈善组织是近代中国城市另一个重要的基层社会组织类型。中国最早从事慈善事业的非官方组织为佛教宗庙。③ 宋代以后，非宗教性的官方、半官方慈善组织开始兴起。尤其是明末以来，以同善堂、清节堂、栖流所、养济院、育婴堂等为代表的各类慈善组织可谓遍布中国的城市。就清代而言，除部分城市的养济院、育婴堂等为官方创办以外，更多的慈善组织是由民间士绅或商人捐资创办的。

鸦片战争以后，中国的城市开始出现早期现代化转型，城市社会组织也开始转型，主要表现为以下三点。

一是城市社会组织的类型和活动方式日益多元化。近代中国城市的社会组织按其所属阶层主要分为五个大的类型：商人团体，譬如商界联合会、商会等具有"法团"性质的新式团体；工人团体，最大的变化是

① （清）姜顺蛟、（清）叶长扬修，（清）施谦纂《吴县志》卷八，乾隆十年刻本；苏州博物馆编《明清苏州工商业碑刻集》，江苏人民出版社，1981；曹允源、李根源等纂《吴县志》卷四十九，苏州文新公司承印，民国22年；吕作燮：《明清时期苏州的会馆和公所》，《中国社会经济史研究》1984年第2期。
② 何泉达辑录《清实录江浙沪地区经济资料选》，上海社会科学院出版社，1989，第86~87页。
③ 靳环宇：《中国民间慈善组织的历史嬗变》，《中州学刊》2006年第2期。

工会的出现；由各种类型的知识分子组成的自由职业团体，包括律师公会、工程师协会、医师公会等；由学生组成的各种社团组织，包括学生会、学生联合会等；帮会组织。

二是城市社会组织的形式与结构出现了早期现代化的转变。从组织人员构成上讲，近代以后的城市社会组织在成员的范围及参与的要求上都大大改变。就商业组织来讲，旧式会馆以同业或同乡人员为组织成员，但晚清时期新设立的商会打破了这种地缘与行业的限制，不仅其成员可以来自各地，而且参与者的身份也各有不同。如 1902 年 2 月成立的上海商业会议公所，其成员代表即来自实业界的多个主要行业。[①] 从组织形式上讲，近代以前的社会组织一般具有家长制特征，近代以来的城市社会组织则具有现代社会组织的科层制特征，分工也更加明确。如宁波旅沪同乡会就设有审查、评议、文牍、经济、会计、调查等专职机构，后又设立基金委员会、建设股、教育股、评事股、土物陈列股、社交股等机构。[②]

三是城市社会组织的功能指向与目标取向出现了早期的现代化特征。其功能指向上的主要变化是由以前的消极保守转向积极进取，其目标取向由维持现状转变为不断开拓扩展。以慈善组织为例，清末新政前，它们救济的目的主要是维持生存，而不是通过救济实现改进，但新政后它们的救济活动便逐渐由"存活性"救济转变为"自立性"救济，一大批慈善机构主导下的生产性组织开始在中国各地设立。如 1920 年华北五省大旱，1922 年末各地灾民的大量涌入引起上海的骚动。为此，当时来自上海各主要慈善团体的 30 余人会商救济，商议的结果是设立游民工厂，收容这些灾民，并为他们提供生存和就业的机会。[③]

---

①　徐鼎新：《从绅商时代走向企业家时代》，《近代史研究》1991 年第 4 期。

②　邱国盛：《从国家让渡到民间介入——同乡组织与近代上海外来人口管理》，《华东师范大学学报》（哲学社会科学版）2005 年第 3 期。

③　《申报》1922 年 11 月 17 日。

## 二　新中国成立后城市社会组织的发展空间

新中国成立以后，作为党和国家联系人民群众的桥梁与纽带，社会组织在城市的社会生活中仍然有着充足的活动空间与现实需要。

首先，社会组织是新中国政权的重要社会基础。新中国政权的目标是实现人民当家做主，其任务是实行彻底的社会变革，建立新民主主义社会并最终过渡到社会主义社会。在完成这一目标任务的过程中，新政权面临着国际国内各种反对势力的挑战，为此中国共产党必须尽最大努力团结各种社会力量。建立和发展各种社会团体，是中国共产党团结社会力量的最有效途径。

其次，社会团体是代表各界人民参与政权的重要组织形式。新中国成立初期，许多社团代表通过政协、人民代表会议等积极参与到国家事务管理中。例如，全国政协一届一次会议上共有 662 名代表参会，其中有来自 16 个社会团体的 235 名代表参加，大约占会议代表总数的 35.5%。[1] 此外，社团代表参与地方各级人民代表会议的情况与全国政协会议大致相当。社团代表参与政权建设，为新政权奠定了较为广泛的群众基础。

最后，社会组织成员投身各项政治和经济活动，对巩固新生政权和恢复经济具有不可替代的作用。新中国成立初期，社会团体及时响应党和政府的号召，组织其成员积极参加政治和经济活动，有力地促进了这些活动的开展。譬如，各人民团体联合成立抗美援朝总会，积极宣传和动员人民群众响应和支持抗美援朝。抗美援朝总会发起捐献活动，截至 1951 年 12 月 31 日总会收到武器捐款 5 万多亿元（旧币），折合战斗机 3349.7 架，并有慰问金 1800 多亿元（旧币）。[2] 在对私人资本主义工商业进行社会主义改造的过程中，工商界团体也发挥了重要

---

[1]　刘会军：《论社会团体与新中国建设》，《长白学刊》1994 年第 3 期；刘勇：《建国以来我国社团发展状况及其对政治发展的影响》，《理论与改革》2005 年第 4 期。

[2]　《中国人民抗美援朝总会公布一般抗美援朝捐款的情况》，《人民日报》1952 年 2 月 23 日。

的推动作用。

由于城市社会组织在新中国成立以后仍然具有重要的作用与现实需要，1949 年以后，社会团体和基层社会组织必然会经历一个改造与重建的过程。对于社会团体的改造与重建又构成了新中国成立以后城市社会组织发展的基本方向。

### 三　新中国成立初期党整合城市社会组织的总体思路

新中国成立以后，党整合城市社会组织的总体思路有三个：一是把单位制作为城市社会组织的主要形式，通过单位这种组织形式来管理职工；二是全面建立居委会，通过居委会这种官方性质的自治组织来管理散居居民等非单位人；三是取缔和改造旧有社会团体，全面建立工青妇等群团组织，通过群团组织把不同职业、性别、年龄、文化信仰的城市社会群体纳入相应的组织体系。通过对社会组织的全面重构，中国共产党实现了城市社会的全面组织化，逐步构建起适应计划经济体制的国家社会一体化的社会治理格局，快速地实现了城市社会的稳定。

## 第二节　单位制：城市基层社会组织主体的构建

新中国成立以后，中国共产党迅速规划了全面改造城市社会的系列蓝图。在长期革命斗争中已经形成的较为成熟的组织化模式成为新时期城市社会改造的参照对象，单位制成为新的历史时期城市社会组织的主体。

### 一　中国单位制的产生

新中国成立初期，百废待兴，政治、经济的发展迫切需要在国家的统一指挥下进行，"单位"在这一背景下应运而生。单位是我国社会组织普遍采取的组织形式，是基层社会活动的主体，集聚了经济、政治、社会功能，是我国经济、政治和社会体制的基础。① 有学者总结新中国城市社会改造目标时说："中国的新领导人要把城市改成……稳定的、侧重生产的、平均主义的、斯巴达式简朴的、高度组织化的、紧密结合的、有经济保障的，且犯罪、腐败、失业和其他罪恶较少的城市。"②

单位体制源于中国共产党的组织化模式。列宁指出："无产阶级在争取政权的斗争中，除了组织，没有别的武器。"③ 中国共产党就是在这种指导思想下组织起来的，组织工农群众也成为革命的主要推进方式。④ 尽管后来经历了大革命失败的痛苦，但中国共产党对组织化的力量深信不疑。为此，中国共产党在后来的根据地建设和革命实践中一直高度重视动员和组织群众。

在第二次国内革命战争及抗日战争时期，在根据地建设过程中组织化成为有力的助推器。毛泽东指出："人民群众有无限的创造力。他们可以组织起来，向一切可以发挥自己力量的地方和部门进军，向生产的深度和广度进军，替自己创造日益增多的福利事业。"⑤ 根据地时期进行的农村合作化运动就是中国共产党践行组织化理念的典型案例。

延安时期是中国共产党革命和建设的一个重要里程碑，也是中国共产党组织化理念在实践中运用最突出的时期。中国共产党在资源极端缺乏的条件下采取了一种革命化的组织管理模式——单位。这时的单位组织还只是一个雏形，其基本的制度形式是供给制。在战争条件下，农村

---

① 路风：《单位：一种特殊的社会组织形式》，《中国社会科学》1989 年第 1 期。
② 〔美〕罗德里克·麦克法夸尔：《剑桥中华人民共和国史（1966—1982）》，费正清主编，上海人民出版社，1992，第 773 页。
③ 《列宁选集》第一卷，人民出版社，2012，第 526 页。
④ 中国共产党成立以后，发动工农群众的主要方式就是建立工会和农会组织。刘少奇指出："工会必须有严密的组织，才能克尽所担负的使命。所谓严密的组织，就是在执行委员会之上，有真正的工人代表会；在执行委员会之下，有群众中的支部基本组织。"（《刘少奇选集》上卷，人民出版社，1981，第 7 页。）在工农运动发动过程中，毛泽东等人积极组织农民协会。毛泽东认为："党应当对农民工作给予专门的注意。在中国，农民是一支决定性的力量。一旦把他们正确组织和武装起来，他们定使得中国国民所向无敌。"（参见中共中央党史研究室第一研究部编《共产国际、联共（布）与中国革命文献资料选辑（1917—1925）》，北京图书馆出版社，1997，第 744 页。）
⑤ 《毛泽东文集》第六卷，人民出版社，1999，第 457 页。

根据地物质匮乏，没有能力对公务人员实行正规的工资制，只能依据当时的财力和物力情况，按大体平均的原则，向公务人员发放生活必需品。从初期的以食物、服装供给为主要项目，到后期覆盖了衣食住行、生老病死等各方面的供给项目，逐步形成了一套完整的制度，其分配的单位就是军政机关等。在政权运行不断规范和解放区不断扩大的历程中，根据地的制度与新政府社会体制不断结合，供给制的分配方式、组织原则也以多种形式保留、继承了下来。①

新中国成立前夕，以单位为基础的组织化模式已经成为中国共产党建设和管理新社会的重要方式。1949 年 7 月召开的全国工会工作会上明确了中心任务，"就是在一年左右基本上把全国工人阶级，首先是产业工人组织起来。只有组织起来，才能胜利地担负起工人阶级在新民主主义中国的政权建设与经济建设中所负的领导阶级的历史使命"②。同年 9 月召开的人民政协第一届全体会上毛泽东再次强调要组织起来，"我们应当进一步组织起来。我们应当将全中国绝大多数人组织在政治、军事、经济、文化及其他各种组织里，克服旧中国散漫无组织的状态"③，而单位正是一种将人民组织起来的有效形式。

## 二　单位制成为城市社会组织的主体

各城市在解放以后，也都迅速建立起单位组织，并且使之成为涵盖城市政治、经济、文化、社会等领域的基层组织。以上海为例，到 1951 年底，上海市以工厂、企业、学校、机关等不同类型单位组织起来的人口已达到城市总人口的 1/3。④ 到 1956 年以后，上海市的单位人口占城

---

① 路风：《中国单位体制的起源和形式》，《中国社会科学季刊》（香港）1993 年第 5 期。
② 《把全国工人阶级组织起来——庆祝全国工会工作会议胜利闭幕》，《人民日报》1949 年 8 月 24 日。
③ 《建党以来重要文献选编（1921~1949）》第二十五册，中央文献出版社，2011，第 771 页。
④ 上海市民政局：《一九五一年街道里弄组织工作总结及今后任务的报告》，上海市档案馆藏档案，全宗号 B168，目录号 1，案卷号 765。

市总人口的比重甚至达到 2/3。① 单位的主要特征为通过将党群团体、军队、政府机构、公营企事业的公职人员全部纳入供给制的范畴来实现对资源的充分利用和对成员的全面控制。②

作为一种特殊的组织形式，单位组织的社会功能是多方面的。从总体上讲，主要包括以下三个方面。

一是有效的政治动员。单位组织的政治功能特征非常突出，主要表现在：单位是作为行政体系中的具体补充存在的，每个单位都有行政级别，干部和工人（员工）这两种政治身份的人群是单位的基本构成。每个单位都设有具备政治动员能力的党群组织，形成了高效的动员机制，通过单位这一普遍的基层组织，党和政府可以运用行政手段自上而下地组织群众投入各种政治活动，进而推进各项方针政策的有效落实。③ 这对于缺乏城市管理经验的共产党新政权维护城市社会稳定和巩固政权有着十分重要的作用。

二是保障经济的恢复和发展。在新中国成立初期社会资源极度短缺的现实条件下，国家主要通过各类单位组织来实现对资源的调控和配置。中国共产党构建了一套自上而下的完整的单位隶属关系网，每个基层单位均有自己的上级单位和相应的政府管理部门。因而，通过单位这种形式，党和政府可以自上而下顺畅地部署任务、调配资源，集中力量保障国家战略顺利实施，有效地促进国民经济的迅速恢复和发展。

三是通过单位可以实现高度的社会调控。中国共产党非常重视人民群众的力量，将群众组织起来是中国共产党矢志不渝推进的重点工作。新中国成立初期，生产力水平十分低下，单位制通过劳保福利、住房分配、子女入学和就业等制度，实现了高度组织化，使单位组织成员具有较强的向心力，促进了成员对组织的忠诚，实现了组织对成员的有效管

①　上海市委：《关于里弄居民工作情况和今后建立城市人民公社打算的报告》（1960 年 3 月），上海市档案馆藏档案，全宗号 A20，目录号 1，案卷号 2。

②　杨晓明、周翼虎：《中国单位制度》，中国经济出版社，1999。

③　何海兵：《我国城市基层社会管理体制的变迁：从单位制、街居制到社区制》，《管理世界》2003 年第 7 期。

理。同时，每个单位都有相应的行政级别，并纳入相应的部门或层级归口管理，从而使单位组织成为国家进行社会调控的一个基层单元。通过单位将相当部分的民众纳入国家行政权力的控制体系内，这有利于新政权实现高度的社会调控。

总之，单位体系建构起了一套"国家—单位—个人"自上而下的纵向控制系统和一条"个人—单位—国家"自下而上的纵向依附链条，成为国家控制体系和权力延伸的主要途径。为此，国家通过单位体制和对单位的严密控制，较为有效地实现了对城市社会的全面整合。

## 第三节　居委会：城市基层管理性社会组织的新定位

基层社会管理组织是指政府对城市或乡村基层社会居民进行管理并由民众自行成立的一种社会管理组织，是国家政权基层治理的基础。[①]民国时期，我国城市基层社会管理组织主要是保甲组织。新中国成立后，对在单位体制外的城市社会成员，中国共产党主要通过居民委员会来进行管理。在促进城市基层社会高度组织化的过程中，以居民委员会为代表的基层群众性组织的建立与重新定位，成为新中国成立后各城市基层政权建设工作的重要内容。

### 一　民国时期的保甲制度

保甲制度是依据伦理观念、家族制度建立基层行政机构，并对城乡居民进行管理的基层政治制度[②]，这一制度在中国封建社会曾经长期存在。

"保甲"一词，始见于宋朝，明清时期是中国保甲制度广泛推行和发展的时期。保甲制度作为中国近代社会的障碍物在清末民初被废弃，

---

① 孙宅巍、韩海浪：《现代中国社会基层组织的历史变迁》，《江苏社会科学》2000 年第 7 期。
② 闻均天：《中国保甲制度》，商务印书馆，1935，第 1 页。

实现了短暂的地方自治。民国成立之后，社会基层组织较为混乱，为成功地将国家政权渗透进城市基层社会，作为城市基层管理组织的保甲制度便进入新政权的视线。大体而言，国民政府在全国重新推行保甲制度大致可以分为两个阶段：一是新县制实行前，即 1931 年至 1939 年；二是新县制实行后，即 1939 年至 1949 年。

就第一阶段而言，国民政府出于对红军"围剿"的需要，实行了保甲制度。在新县制实行前，国民党推行的保甲制度主要有两种模式：一种是"赣制"，以江西省为代表，设置"县、区、联保、保、甲"五级，按户编组，功能是自卫，主要在赣、皖、豫、鄂、闽、川等省实行；另一种是"苏制"，以江苏省为代表，设置"县、区、乡（镇）、保、甲"五级，按户编组，功能兼顾自治、自卫，主要在苏、浙、湘等省实行。①

就第二阶段而言，抗战爆发后，国民党政府在其统治地区实行新县制，普遍调整国统区县以下各级组织，将原来的五级制改为县与乡（镇）二级制，区署改为县政府的辅助机关，保、甲则成为乡（镇）的组成部分，是新县制中最重要的内容。1946 年全国 44 个省市共计有54156 个乡镇，631578 个保，6499670 个甲。②

对国民党政权来说，保甲制度在一定程度上的确起到了有效控制基层民众、配合反共剿共的作用，最终使其成为南京国民政府推行最有力、实行时间最长的基层组织制度。可以说，民国时期推行的保甲制度产生过许多积极作用，如强化了政府对基层群众的管理，提升了组织化程度，特别是在抗日战争时期，在战争动员、征兵、征粮等方面发挥过重要作用。③

## 二 新中国成立初期城市居委会制度的创立

新中国成立后，居民委员会作为新兴的基层群众组织取代了保甲组

---

① 冉绵惠：《近年来国内有关民国时期保甲制度研究的新趋势》，《民国档案》2007 年第 5 期。
② 《全国各省市乡镇保甲户口总表》，南京第二历史档案馆藏档案，全宗号一（2），案卷号1247。
③ 孙宅巍、韩海浪：《现代中国社会基层组织的历史变迁》，《江苏社会科学》2000 年第 7 期。

织，成为城市基层社会管理组织的主要形式。与单位制度不同，居委会制在中国革命中并没有先例。居民委员会组织形式的建立和发展，经历了漫长的摸索过程，大致可分为四个阶段，即：取代保甲组织阶段；居委会初创阶段；取消居委会和整顿居民小组阶段；居委会规范发展阶段。

### （一）取代保甲组织

旧有的保甲制度与新政权的价值观格格不入，废除保甲制度势在必行，新政权对保甲制度的废除主要经历了两个步骤。

第一步，否定制度，留用人员。新政权对保甲制度和保甲人员采取了区别对待的方针。对保甲制度进行了完全否定，采取一律废除的原则。鉴于基层群众尚未被发动起来的现实情况和稳定社会秩序的需要，当时各地基本执行了"暂时正确地利用保甲人员推行工作"① 的指示。新政府依据旧保甲人员的具体情况进行了分别处理，对群众痛恨的、有严重贪污勒索行为的人员开展有组织的群众清算活动；对群众不十分痛恨的、贪污不严重的人员则撤销其职务，让其认错，并给予其戴罪立功机会；对群众可以谅解、没有贪污勒索行为且比较正派的人员，则允许其继续工作一段时间，并在工作过程中对其进行思想改造。

第二步，发动群众，培养积极分子，打破旧保甲人员权威。为了彻底取代保甲组织，新政权发动了广泛的群众运动，揭露旧保甲制度的弊端和旧保甲人员的腐败。各城市皆召开群众大会，"揭露保甲制度的反动性"②，使旧保甲人员在城市基层社会中的权威逐步丧失。与此同时，各个城市通过多种方式，发现与培养大批积极分子。随着积极分子的逐步增多，新政权开始逐步弃用旧保甲人员。比如，对保甲"规定职责范围，如催公粮、可准许保长做解调纠纷，写证明信，召开群众会议，不

---

① 陈辉、谢世诚：《建国初期城市居民委员会研究》，《当代中国史研究》2002 年第 4 期。
② 《北京市人民政府明令废除伪保甲制》，《人民日报》1949 年 4 月 12 日，第 2 版。

许保长做"①。随着群众的广泛响应和积极分子的成长，旧保甲人员在基层的权威逐步被打破，最终各城市在 1950 年前后建立了基层群众组织，保甲制度彻底退出历史舞台。

## （二）居委会的初创

各城市在废除保甲组织、弃用保甲人员之后，纷纷创建居民组织。由于中央没有统一的要求和规定，各城市拥有充分自主权，居民组织的形态各异。废除保甲制后，北京市居民组织以"冬防队"和"防盗队"为主②，杭州市成立居民委员会 571 个、居民小组 3802 个③，沈阳市将街道和居民组织平行置于区政府下，长春市设立居民组，南昌市试行"坊代表会议制"，广州市推行"街坊人民代表会"制，也有一些城市无方向目标，举棋不定④。

组织制度和组织结构是居委会建设的两大方面。经过不断摸索，各城市居民委员会逐步建立了比较完善的会议制度，包括全体委员会议、主任联席会议、小组长联席会议、小组会议等。为保证新生居民组织的正常运行，各地还制定了保障居委会运行的相关制度，包括会议制度、通报制度、请示报告制度、学习制度等。

## （三）取消居委会和整顿居民小组

居委会是在基层政府推行各种政治和行政任务的过程中创建的，因此，初创期问题很多。一是权限不分，性质不明。居委会本来是一个群众性的组织，在实际运行中却被当成了一级政权组织。"居委会的工作

---

① 《成都市第五区区委会关于五○年工作总结》，成都市档案馆藏档案，全宗号 54，目录号 1，案卷号 22。

② 韩全永：《建国初期城市居民组织的发展及启示（之二）政体初定居委会终结保甲制历史》，《社区》2006 年第 11 期，第 24 页。

③ 韩全永：《建国初期城市居民组织的发展及启示（之一）新中国第一个居委会诞生始末》，《社区》2006 年第 10 期，第 36 页。

④ 韩全永：《建国初期城市居民组织的发展及启示（之二）政体初定居委会终结保甲制历史》，《社区》2006 年第 11 期，第 24~25 页。

变成了'一揽子',部分委员都脱离了生产,而成天的办公……忽略了居委会的群众性"①,"居民委员会的委员们也有意识或无意识地把自己的组织看成……政权性的街公所"②。二是成分复杂,组织不纯。在当时复杂的社会环境条件下,居委会中混入了一些成分复杂的人员。例如上海杨浦区"初步统计居民委员 566 人中就有 174 人为非职工成分的所谓里弄的'威望人士'"③。三是贪污浪费较为严重。"一些居民委员会染上一套旧作风,好攀比,你成立秧歌队,我也成立秧歌队并开晚会唱歌,因此向群众募捐,摊派款子……有的还借募捐从中贪污。"④ 上述问题的存在,在一定程度上引起了整个居委会的劣化。不少城市在区各界人民代表会议召开后,纷纷取消了居委会。

在取消居委会后,为了工作与联系的需要,还要有一个地区性居民组织,不少城市对原有居民小组进行了扩大合并。比如,成都市当时就以 60 户左右为单位在全市建立居民小组,小组选出正副组长、治安员、卫生员各一人。⑤ "为了工作与联系人民的需要,可以通过民政干事召集小组长联席会议或部分小组长的联席会议。"⑥ 最终,全市共建立居民小组 2022 个。⑦

扩建居民小组是新政府发动群众、清理和纯洁基层居民组织队伍,进而对整个城市基层社会进行改造与重组的一次重要机会。但居民小组扩大合并后,在运行过程中仍然面临着诸多问题,主要表现为"五多":一是工作任务多,有的民政干事"固定的中心任务有十一种,经常与临

---

① 《成都市人民政府第四区区公所检查居委会工作总结》,成都市档案馆藏档案,全宗号 85,目录号 2,案卷号 24。
② 《1950 十月份民政科工作总结》,成都市档案馆藏档案,全宗号 85,目录号 1,案卷号 4。
③ 《居民委员会整顿组织工作初步计划(草案)》,上海市民政局档案,1952:34-18。
④ 《成都市居民组织问题》,成都市档案馆藏档案,全宗号 85,目录号 1,案卷号 105。
⑤ 成都市地方志编纂委员会编纂《成都市志·民政志》,方志出版社,1997,第 41 页。
⑥ 《结束居民委员会建立居民小组总结报告》,成都市档案馆藏档案,全宗号 85,目录号 1,案卷号 1。
⑦ 成都市地方志编纂委员会编纂《成都市志·民政志》,方志出版社,1997,第 41 页。

时工作达四十四种之多"①；二是组织机构多，有的居民小组"重复庞杂的组织机构即达三十余种"②；三是兼职兼事多，有的居民小组"平均一个积极分子要担任三人以上的职务"；四是会议多，有的地方"居民中每月定期会议十六次，不定期会议运动中每月三十次以上，平时在十次以上"；五是领导多，有的居民小组"三户半中平均一个积极分子"③。针对这些问题，各城市再次对居民组织进行了精简整顿工作，对庞杂的机构进行了精简，减少了积极分子的兼职现象。

### （四）居委会的规范发展

1954 年底以前，中央一直没有出台全国统一的关于居民组织的政策法规。由于各地都是独自摸索进行居民组织建设，缺乏集中的经验和统一的领导，各地的组织形式不一。1954 年 12 月 31 日，《城市居民委员会组织条例》在第一届全国人大常务委员会四次会议上获得通过，首次以国家法律的形式对其名称、性质、组织结构、主要任务等予以了确认，其名称正式定为"城市居民委员会"，其性质是"群众自治性居民组织"。④ 该条例的制定，结束了居民区的混乱局面，对居民工作产生了巨大影响，为全国各大城市基层社会管理组织的规范化发展提供了法律依据和政策保证。

在该条例颁布后，全国所有城市都按照中央要求重新建立了居委会。各个城市在重建居委会的过程中严格遵守该条例的规定和中央的要求，使基层居民组织得以进一步规范，取得了较好的效果。一是进一步规范和统一了居委会的组织架构。各居委会都统一设置了社会福利、治安保

---

① 《成都市关于城市区整顿基层组织克服五多现象及郊区乡政权建设工作的报告》，成都市档案馆藏档案，全宗号 85，目录号 1，案卷号 144。
② 《成都市关于城市区整顿基层组织克服五多现象及郊区乡政权建设工作的报告》，成都市档案馆藏档案，全宗号 85，目录号 1，案卷号 144。
③ 《成都市关于城市区整顿基层组织克服五多现象及郊区乡政权建设工作的报告》，成都市档案馆藏档案，全宗号 85，目录号 1，案卷号 144。
④ 中华人民共和国法规汇编辑委员会编《中华人民共和国法规汇编（1954 年 9 月—1955 年 6 月）》，法律出版社，1956，第 173~175 页。

卫、调解、文教卫生四个常设工作委员会。二是进一步规范了居委会的制度建设，普遍建立了决策制度、工作制度和学习制度。三是进一步纯洁了街道居民组织，让更多拥护新政权的群众代表进入居委会，从而有效地完成了基层社会组织的转型。居委会正式成为城市基层法定的社会管理组织，奠定了有中国特色的城市居民自治的社会基础。

### 三 居委会的性质

关于新创立的居委会的性质，最初中央没有一个统一的定性，各个城市对居委会性质的认识也不一致。1954 年颁布的《城市居民委员会组织条例》正式将居委会的性质确定为"群众自治性居民组织"。实际上，居委会兼具群众自治组织和行政组织属性，这种双重性是由当时中国特殊的社会环境和国家制度决定的，它体现在居委会的方方面面。

从创建目的来看，居委会从一开始就是以居民区为基础建立的非营利性、非会员制和区域性的居民自治组织。同时，它又是新政权实现社会治理的基层组织、公民参与新政权公共事务的一种新途径和形式，其主要任务是进行社会调控和提供基层群众生活福利。

从运行机制来看，"指导居民委员会进行工作"[①] 是《城市街道办事处组织条例》明确规定的街道办事处的任务之一，居委会可自行研究决定本居委会的各种事宜并推行工作，同时它又被置于政府的领导之下。《城市居民委员会组织条例》中也明确规定，居委会负有向当地人民委员会或其他派出机关反映民情民意的相关工作任务。[②]

从工作内容来看，居委会的职责包括开展政治性和社会性两方面的工作，且政治性工作排在首位。1954 年颁布的《城市居民委员会组织条例》规定，居委会主要有五项任务，即办理有关居民公共福利事项、反

---

① 中华人民共和国法规汇编编辑委员会编《中华人民共和国法规汇编（1954 年 9 月—1955 年 6 月）》，法律出版社，1956，第 171~172 页。

② 中华人民共和国法规汇编编辑委员会编《中华人民共和国法规汇编（1954 年 9 月—1955 年 6 月）》，法律出版社，1956，第 173~175 页。

映居民诉求、组织领导群众性治安保卫工作、动员居民响应政府号召和调解居民间纠纷。①

从干部的产生和构成来看，居委会干部确实是经过群众民主选举产生的，其成员也主要是基层群众，同时居委会的选举工作基本是按照党和政府的意志来开展的。从居委会建立时就规定："作为群众自治组织，居委会应选举产生。"同时，政府要先对候选人进行摸底，"整理出积极分子名单，经办事处和派出所等有关方面审查……召集区委、区法院、区妇联、公安分局、办事处、派出所等有关单位共同研究，做为内部掌握名单"②。

从经费来源看，居委会的日常开支主要由政府来拨付。1954 年颁布的《城市居民委员会组织条例》对居委会的经费问题做出了三方面规定：一是由政府来拨付居委会的日常开支，二是居委会的集体福利开支不得随意从居民处筹集，三是经费的开支纳入财务管理。

可见，居委会正是因为具有群众自治和行政化的双重性质，才成为新中国成立初期党和政府对城市基层社会进行管理和服务的最基本组织。

## 四　居委会的作用

新中国成立初期城市居民组织的建立和发展，是中国共产党在城市开展的一次社会基层组织的重建与变革。它不但是社会基层组织建设本身的创新，而且对巩固新政权和促进社会经济发展做出了重要贡献，奠定了新中国城市基层社会管理的制度基础，并一直影响至今。

一是完成了国家政权向基层社会的渗透和基层组织的合法性重建。新中国成立后，中国共产党对城市社会控制的基本思路是组织化，组织化的形式主要是单位制。中国共产党长期在农村进行革命和建设，在城市缺乏群众基础。城市基层社会除了单位以外，还存在大量无组织的群

---

① 中华人民共和国法规汇编编辑委员会编《中华人民共和国法规汇编（1954 年 9 月—1955 年 6 月）》，法律出版社，1956，第 173~175 页。

② 《上海市居民委员会组织暂行办法》，上海市档案馆藏档案，档案号：BZ-122-82。

体。然而，长期以来，城市基层社会被士绅阶层等封建势力构成的保甲组织所控制，作为贫苦大众代表的中国共产党要在城市社会站稳脚跟，就必须将国家政权力量渗透到基层社会，并建立以贫民为代表的拥护新政权的基层组织。通过居委会的重建，结束了居民区的混乱局面，旧保甲人员的权威被政府信任、群众拥护的贫民代表打破，提高了党在基层的社会动员能力。群众反映说："现在的居民委员，硬是为群众办事，不是作官。"① 居委会受到人民的拥护，实际上标志着新政权的合法性得到基层民众的认可，对新政府稳定人心、巩固政权起到了十分重要的作用。

二是发挥了稳定城市社会秩序和促进城市社会发展进步的作用。各个城市解放以后，面临的最大难题是如何稳定社会秩序。经历政权更迭后，群众最为迫切的需要是稳定的生存环境，但当时的城市存在许多不稳定因素。由新旧政权更迭所产生的统治真空，使社会治安状况一度极其混乱。据不完全统计，上海解放头七个月里，共发生强盗案 737 起、盗窃案 11430 起、抢劫案 530 起。② 居委会的建立过程本身就是揭发和打击敌对分子的过程，很多隐藏在基层社会中的各种势力被人民群众揭发出来。居委会建立后，在移风易俗、改善环境、反映民情民意、发展公共福利事业等方面做了大量卓有成效的工作，有效地改善了城市社会的经济面貌、社会面貌、政治面貌和精神面貌，促进了新中国城市社会的发展与进步。

三是为我国基层组织从传统宗法社会向现代民主法治社会的转型奠定了基础。建立居委会是对马克思主义民主自治思想的中国化运用和发展。居委会的自治性，使得居民群众能以主人翁态度积极参与居委会的组织建设，并把居委会当作保护自身合法利益的社会组织。③ 普通平民

① 《1950 年成都市建立居民委员会工作总结》，成都市档案馆藏档案，全宗号 85，目录号 1，案卷号 5。
② 《解放日报》1950 年 3 月 28 日。
③ 陈辉：《我国城市居民委员会的回顾与思考》，《中共党史研究》1999 年第 11 期。

阶层取代了以往的士绅阶层和家族宗法组织，成为基层社区治理的主体，这极大地激发了人民群众的积极性和创造性，奠定了我国基层治理向现代民主法治转型的基础。[①]

## 第四节　人民团体：党联系城市基层群众的新形式

新中国成立后，中国共产党城市社会调控的基层组织体系，除了单位和街居组织外，就是仿效解放区模式，在单位和街居组织内重新建立的工会、青年团和妇联等群众组织。它们有着全国统一的组织体系，在基层则以党的基层组织为依托，作为党的外围组织而存在。这些组织将单位和街居内不同职业、年龄、性别的群众组织起来，进一步完成了对城市基层社会的组织化调控。各个城市解放后，均迅速开展了新的群众组织的建立工作。这些群众组织主要包括工会、青年团和妇联组织。

### 一　新中国成立初期工会组织在城市社会的建立

从中国共产党成立到新中国成立，中国的工会组织主要有国民党、地方军阀、封建势力控制的工会组织和中国共产党领导的工人组织两种类型。

中国共产党从诞生的那天起，就十分重视发展工人组织、开展工人运动。共产党早期的工人运动领袖，深入工人群众，创办了许多新型基层工会组织。到1927年，中国已经建立了700个工会，拥有200万名会员。[②] 在第二次国内革命战争、抗日战争和解放战争时期，中国共产党在苏区、边区、根据地和解放区普遍建立了工救会、青救会、妇救会、农救会、儿童团等群团组织。这些群团组织不再以地缘、血缘关系为纽带，有效地提高了不同群体的组织化程度，推动了中国共产党局部执政

---

① 陈辉、谢世诚：《建国初期城市居民委员会研究》，《当代中国史研究》2002年第4期。
② 刘健清：《中华文化通志·社团志》，上海人民出版社，1998，第343页。

的实践。这些组织建设取得的成功，是新中国成立后中国共产党在城市强力建立工青妇人民团体的重要原因。

工人是城市社会人数众多的一个群体，在中国共产党刚刚进入城市还来不及对资本主义和私人企业进行单位化改造的情况下，如何实现对这个群体的组织化，是中国共产党早就注意到的一个问题。1949 年 7 月全国总工会召开了第一次全国工会工作会议，要求在重点城市大力发展工会组织。新中国成立后，各城市只用了短短几年时间就基本建立了覆盖城市街道和单位的基层工会组织，当时的工会组织主要有产业工会和地方工会两个体系。产业工会，即把同一企业、工厂、机关、学校等单位的成员组织到一起，并按照行业特点或者性质相近的原则，根据实际需要建立全国性或地方性的组织；地方工会，则是按照地域原则，在大行政区、省、市、县等建立的各级工会组织。据统计，截至 1952 年底，已经建立了 21 个全国性产业工会或筹委会，52 个行政区产业工会，135个省、直辖市级产业工会，236 个县级产业工会，1274 个镇级产业工会。除西藏、台湾外，全国各地均建立了工会组织，基层工会组织总数约为20.7 万个，会员约有 1000 万人，主要大中城市和产业中 90% 的工人加入了工会。[①] 通过工会，全国工人阶级有效地组织起来，成为国家建设的主力军。

## 二　新中国成立初期青年团体在城市社会的建立

中国共产党十分重视青年的革命作用。1920 年 8 月，上海社会主义青年团成立。1922 年 5 月，中国社会主义青年团在广州召开了第一次全国代表大会，1925 年 1 月改名为"中国共产主义青年团"。1927 年 5 月，中国共产主义青年团第四次全国代表大会在汉口召开。1935 年 11 月，中央决定改造共青团，建立各种抗日救国青年团体，以更广泛地团结各界青年，使其投入抗日救亡的斗争。1949 年 1 月 1 日，《关于建立中国

---

① 建华：《建国初期工会的组织建设》，《工会博览》2003 年第 4 期。

新民主主义青年团的决议》正式颁布，4 月 11 日至 18 日新民主主义青年团第一次全国代表大会在北平召开，选举产生了新一届中央委员会，为全国建团工作创造了有利条件。

为充分发挥青年作用、将广大青年组织起来、巩固新生的城市政权，各城市解放后立即开始普遍组建团组织。以成都市为例，1950 年 1 月 5 日，中国新民主主义青年团川西区及成都市工作委员会成立。1950 年 5 月 13 日至 15 日，成都市民主青年联合会第一次代表大会召开，来自全市机关、工厂、学校、部队及各民主党派的青年代表 150 人参加了会议。① 6 月 11 日，中共成都市委发出全党建团的号召，各单位迅速开展建团工作，"截至 6 月底，成都市团员中，工人 235 人，学生 890 人，机关职业类 150 人，共 2895 人，其中除二月份统计 1142 名外，另又发展了新团员 1753 人（部队团员不在此数）"②。1952 年 12 月 25 日，中国新民主主义青年团成都市第一次代表大会召开，出席的正式代表有 474 人。至 1953 年上半年，全市团员数达到 10895 人。1954 年 6 月 5 日，中国新民主主义青年团成都市第二次代表大会召开，出席的代表有 500 人。至 1955 年底，全市共发展团员 17000 余名。1956 年 8 月 29 日至 9 月 2 日，中国新民主主义青年团成都市第三次代表大会召开，出席的代表有 501 人。1956 年至 1957 年两年间共发展团员 19050 人，其中超计划发展 10000 余人，全市共有青年 206899 人，团员 43856 人，团员占青年总数的 21%。随着团员队伍的不断壮大，基层团组织稳步向前发展。到 1957 年底，几乎所有单位和街道都建立了基层团组织，全市基层团委 59 个，团总支 164 个，团支部 5650 个。③

1957 年 5 月中国新民主主义青年团第三次全国代表大会决定，改名

---

① 成都市地方志编纂委员会编纂《成都市志·群众团体志》，四川辞书出版社，2000，第 114、121 页。
② 《中国新民主主义青年团成都市工作委员会六个月工作总结》，成都市档案馆藏档案，全宗号 79，目录号 1，案卷号 1。
③ 成都市地方志编纂委员会编纂《成都市志·群众团体志》，四川辞书出版社，2000，第 113~114 页。

为"中国共产主义青年团"。这个名称一直沿用至今。

### 三　新中国成立初期妇女团体在城市社会的建立

随着资产阶级民主革命的兴起与发展，妇女解放浪潮也在中国大地上掀起。中国妇女在反对帝国主义侵略和统治阶级丧权辱国的斗争中，开始了谋求民族生存和自身解放的斗争，在此过程中各种妇女团体也开始建立。

1921年中国共产党诞生后，中国妇女运动进入了新的历史阶段。1922年7月，中共二大通过了《关于妇女运动的决议》，这是中共关于妇女问题的第一个文件。该文件对妇女解放运动进行了实质性的概括，认为妇女的解放离不开无产阶级、离不开中国共产党的领导，解放运动必须与组织化的活动相联系。1923年6月中国共产党第三次全国代表大会通过了一份有关妇女问题的议案，决定设立妇女委员会，给予全国妇女运动系统而全面的指导。1925年1月，中国共产党第四次全国代表大会对妇女工作作出了决议，决定在各地党支部建立妇女部，使党的妇女运动有专门的负责机关。这样妇女组织从党中央到各地的基层党支部都建立起来了。苏维埃时期，中国共产党在根据地建立了女工农妇代表会议制度。抗日战争时期，各种抗日救国的妇女团体在各个城市建立。1945年抗日战争胜利后，各个解放区建立了许多形式不同的妇女组织，例如1946年2月成立的晋察冀边区妇女联合会等。在中共领导下的国统区也成立了妇女组织，例如1946年3月24日成都妇女联谊会在成都慈惠堂成立。1948年9月20日，中共中央召开了解放区妇女工作会议，会上决定于1949年春季组织召开第一次全国妇女代表大会。1949年3月至4月，在北平召开了中国妇女第一次全国代表大会，到会代表有474人，旁听代表有265人，代表来自东北、华北、西北、华东、中原五个解放区，以及国统区、边疆地区各省和海外各地。[1] 大会通过了《中国妇女

---

[1]　中华全国妇女联合会：《中国妇女运动史》，春秋出版社，1989，第608页。

运动当前任务的决议》《中华全国民主妇女联合会章程》，选举组建了中华全国民主妇女联合会。

新中国成立以后，按照共产党组织化调控的基本思路，为把城市各个阶层的妇女组织起来，各城市新政权普遍开展了建立妇女组织的工作。以成都市为例，1951 年 6 月成都市召开了第一次妇女代表大会，1953 年 9 月召开了第二次妇女代表大会，1957 年 4 月召开了第三次妇女代表大会。每次妇女代表大会都选出了妇联的领导机构，确定了每个阶段的主要任务。1951 年 6 月至 1957 年 1 月，市妇联的内部机构为"四部一室"，即组织部、宣传部、生产部、福利部、办公室。按照全国妇联章程的规定，设在城镇街道居民委员会和农村行政村的妇女代表会，为妇联的基层组织，在同级党组织的领导下开展工作，实行代表联系群众的制度。按照这一规定，成都市在所辖区和街道办事处建立妇女联合会，在城镇的居民委员会建立妇女代表会。1950 年市民主妇女筹委会成立后，按当时的行政区划，建立了各区妇联；在不同行业中，增加安乐女工委员会、领导妇女代表会、机关女职员及中学女教师代表会、保育委员会、家庭妇女联谊会等基层组织；结合开展"以工代赈、生产自救"的工作，在城区街道按当时公安派出所的辖区范围，逐步建立了街道妇代会。1952 年 9 月，全市城区共有街道妇代会 71 个，代表 4851 人，街道妇代会主任、委员共 1058 人。1955 年，城区根据居民委员会条例对居民委员会进行整建，市妇联根据市委"街道居民委员会成立后，妇代会设在居委会一级"的指示，对街道妇代会进行调整。4 月 20 日，市委转发了市妇联《关于成立街道居民委员会时调整妇代会的意见》，市妇联又于 5 月 28 日抽调干部参加了居委会和改选妇代会的工作。1958 年 3 月，根据中国妇女第三次全国代表大会通过的全国妇联章程的规定，结合当时成都市的普选工作，在城区的街道办事处一级建立了街道妇女联合会，最终将妇女同胞也纳入除单位制以外的社会组织之中。

总体来看，新中国成立后各城市建立的妇女组织全部是中华全国民主妇女联合会的下属组织，全国妇联形成了一个自上而下的组织系统，一直深入城市基层社会的各个单位和居民委员会。妇女组织团体的成立，尤其是妇女联合会的成立，一方面使各城市妇女同胞走向了大解放、大联合，另一方面用事实证明了中国共产党基层政权建设的成效。

## 四 新中国成立初期工青妇等人民团体的性质

新中国成立初期的各级工会、青年团和妇联组织在中国城市社会中扮演着十分重要的角色，这是与它们的性质密不可分的。从它们的属性来讲，工会、青年团、妇联都是不同群体自愿组成的群众组织。1950年颁布的《工会法》中规定："工会是工人阶级自愿结合的群众组织。"1949年印行的《中国新民主主义青年团团章》中规定："中国新民主主义青年团是在中国共产党领导下，坚决地为民主主义彻底实现而斗争的先进青年的群众组织。"1957年的妇联章程也规定："中华人民共和国妇女联合会是全国各民族、各阶层、各种不同宗教信仰的妇女群众组织。"但实际上，新中国成立初期中国共产党建立的工会、妇联和共青团等社会组织不同于西方社会的非政府组织，它们被高度行政化。新中国成立初期，工会、工商业联合会、农民协会、学生联合会、民主青年联合会、民主妇女联合会等这类从事广泛群众性社会活动的社会团体被定位为人民团体。人民团体是有中国特色的社会团体，具有明显的双重属性。

首先，人民团体的政治属性突出，具有很强的行政功能。人民团体源于革命团体，革命团体的政治属性在人民团体中延续和保留。新中国成立以后，各人民团体的成员基本涵盖了城市人民群众的主要范畴。人民团体被定位为党和国家与人民群众之间的桥梁与纽带，革命时期的政治功能在新中国成立初期仍然发挥着重要的作用。工青妇等人民团体是中国共产党建立的官办社团，在新中国成立初期是作为党和政府助手的角色出现的，具有鲜明的政治属性。人民团体的行政化色彩浓厚，具有准政府组织的性质。其行政化色彩主要体现在以下两个方面。一是组织体制的官僚化，它们不是群众自发组织起来的，而是在各级党委和政府的直接领导下建立起来的，这些团体各个层级都有相对应的行政地位。

在人事上，受到党委和政府控制，这些团体干部的身份为官员，甚至由党委或政府人员直接兼职。在财政上，则依靠政府拨款。二是功能上的行政化。工青妇等社会团体的主要功能是围绕党和政府的中心工作，动员组织广大工人、青年、妇女群体参加经济建设、政治活动、思想文化改造等，以维护和巩固新生的人民政权。

其次，人民团体的社会属性、利益性功能初步凸显。新中国成立前，领导工会开展革命斗争一直都是中国共产党工会工作的主要指导思想。新中国成立后，工会的社会属性凸显，开始把保护和实现工会会员自身利益作为其任务之一。比如，1950年1月召开的成都市工会代表会议就把"恢复与发展生产，保护工人合法权益"作为工会工作的方针任务之一。1951年6月召开的成都市工会第一届会员代表会议把"切实执行工会法和劳动保险条例，保护工人利益"作为工会的六项工作任务之一。新中国成立前，中国共产党领导的妇女团体的主要任务是与反动政府做斗争。新中国成立后，妇联的社会属性逐步显现，除确保政治性功能外，还逐渐回到组织本身的社会功能上[1]，开始把维护妇女权益和实现男女平等作为其职责之一。1953年第二届全国妇联的宗旨中第一次提出要维护妇女权益，实现男女平等。1957年第三届全国妇联章程中规定也有进一步的说明。

总之，新中国成立初期工青妇等社会团体在保留强大的行政功能和政治属性的同时，随着党的工作任务的转变，其功能和属性也发生了一定的转换，其权益性功能和社会属性开始逐渐显现。

## 五　新中国成立初期工青妇等人民团体的作用发挥

20世纪50年代，刚刚建立的新中国百废待兴，国家的建设与社会的整合迫切需要各阶层的普遍参与。工青妇等人民团体在组织和动员各界群众参与国家建设方面发挥了重要作用。

---

① 付春：《转型、功能演化与价值变迁——建国以来我国妇联组织的转型分析》，《兰州学刊》2004年第8期。

一是意识形态教育。新中国成立后，各级工会、青年团和妇联组织等人民团体围绕党和国家的中心工作，积极宣传马克思主义理论和党的路线、方针、政策，对其成员进行了多方面的思想政治教育。各城市工会开展了"劳动创造世界""谁养活谁"等唯物史观教育，以及"群众性的学习毛主席著作运动"①。各城市青年团开展对青年进行共产主义道德教育问题的调查，组织广大青年学习毛主席著作。②

二是政治动员。新中国成立后，各级工会、青年团和妇联组织积极动员其成员投身新中国成立初期的各项政治运动，有力地促进了新中国成立初期各项政治运动的开展。在抗美援朝运动中，工青妇等人民团体的作用特别突出。有的城市工会提出"工厂就是战场，机器就是武器"③的口号，开展生产竞赛和捐献飞机大炮运动。各城市青年团组织青年学生向群众进行反帝反封建宣传，声势特别浩大。各城市妇联举行对美国罪行的控诉会，开展慰劳中朝战士活动，捐钱捐物。工青妇等人民团体还积极动员群众参加节约粮食运动，支持知识青年上山下乡运动，甚至在除四害运动中也发挥了不可替代的社会动员作用。④

三是经济建设。新中国成立后，工青妇等团体还充分发挥其组织优势，激发其成员开展生产劳动的热情，积极动员其成员参与经济建设，为城市的生产恢复和发展做出了重要贡献。各级工会在城市中广泛发动工人开展各种形式的劳动竞赛，有力地促进了生产恢复和发展。全国妇联制定了"以生产为中心，为肃清敌人，建设人民的新城市而努力"的城市妇女运动方针，鼓励家庭妇女"尽可能地参加城市生产"⑤，向女工宣传党的政策，组织妇女参加生产劳动和市政建设，有效地调动了妇女生产的积极性。

---

① 成都市地方志编纂委员会编纂《成都市志·群众团体志》，四川辞书出版社，2000，第66页。
② 成都市地方志编纂委员会编纂《成都市志·群众团体志》，四川辞书出版社，2000，第134页。
③ 成都市地方志编纂委员会编纂《成都市志·群众团体志》，四川辞书出版社，2000，第67页。
④ 高中伟、田向勇：《新中国初期"除四害"运动社会动员研究》，《四川大学学报》（哲学社会科学版）2019年第2期。
⑤ 成都市地方志编纂委员会编纂《成都市志·群众团体志》，四川辞书出版社，2000，第185页。

四是社会改造。新中国成立后，工青妇等人民团体动员其成员积极参与社会改造，推动了社会改造的顺利进行。在新中国成立初期的几年时间内，妇联积极参加陪审，协助司法机关处理婚姻案件，帮助群众解决婚姻纠纷，积极配合有关单位组织婚姻法执行情况检查组，积极利用各种群众集会宣传婚姻法，积极参与对妓女的教育和改造，为改造传统婚姻家庭制度发挥了重要作用。工会、青年团、妇联充分利用其广泛的网络性和组织性，在开展禁绝烟毒、关闭妓院、禁止赌博、改造乞丐游民等社会活动中发挥了积极的作用。①

工青妇等人民团体在党的领导下，积极发挥其作为党和国家与人民群众之间的桥梁纽带的作用，激发了各界群众参与新中国建设的热情，将党和国家的意志嵌入民众的日常生产生活中，使得国家力量进一步在城市基层社会渗透和延伸，从而有效实现了对城市社会的进一步整合。

# 第五节　封建性社会团体：取缔与改造

任何一个新政权建立后，必然要对原有的社会团体进行改造，并建立与新政权相适应的社会组织。中国共产党进入城市后，为实现对城市社会组织化调控的需要，旋即展开了对封建性社会团体的改造工作。

新中国成立后，中国共产党根据新的价值观和社会主义原则，对旧有社团组织进行清理和改造，这个过程大约持续到 20 世纪 50 年代前期。中国共产党对解放前各类社会组织改造的基本思路是：对反动团体进行彻底取缔与坚持打击；促使同乡会、同学会等旧团体自行淘汰；对旧式慈善救助团体进行改造与转型；将旧有民间文化社团官方化。

## 一　反动团体：彻底取缔与坚决打击

1950 年，新中国第一个关于公民结社的行政法规《社会团体登记暂

---

① 高中伟：《新中国初期党对城市黄赌毒社会问题的治理》，《深圳大学学报》（人文社会科学版）2015 年第 5 期。

行办法》以政务院名义正式颁布实施。该办法确立了社会团体的类别、登记管理原则、体制和等级范围，并明确规定要坚决取缔和打击危害国家和人民利益的反动团体。这些被彻底取缔的组织主要包括跟随旧政权的各种反动党团组织、各种帮会和会道门组织。

对国民党残余势力的反动党团组织，党一直坚持坚决打击和取缔。1949 年的《关于国民党、三青团及特务机关的处理办法》中，就将国民党、民社党、三青团、青年党等反共反人民的党派团体和军统、中统等特务机关列为反动组织。① 各城市解放后，城市军管会都会发布布告，宣布解散、查封一切特务组织，并着令特务分子向公安部门登记自首。以成都为例，至 1950 年底，全市登记自首、交出证件和武器的特务分子有 6070 人，反动党团骨干分子有 1450 人，"游干班"（陆军军官学校游击干部训练班）分子有 705 人。在 1951 年镇压反革命活动中，大批反动团体的骨干分子被揭露和镇压。仅 1951 年 3 月 27 日至 5 月底，向公安机关登记自新的特务有 1146 人，"游干班"分子有 14 人，反动党团骨干分子有 382 人。②

对各种帮会、会道门的处理，则经历了一个从团结稳住到镇压取缔的过程。帮会广泛存在的现实状况使中国共产党认识到，要想接管好城市，就必须先稳住帮会。在 1950 年 10 月前，帮会、会道门还不是镇压的主要对象。但是，由于帮会、会道门很快成为国民党特务利用、拉拢的对象，许多会道门组织逐步被国民党特务直接控制。根据有关学者统计，当时全国有 300 余种反动会道门，如先天道、一贯道、同善社等，道首及骨干分子大约有 82 万人，道徒大约有 1300 万人。③ 这些帮会组织配合国民党残余势力以各种方式开展反对人民政府的活动，进行各种破坏，企图颠覆新生的政权，大肆破坏和屠杀各级领导干部，举行一系列

---

① 张皓、张子琴：《新中国成立前后中国共产党对帮会政策的演变》，《中共贵州省委党校学报》2004 年第 5 期。

② 成都市地方志编纂委员会编纂《成都市志·公安志》，四川人民出版社，1999，第 37 页。

③ 张皓：《新中国成立前后中国共产党处理帮会政策的特点探析》，《历史教学问题》2009 年第 2 期。

扰乱活动。以福建省为例，1950 年发生了 19 起反动会道门暴乱事件、6
起暴乱未遂事件，有 7600 多名会徒参加，在暴乱中被杀害和砍伤的党政
干部、解放军战士及群众有 150 余人。① 中国共产党由此认识到，必须从
全局上对帮会政策进行根本性调整。为此，1950 年 10 月专门发布了
《中共中央关于镇压反革命活动的指示》，从根本上调整了以前的帮会政
策，掀起了镇压反动会道门的高潮。据统计，从 1950 年 10 月到 1951 年
底，"各地在判处死刑的反革命分子中，土匪头子、惯匪占 34%；城乡
恶霸分子占 26%；反动会道门（主要是一贯道）头子占 20%；特务分子
占 15%；其他反革命分子占 5%"②。严厉的打击措施取得了明显的成效。
据统计，截至 1951 年 5 月，天津地区有 16 万人退道，察哈尔有 10 万
人，山东有 10 万人，西北有 10 万人，皖北有 3 万人，苏北有 2 万多人，
青帮、洪门等诸多帮会"无形解体"。③

## 二  同乡会、同学会等旧团体：促使其自行淘汰

新中国成立以前，城市社会有着庞大复杂的社团群体，包括公所、
会馆、同乡会、同学会等社团组织。新中国成立前这些组织在城市基层
社会中发挥着重要的作用，以各种形式影响着基层社会的不同群体。这
些团体负责人中许多是政府依赖的对象，与政府存在千丝万缕的联系。

新中国成立以后，对这些社团组织如何定性，直接关系它们的命运。
中国共产党对同乡会、同学会等旧有社团的定性，总体上来看是负面的。
例如，在 1950 年上海民政处社团科的工作总结中，就对这些社团做了定
性，"上海解放前的各种团体，一般的系国民党反动统治的御用工具"，
公所、会馆、同乡会等一并被划入"帮会性封建性团体"。④ 1951 年 7 月

---

① 萧心力：《毛泽东与共和国重大历史事件》，人民出版社，2001，第 4 页；张皓、张子琴：
《新中国成立前后中国共产党对帮会政策的演变》，《中共贵州省委党校学报》2004 年第
5 期。

② 政农：《两年来的民法工作》，《时事手册》1951 年第 22 期，第 38 页。

③ 《各界人民欢欣鼓舞积极检举特务匪徒》，《人民日报》1951 年 5 月 15 日。

④ 《本局民政处社会团科一年来工作总结报告》（1949 年 6 月至 1950 年 6 月），上海市档案馆
藏档案：B168-1-499。注：1950 年上海市隶属华东局。

上海民政局研究《社会团体登记工作计划》的时候，把同乡会、会馆、公所等组织定性为"封建性团体"。① 这一认定，决定了它们消亡的命运。

对这类社团，新政府并没有像对待反动团体那样采取打击取缔的办法，而是要求它们重新登记，同时不予支持，促使其自行解散。中央人民政府内务部曾对中南民政部指示："同乡会为具有长期历史性的地域性组织，并有其一定的事业与社会基础，我们的基本方针应该是团结争取其中进步分子和正派人士进行整顿改造，使其逐渐变为真正的为社会公益事业服务的组织。"② 解放初期，在成都军管会申请登记的社团中，"同学会共十个"，"同乡会共有九个"。③

在政府不予支持的情况下，许多同学会、同乡会等旧社团基本陷入困境，处于瘫痪状态。一部分旧社团因经费难以筹措，无以为继，主动解散。新中国成立前这些民间组织的经费主要来自会费收入、劝募收入和房产收入。新中国成立后，许多社团的会费无法收取，一些社团的房租收入被截断，一些捐款的富商和官员逃亡或被镇压，使得这些社团普遍陷入生存困境。另一部分旧社团人员流散，难以正常开展活动。一些会员在解放后因返乡而流散；一些会员在解放后找到新的工作，不愿意再参加旧社团的活动；还有不少社团的负责人是旧军人或旧官僚，解放后"被管训"或"不敢活动"。④ 可见，新政权虽然没有对同乡会、同学会等旧团体采取打击取缔的措施，但这些团体不符合、不适应新政权的执政理念和执政基础，不符合"人民团体"的要求，促使这些团体自行淘汰符合新政权对城市基层社会重构的需要。

---

① 郭圣莉：《城市社会重构与新生国家政权建设》，复旦大学博士学位论文，2005。
② 《社团登记情况及审查处理意见》，成都市档案馆藏档案，全宗号85，目录号1，案卷号78。
③ 《成都市社团调查材料》（1951年7月），成都市档案馆藏档案，全宗号85，目录号1，案卷号64。
④ 《成都市社团调查材料》（1951年7月），成都市档案馆藏档案，全宗号85，目录号1，案卷号64。

### 三 旧有慈善救助团体：改造与转型

新中国成立后，社会救助的基本思路是官方主导，这种思路决定了旧有慈善救助团体最终消亡的命运。从 1949 年到 1956 年，党和政府对民间慈善救助团体的政策经历了一个容许存在、精简整顿、停办接办的阶段性过程，慈善救助团体也经历了由部分恢复、发展到完全消失的过程。

新中国成立初期，中国共产党并没有立即把慈善救助社团定位为封建性团体，而是把它看作具有社会福利性质的社会团体。在 1950 年 12 月中央人民政府发布《关于处理接受美国津贴的文化教育、救济机关及宗教团体的方针的决定》之前，中国共产党都容许旧有慈善救助社团继续存在，承认它们的合法性。这些社团从事的民间慈善事业对政府的社会救助是一个相当重要的补充。1950 年 5 月董必武在全国救济代表会议上指出："新民主主义国家的救济福利事业在人民政府领导之下应该吸收个人和团体参加。一切个人与团体只要赞成这共同规定的方针，我政府就有责任和义务同他们合作。全国救济事业应是统一的，各救济团体应先行整理才能脚踏实地向着完全符合于人民大众利益而前进。"① 解放初期，上海市有很多旧式慈善救助社团，政府没有实施立即取消旧式慈善救助社团的政策。1951 年 10 月，上海市民政局曾给各社会团体发函："本市善堂会馆公所山庄同乡会等，过去为社会服务均有一定的作用。兹为共同端庄今后工作的工作方向。"② 当时上海的一些慈善团体甚至还得到了人民政府的一些资助。

随着新的意识形态的逐步确立，旧有慈善救助社团本身的封建性，以及外国教会办的慈善团体所带有的侵略性和伪善性，显然不符合新政权的价值观，这使得旧有慈善团体进一步丧失了合法性基础，被国家干预甚至取缔就成为必然的走向。全国大规模地调整和改造旧式慈善救助

① 上海市档案馆藏档案，编号：Qz14-1-16。
② 上海市档案馆藏档案，编号：Qll7-1-6。

社团，是从 1950 年 12 月《关于处理接受美国津贴的文化教育、救济机关及宗教团体的方针的决定》的发布开始的。1951 年中国人民救济总会秘书长伍云甫在全国城市救济福利工作会议上明确提出，对旧有社会救济福利团体的调整，应采取团结改造的方针。随即各大中城市逐步开始了对旧式慈善救助社团的调整和改造，截至 1953 年 11 月，"全国 21 个城市对 1600 多个旧社团进行了调整和管理"①。调整和改造旧式慈善救助社团的方式大致有四种。一是自办业务。对旧有慈善团体中财产较多或业务有一定基础的单位，在重点整顿的基础上，可以让它们在政府和救济分会的领导下管好财产，单独办理业务，发挥其人力物力的作用。例如，上海市对德本善堂、四明公所及上海慈善团等单位就采用了这种方式。② 二是成立联合组织。旧慈善社团中有很多社团仅有房产，没有业务或业务很少。为了保护这些社团的财产并发挥其作用，使其不致遭受破坏和湮没，许多城市把它们组织起来，成立联合组织，统一管理财产，统一办理业务，并对其组织上的封建地域性进行逐步改造。三是联办业务。将几个单位的财产合在一起，并吸收其董事会中有代表性的董事成立一个事业机构，办理一项专门业务。在新的联办业务各机构成立后，原单位的组织名义即行撤销。四是促使其自行结束或取缔。对一些名存实亡的慈善社团，责令取缔。

从 1953 年 11 月全国城市救济工作会议召开到 1956 年社会主义改造完成，是中国共产党对旧式慈善救助社团进行深入整顿的时期。在社会主义改造的高潮中，旧式社团完全被国家接办。1953 年 11 月全国城市救济福利工作会议确定政府调整旧式慈善救助社团的基本方针是："对一般有条件办理救济福利事业的团体予以团结和改造，发挥其人力、物力的作用，改变其封建落后性质，使之为人民的救

① 《成都市社团调查材料》(1951 年 7 月)，成都市档案馆藏档案，全宗号 85，目录号 1，案卷号 64。
② 《关于调整旧有的社会救济福利团体工作的报告》，成都市档案馆藏档案，全宗号 85，目录号 2，案卷号 157。

济福利事业服务；对名存实亡、组织瓦解的团体促其结束；对反动的团体则报请政府予以取缔。"经过继续调整和整顿，相当多的慈善团体自行停办，一部分合并组成了联合组织，一部分被政府接管。1956 年社会主义改造逐步进入高潮，旧式慈善救助社团的命运也最终走向消亡。

　　在调整和改造旧有慈善团体的过程中，中国共产党逐步建立起了一整套政府救助体系。一是建立了以政府为主导的失业救助机构。各城市解放后，为迅速做好对失业人员的救助工作，确定了以政府相关部门为执行主体的思路，主要由劳动、民政、工商、财政、公安等部门负责，同时成立了各种具有针对性的专门救助失业人员的机构，有失业工人处理委员会、劳动就业委员会、失业救济委员会、劳动介绍所等。这些机构的组织系统较为完备，权责清晰，在失业人员的就业安置等方面起到了极大的作用。二是建立了以政府为主导的收容教养体系。新中国成立后，政府全面接手了收容工作，确定了以政府相关部门为执行主体的思路，主要由民政局会同公安部门协调负责，同时成立了专门的生产教养机构。解放初，各城市先是成立了劳动教养院。1952 年底撤销了劳动教养院，各城市成立了隶属中国人民救济总会的城市救济分会，在其下成立了若干生产教养院。收容教养的主要对象是乞丐、小偷、流氓、妓女等和无依无靠的老人、残疾人、孤儿。1958 年收容改造的历史任务基本完成，生产教养院的历史使命也随之逐步终结，各生产教养院普遍改名为"残老教养院"，其主要功能演变为收养残疾人和老人，"以养为主"。[①] 三是建立了以政府为主导的城市社会救济体系。新中国成立后，人民政府对赈灾和救济工作予以高度重视，并先后设立了一批以政府力量为主的机构，以领导赈灾和社会救济工作。1950 年中央人民政府内务部第一次全国民政工作会议确定了社会救济属民政部门职责范围。根据工作需要，各级政府还召集相关部门成立临时性救灾机构或救济

---

①　成都市地方志编纂委员会编纂《成都市志·民政志》，方志出版社，1997，第 126 页。

机构，如生产救灾委员会、区救济委员会、优抚救济小组等。救济的方式包括临时救济、常规救济和特殊救济。临时救济的主要措施有以工代赈、年关和寒衣救济、灾害救济等。常规救济的主要措施包括定期向城市困难户发放救济粮（款）、发动社会互助和组织城市贫民生产自救。特殊救济是指依据有关政策，给予一部分特殊社会成员特定形式帮助的社会救济项目。四是建立了政府主导的城市优抚安置体系。解放后，各城市基本确定由政府民政部门负责办理管辖区内的优抚安置工作，尽管民政局的业务在新中国成立后的头几年曾进行过多次调整，但优抚安置始终是民政局的主管业务。优抚安置的主要对象包括伤亡军人、困难烈军属、复员军人。

## 四　旧有民间文化社团：官方化

新中国成立后，党和国家十分重视文化和意识形态的重建，强化了各级党委宣传部对文化和意识形态的组织与领导，并在各级政府设置专门的文化教育管理机构以具体组织发展文化建设事业。一是重构了新闻宣传体制，"通过对旧有新闻宣传体制的废除改造，建立巩固了党管宣传基本制度，确立公营新闻宣传事业体系，初步构建了以党报为主体的社会主义新闻宣传事业一元化格局"①。二是接管了旧式官办和私立文化教育机构，接管了受外国津贴资助或外资经营的文化教育机构，实现了文教事业的国有化。三是各种旧式学会、研究会等民间文化社团逐步走向消亡，建立了新的具有官方性质的文化社团，实现了文化社团的官方化。通过组织化、国有化和官方化，实现了党对思想文化宣传工作的绝对领导。

新中国成立以前，知识分子自发组织了大量的科学文化社团，它们在凝聚不同行业的知识分子方面发挥着重要作用。近代以来的科学文化以不同的方式影响着各个行业的知识分子群体，近代以来的科学

---

① 高中伟、邱爽：《新中国初期新闻宣传的价值重塑与体制重构》，《四川大学学报》（哲学社会科学版）2017年第2期。

文化发展在一定程度上得益于这些社团的推进。新中国成立前的科学文化社团有两个重要的特点。一是民间性。新中国成立前的科学文化社团，基本上由知识分子自发组成。民国时期科学界的主要社团，如中国工程学会、中国科学社、中国气象学会、中国物理学会、植物学会、化学学会、地理学会等学术性团体，多由各个领域具有影响力的且有留学背景的知识分子发起设立。这些学会大都制定了独立的章程，规定了吸纳会员的专业标准；在组织上设置了董事会、理事会或评议会等机构；创办了自己领域的专业研究会刊，刊发专业性学术论文、开展专业性普及工作、开展学术交流年会等。它们与政府没有直接的资金和人事关系，因此受政府的直接控制较少，成为一股不可忽视的民间力量。二是没有形成统一的综合性科学文化社团，凝聚力不强。新中国成立前科学文化社团数量众多，但多为专业性、行业性、地方性社团，没有形成能自上而下统领全国的综合性社团。从科学界来看，整个民国时期，没有建成一个统一的民间学术组织来"指导、联络、奖励"科学工作。

新中国成立以后，为重建新的意识形态，需要对知识分子进行改造以为新社会所用。但新政权对科学文化社团并没有像对待反动团体和封建团体那样采取取缔和打击的措施，其基本态度也是要求它们重新登记，但不予支持，促使其自行解散。1950 年 9 月 29 日政务院通过《社会团体登记暂行办法》，1951 年 3 月内务部又通过了《社会团体登记暂行办法施行细则》。《社会团体登记暂行办法》规定："凡社会团体均应依照本办法的规定向人民政府申请登记，""凡危害国家和人民利益的反动团体，应禁止成立，其已登记而发现有反动行为者，应撤销其登记并解散之。"[①]《社会团体登记暂行办法施行细则》规定的须登记的社会团体包括文艺工作团体和学术研究团体。"文艺工作团体：系指从事文学、美术、戏剧、音乐等文艺工作的社会团体，如文学艺术界联合会、戏剧工

---

① 转引自刘培峰《非政府组织参与的几个问题》，《学海》2005 年第 10 期。

作者协会、美术工作者协会、音乐工作者协会等。学术研究团体：系指从事某种专门学术研究的社会团体，如自然科学工作者协会、社会科学工作者协会、医学会等。"① 此后，各城市按照《社会团体登记暂行办法》和《社会团体登记暂行办法施行细则》的相关规定，依法重新对各社会团体进行登记，并派人员调查、审核民国时期组建的社会团体组织。调查审核项目，主要是社团名称、地址、宗旨、章程、主办单位、属何宗教及派系、历史沿革、国际关系、国内关系、团体组织机构、人员、活动地区及业务范围、经济来源、存在的问题与困难等。按社团性质、活动范围经主管部门审查批准后，各社团分别向各市民政局申报办理登记领证手续。但事实上，由于解放前夕的连年战争和新中国成立带来的政权更迭，解放后很多城市的科学文化社团基本瘫痪或解散，最后登记的科学文化社团并不多。1956 年三大改造完成后，旧有的文化社团一部分被政府接管，一部分名存实亡。

新中国成立后，为了将知识分子改造成能为新社会所用之才，在文化科技界进行了集中的组织建设。在对旧有文化社团进行整顿改造的同时，逐步建立起党领导下的全国性科技文化团体，它们自上而下在各城市建立了基层分会，主要包括自然科学团体以及体育、文艺团体。中国科学技术协会是新中国成立后最具影响力的自然科学团体，中华全国文学艺术界联合会是最具影响力的文艺团体。此外，在社科方面成立了中国史学会、政治法律学会、回民文化协进会、中华全国世界语协会、中国文字改革协会等社团，在体育方面成立了中华全国体育总会。

新建立的这些科技文化社团不同于解放前的科技文化团体，其性质和组织模式都发生了根本变化。一是新的文化社团具有官方性。新组建的这些社团名义上还是属于"自愿结合的群众团体"，实质上是官方或准官方、半官方组织。新社团由官方发动成立，其组织体制明显官方化，

---

① 《社会团体登记暂行办法施行细则》，成都市档案馆藏档案，全宗号 85，目录号 1，案卷号 78。

社团主要负责人多具有官方背景，社团机关的工作人员享受国家工作人员待遇，社团的权力核心是设在其中的"书记处"、"党组"或"党支部"，经费来源主要为财政拨款或政府资助。二是新的文化社团具有自上而下的层级，具有严密的组织性。新成立的文化社团在地方均设立不同层级的分会，其组织直插各个城市社会的基层，形成了一个组织健全、规章明确的严密组织系统。三是新社团具有明显的政治功能。新的科学文化社团成立时，在其章程或组织方案中几乎都明确了服务政治的功能。几乎所有的科学文化社团都在其会员中开展了加强党的领导、为人民服务、与工农群众相结合的各种政治思想教育，且都积极组织会员参加了党和政府开展的各种政治活动。

## 第六节　城市人民公社：城市空间的高度组织化实验

城市人民公社是在农村的人民公社取得巨大发展的背景下，由个别城市开始探索建立并推广至全国范围的城市基层组织政权。城市人民公社从创立之初到最终自行消亡，经历了曲折的发展过程。

### 一　城市人民公社的内涵与组织形式

人民公社的定义最早出现在《嵖岈山卫星人民公社试行简章（草稿）》（1958 年 8 月 7 日）中，认为："人民公社是劳动人民在共产党和人民政府的领导下，自愿联合起来的社会基层组织，它的任务是管理本社范围内的一切工农业生产、交换、文化教育和政治事务。"[①] 但这个定义植根于农村，并不能完全适用于城市人民公社。1958 年 12 月通过的《关于人民公社若干问题的决议》指出："城市中的人民公社，将来也会以适合城市特点的形式，成为改造旧城市和建设社会主义新城市的工具，

---

① 中共中央文献研究室编《建国以来重要文献选编》第十一册，中央文献出版社，1995，第387 页。

成为生产、交换、分配和人民生活福利的统一组织者，成为工农商学兵相结合和政社合一的社会组织。"① 通过这一表述，我们不难发现，中央当时把城市人民公社定位为基层社会组织，实质上是取代新中国成立后的城市居民委员会。

城市是政治经济文化中心，有高度组织起来的机关、学校和企业，还有组织不久或尚未组织的街道居民。因此在实际发展过程中，由于组成主体不同，各地的城市人民公社呈现不同的组织形式，主要有三种：以大型国有厂矿、企业为主体，以机关、学校为主体，以及以街道居民为主体。② 全国工会联合会曾做过相关数据统计，到 1960 年 7 月底，在全国 190 个大中城市范围内已建立了 1064 个城市人民公社。其中 435 个以大型国有厂矿和企业为主体，104 个以机关和学校为主体，525 个以街道居民为主体。在不同城市，具体的组织形式也有所差异。如河南省建立的城市人民公社主要包括以大厂矿和企业为主体，以机关团体为主体，以大专、中等学校为主体，以街道为主体的人民公社和郊区人民公社五种形式。③

## 二 城市人民公社的发展历程

新中国成立后，城市居民工作的基层社会组织逐步定型为居民委员会，因此 20 世纪 50 年代中后期被称为城市居民工作的"黄金时期"。但遗憾的是，这一"黄金时期"并没有延续多久，随着"大跃进"和人民公社化运动的兴起，城市居民委员会开始走上了一条崎岖不平的道路。随着各城市人民公社化运动的开展，街道办事处成为人民公社分社，居民中的积极分子已成为各社办厂矿企业的骨干力量，无暇顾及居民工作，居民委员会实际上陷入瘫痪。

---

① 中共中央文献研究室编《建国以来重要文献选编》第十一册，中央文献出版社，1995，第 600 页。
② 河南人民出版社编《城市人民公社大放光彩》，河南人民出版社，1960，第 2 页。
③ 中共河南省委党史研究室编《河南人民公社化运动》，河南人民出版社，2005，第 186 页。

　　1958 年 8 月中共中央通过了《关于在农村建立人民公社问题的决议》，人民公社的发展开始成为一种趋势。该次会议后，大批人民公社开始在全国的农村地区普遍建立。城市人民公社在农村公社化运动开展的同时，也开始悄然酝酿，大体上经历了"酝酿建立—普遍建立—整顿调整—制度式微"① 四个阶段。

　　城市人民公社的酝酿起源于城市的托儿化、食堂化建设。为了响应毛泽东"妇女走上了劳动战线"② 的号召、积极为妇女走出家门创造条件，各城市开始兴办公共食堂和托儿组织。在此基础上，不少城市开始组建"社会主义大家庭"式的街道生产服务合作社。合作社不仅组织居民成立生产组，还提供拆洗缝纫、福利卫生、邮政代办等服务。这有点类似农村早期创办的初级社，为后来试办城市人民公社打下了基础。

　　随着农村人民公社的普遍建立，个别地方开始探索在城市中建立人民公社，并取得初步成效。其中，最具代表性的是河南省。有关资料显示，截至 1958 年 9 月底，省辖的 9 个城市成立了 509 个人民公社，入社人数占 9 市总人数的 82.3%③，全省基本实现了城市人民公社化。在 1958 年下半年，郑州、哈尔滨、沈阳、福州、西安、南京、长沙等 14 个城市也试点建立了一批城市人民公社。城市人民公社在各地得到了一定的发展。1958 年 9 月 6 日，谭震林向中央提交了一份各地办人民公社汇总材料，并就"城市是否办人民公社"这一问题提出了疑问。1958 年 12 月，毛泽东指出："（城市人民公社）在城市中应当继续试点，一般不忙大量兴办，在大城市中更要从缓，只作酝酿工作。要等到经验多了，原来思想不通的人也通了，再大量兴办起来。"④ 因此，城市人民公社在 1959 年并没有大的变化，仍处于试办和个别发展阶段。在试办阶段，各城市对待城市人民公社的态度是：巩固发展已建立的人民公社，同时暂

---

①　任庆银：《我国城市人民公社的历史变迁》，《党史文苑》2017 年第 8 期。

②　《毛泽东文集》第六卷，人民出版社，1999，第 453 页。

③　郑州市档案馆藏档案，全宗号 1，目录号 14，案卷号 1085，第 15 页。

④　中共中央文献研究室编《建国以来重要文献选编》第十一册，中央文献出版社，1995，第 600 页。

时不急于建立新的人民公社。从各城市的报纸报道来看，主要是宣传组织生产、福利事业、服务事业等的相关消息，很少见到关于组织城市人民公社的报道。

从 1960 年 3 月开始，城市人民公社进入了普遍建立的阶段。1960 年 3 月 9 日颁布的《中共中央关于城市人民公社问题的批示》中明确指出："中央认为对于城市人民公社的组织试验和推广，应当采取积极的态度。"① 3 月 24 日，毛泽东在天津召开的会议上，在和有关同志交流时提出了十七个问题，其中第三个问题是"城市人民公社普遍化问题"。② 此后，城市人民公社运动迅速在全国各级城市中开展起来，各城市基本上都建立了人民公社。根据相关统计，到 1960 年 7 月底，在全国 190 个大中城市范围内成立了 1064 个城市人民公社，参加公社的人数有 5500 多万人，占这些城市总人口的 77% 左右。③

从 1961 年 4 月开始，城市人民公社步入整顿调整时期。城市人民公社运动开展时国民经济极端困难，在这种复杂的形势下，城市人民公社在快速建立的过程中必然会出现不少问题，成立不久就遇到了许多困难，举步维艰。1960 年 6 月至 9 月，中央先后批转了全国总工会党组报送的《关于当前城市人民公社发展情况和几个问题的报告》《关于城市人民公社工业的工资情况和今后意见的报告》《关于整顿和巩固城市人民公社问题的报告》。这些报告准确反映出当时城市人民公社发展存在的主要问题，包括：管理层级过多，公社化后，很多城市的基层管理体系变成了区、公社、分社（或街道办事处）、居委会四个层级；分配制度不合理，社办企业普通工人的工资低于同行业同类型国有企业工人工资；行政区划交叉混乱，在农村和城市居民交错的地区条块不清；公共食堂经营出现困境等。为了切实解决这些问题，1960 年 5 月，全国总工会党组

---

① 中共中央文献研究室编《建国以来重要文献选编》第十三册，中央文献出版社，1996，第 59 页。
② 逢先知、金冲及主编《毛泽东（1949—1976）》（下），中央文献出版社，2003，第 1062 页。
③ 刘振清：《城市人民公社论述》，《长白学刊》2006 年第 5 期。

报送了《关于当前城市人民公社发展情况和几个问题向中央的报告》，提出："在今年上半年，各市应该拿出两三个月时间，对城市人民公社认真地进行一次整顿巩固提高工作，在整社中应该以社会主义和共产主义教育为纲。"① 随后，各城市人民公社着手开展整顿和调整工作。一是缩小公社范围，以分社为基础建立公社，实行公社—居委会二级管理。二是调整分配制度，普遍实行计时工资形式的低工资制度。三是厘清行政范围，在农村和城市居民交错的地区按工业、农业的条条组织公社。四是整顿公共食堂，缩减公共食堂规模，直至合并或停办。

从 1961 年下半年开始，城市人民公社逐步走向衰败。城市人民公社最核心的两个部分，一是社办企业，二是公共食堂，企业是公社的经济基础，食堂是公社的生活基础。但在城市人民公社建设的进程中，这两个方面的运行都逐步陷入困境，无法真正实现政社合一的目的。1961 年 6 月，中共中央颁布了《关于城乡手工业若干政策问题的规定（试行草案）》，要求城市手工业生产实行入社自愿、退社自由、自负盈亏制度。至此，手工业生产领域逐步从城市人民公社中分离出去。1961 年 9 月，中央作出了"全民所有制的国营工业企业和集体所有制的城市人民公社，不能合在一起。已经合在一起的，必须分开"② 的指示，这实际上宣告了国有企业退出城市人民公社。次年 5 月，中央又出台了《关于进一步精减职工和减少城镇人口的决定》，规定所有需要城市人民公社的工业企业除了少数好的可以保留外，其余的都应该关闭，城市人民公社原则上不办工业。10 月 6 日，中共中央又发布了《关于当前城市工作若干问题的指示》，要求对那些凑数、片面追求"一大二公"的服务组织、幼儿园、托儿所等进行整顿、裁减。至此，城市人民公社已经只是一种形式，没有实质内容，并且慢慢走上了自行消亡的道路。1963 年 10 月

① 中央档案馆、中共中央文献研究室编《中共中央文件选集（1949 年 10 月—1966 年 5 月）》第三十三册，人民出版社，2013，第 79 页。
② 中共中央文献研究室编《建国以来重要文献选编》第十四册，中央文献出版社，1997，第 627~628 页。

第二次城市工作会议召开后，区、街道办、居委会等公社化以前的行政机构开始逐渐在各个城市恢复，城市人民公社逐渐淡出了人们的视线。[①]

全国的城市人民公社仅仅存在了几年的时间。与存在了20多年的农村人民公社相比，城市人民公社存在时间太短。从城乡差别的角度来看，城市是一个复杂程度远超乡村的聚居综合体。城市是一个异质人群集中之地，人民公社作为一种强调高度组织化的完全公有制设计，与城市社会所固有的复杂特征不能兼容，因而在城市存在时间不可能长。另外，城市与乡村在空间上也存在巨大的差异。农村的空间结构相对简单，其经济活动皆以土地为基础，这为公社生产的集中开展和集中核算提供了空间基础。城市的空间结构则要复杂得多，公社体制在城市缺乏集中生产和集中核算的空间基础。回顾城市人民公社化运动这一历史事件，其失败的一个重要原因在于没有遵循城市社会发展的基本规律。[②] 居委会是我国城市基层治理体系中的基本组织，"党政合一、政社合一、工农商学兵五位一体"的人民公社体制，限制了居委会的自主性和创造性。在今天的城市基层治理中，我们要以史为鉴，总结其经验教训，做到按城市发展规律办事。

### 三 城市人民公社背景下其他社会组织的发展

随着1949年解放战争的全面胜利，中国共产党在全面执政之后，开始思考如何对社会进行全面的组织化改革。1949年9月30日，毛泽东在中国人民政治协商会议闭幕会上强调："我们应当将全中国绝大多数人组织在政治、军事、经济、文化及其他各种组织里，克服旧中国散漫无组织的状态。"[③] 根据当时对社会主义的认识和理解，以及战时环境下党、政、军、民齐动员的高度集中的组织管理体制的成功经验，我国构

---

[①] 任庆银：《我国城市人民公社的历史变迁》，《党史文苑》2017年第8期。

[②] 叶涯剑：《城市空间的高度组织化实验——城市人民公社在广州》，《都市文化研究》2015年第11期。

[③] 中共中央文献研究室、中央档案馆编《建党以来重要文献选编（一九二一——一九四九）》第二十五册，中央文献出版社，2011，第771页。

建出了一种以党的领导为核心、权力高度集中的"党—国家—社会"三位一体的组织形态。1956年社会主义改造基本完成后，我国建立起了高度集中的政治经济体制，逐步形成了全社会统一的政治、经济和社会一体化领导管理体系，建立了一套与计划经济体制相匹配的社会管理体制，形成了"国家—单位—个人"的一元主体社会管理格局。由于实行计划经济体制，加之缺少社会组织管理的实践经验，这一时期的社会组织管理体制被打上了十分明显的行政化烙印，基本是按行政单位的管理模式来管理社会组织，社会团体内部也被层层划分，并被赋予了相应的行政级别。在这种社会管理格局下，"政党组织了社会，与此同时整个社会也就政党化了"①，政党居于绝对的领导地位并起着支配作用，社会组织则高度依附于政党，呈现一种"党社同构"的格局。因此，"社会组织成为党和政府联系群众、控制社会的纽带和工具，作为政府功能的延伸和附属物而存在"②。

1956年"三大改造"基本完成时，党已在全国范围内基本建立了社会组织发展体系。随着1957年反右派斗争的扩大化，社会组织的生存和发展也受到了很大的影响，基本处于缓慢的发展状态，有的甚至处于停滞和萎缩的状态。具体表现为：各类社会团体的正常活动减少并受到阻碍，基本处于停滞状态，全国社会团体的总数和组织成员数量减少等。如全国总工会自1957年召开工会八大后，直至1978年才召开工会九大，时隔了21年；妇女联合会在"大跃进"和反右派斗争中也曾一度处于停滞状态。虽然，反右派斗争的扩大化造成社会团体发展停滞，但是一些自然科学和文艺社会团体在此期间仍坚持开展活动，并且发挥了积极的作用。

1960年中央开始对社会生活进行调整，包括调整党内外的政治生活和政治关系，纠正各类错误，为社会组织的恢复发展营造了良好的社会

① 林尚立：《两种社会建构：中国共产党与非政府组织》，《中国非营利评论》2007年第1期。
② 谭志福：《论我国社会组织管理体制的演化》，《湖南科技大学学报》（社会科学版）2018年第1期。

条件。针对这个问题，毛泽东在 1961 年 6 月 12 日的中央工作会议上承认反右派斗争"现在看是犯了错误，把好人、讲老实话的人整成了'右倾机会主义分子'，甚至整成了'反革命分子'"①，并规定了党内的"三不原则"。1962 年 1 月，毛泽东再次强调："不论党内党外，都要有充分的民主生活，就是说，都要认真实行民主集中制。"② 会后，中央开始对党内外的政治关系进行一系列调整，纠正了对知识分子的错误政策，解除了广大知识分子的思想包袱。自此，社会组织恢复了发展，并开启了短暂繁荣时期。据有关数据统计，1965 年中国有近 100 个全国性社会团体，有 6000 多个地方性社会团体。③

1960 年以后，我国的社会组织数量有所增加。1963 年全国性自然科学学会数量在原来 41 个的基础上增加到 46 个，1964 年又新增加 2 个，新建专业委员会 150 多个。④ 与此同时，各社会组织也开始广泛吸收新成员，全国各地的各学会学员在 1963 年超过了 15.5 万人，共青团在这一时期也积极发展团员、壮大队伍，仅 1965 年一年就接收了 850 万名新团员。⑤ 各个社会组织，发挥自身优势，在党的政策引导下积极组织开展了各类活动，以满足广大人民群众对社会、文化生活的需求。⑥

在 1956 年到 1966 年，城市人民公社与其他社会组织同时存在，二者彼此联系，互相影响。具体来说，二者的区别与联系主要表现在三个方面。

从内涵界定看，二者呈现一致性与差异性。关于"城市人民公社"的内涵，1958 年 12 月《关于人民公社若干问题的决议》就对其作了明确规定，即："城市中的人民公社，将来也会以适合城市特点的形式，成为改造旧城市和建设社会主义新城市的工具，成为生产、交换、分配

---

① 《毛泽东文集》第八卷，人民出版社，1999，第 273 页。
② 《毛泽东文集》第八卷，人民出版社，1999，第 291 页。
③ 林翼民：《民间组织管理五十年》，《中国民政》1999 年第 9 期。
④ 陈玉娟：《建国以来我国社会组织管理体制研究》，中共中央党校博士学位论文，2018。
⑤ 《贯彻执行党中央和毛主席指示积极发展团员壮大共青团队伍 共青团在一九六五年接收八百五十万新团员》，《人民日报》1966 年 2 月 19 日。
⑥ 陈玉娟：《建国以来我国社会组织管理体制研究》，中共中央党校博士学位论文，2018。

和人民生活福利的统一组织者，成为工农商学兵相结合和政社合一的社会组织。"① 仅从定义来看，城市人民公社应属社会组织的范畴。同时，二者的内涵也表现出以下两个方面的一致性。第一，在形成方式上，二者都具有自愿性，而非强制的。社会组织是按照国家相关法律规定，以公民或团体身份自愿结成的组织形式；城市人民公社作为社会基层组织，是在党和政府的领导下由城市劳动者自愿联合起来的。由此可见，二者在形成方式上均是公民自愿结成的，而非政府强制的。第二，二者在管理上都带有明显的行政化烙印，呈现"政社合一"的特点。从广义上来看，社会组织的运作与发展是不受政府部门的直接命令而自主发展与管理的，但是在这一时期，由于实行高度集中的计划经济体制和一元的政治体制，形成了一元的"国家—单位—个人"的社会管理模式，使社会组织政党化了，并且高度依附于党和政府组织；城市人民公社也是一个政社合一的组织，承担着政治、经济、文化、社会建设的职能。但是，从城市人民公社的具体发展情况来说，其与社会组织又有所区别。一方面，二者在活动范畴上具有差异性。社会组织是一种不从事经营活动、不以营利为目的的组织形态，具有非营利性特征；城市人民公社作为政社合一的社会组织，实施的是"一手抓生产，一手抓生活"的方针，除了建立公共食堂、托儿组织、服务组织等公共福利性事业单位，还建立了一大批公社生产企业，并且得到了巨大的发展。根据相关统计，1959年全国城市人民公社经营的工业生产单位的总产值已超过 20 亿元，这一数值相当于 1949 年全国地方国有企业产值的两倍多。② 由此可见，城市人民公社所从事的活动既有非营利性的福利事业，也有营利性的工业生产活动，这也是其与社会组织内涵上的区别之一。另一方面，二者在类型上也具有差异性。这一时期，我国社会中有六大类社会组织：人民群众团体、文艺工作团体、社会公益团体、宗教团体、学术研究团体以及

---

① 中共中央文献研究室编《建国以来重要文献选编》第十一册，中央文献出版社，1995，第600 页。
② 林彤如：《城市人民公社的强大生命力和无比优越性》，《经济研究》1960 年第 5 期。

其他符合人民政府法律组成的团体。① 城市人民公社有所不同，主要有以大型国有厂矿、企业为主体，以机关、学校为主体和以街道居民为主体建立的三种类型人民公社。② 由此可见，从内涵上来说，这一时期的城市人民公社属于社会组织的范畴，二者在组成方式和管理方式上具有一致性，但在活动范畴和类型上又具有差异性。因此，二者在内涵上既有联系，又有区别。

从发展趋势上看，二者呈现此消彼长的趋势。1958 年至 1960 年中期，是城市人民公社高速发展的时期，这一时期的社会组织陷入了缓慢发展甚至停滞状态；1960 年下半年至 1965 年，是社会组织开始恢复发展并在整顿后进一步扩大规模的时期，这一时期的城市人民公社由于各种问题迈入了整顿阶段并最终走向自行消亡。二者的发展在时间维度上呈现此消彼长的趋势，其缘由在于城市人民公社的建立和发展制约了社会组织的发展。1956 年三大改造基本完成后，在高度集中的计划经济体制和一元领导体制下，我国形成了"党—国家—社会"三位一体的"党社同构"的社会管理体制，尤其是在人民公社制度建立并实施之后，这种"党社同构"的社会管理体制走到了极致。从此，党和政府成为社会管理的唯一主体。1958 年 9 月城市人民公社建立后，国家普遍通过城市人民公社管理城市居民，为城市居民提供基本的生活服务，并通过创办社办企业组织城市居民的生产活动，城市人民公社成为城市基层政权的组织者和城市居民经济生活的组织者。在统一的社会管理体制下，社会组织被同时具有政治、经济、文化、社会功能的人民公社所分解，社会组织失去了独立性和自主权，逐渐成为城市人民公社的附属物，其走向缓慢发展甚至停滞的命运也在所难免。城市人民公社对社会组织的这种制约作用主要表现为社会组织的工作被城市人民公社代替了，继而导致社会组织名存实亡。社会组织在社会管理和发展中的主要任务是通过各

① 中国人民大学政法教研室编《中华人民共和国民法资料汇编》第 1 卷，中国人民大学出版社，1954，第 220~221 页。

② 河南人民出版社编《城市人民公社大放光彩》，河南人民出版社，1960，第 2 页。

种活动维护政治稳定、社会稳定，促进经济发展。1960 年 3 月，中央将城市人民公社的职能确定为"以组织生产为中心内容，同时组织各种集体生活福利事业和服务事业"①。因此，城市人民公社建立后，取代了城市的街道办和区政府，成为城市基层政权的组织者，承担着管理城市居民政治生活、维护政治稳定的职能，成为居民政治生活的统一组织者。同时，它通过创办社办企业、开展生产活动来保证经济发展，通过建立各类公共福利事业来为居民提供基本生活服务，承担着为城市居民提供经济生活服务、维护社会稳定的功能。城市人民公社的建立实现了"政治与社会的结合"，实现了行政管理整体化、组织生产全民化和居民生活集体化，囊括了社会组织的工作，使部分社会组织在这一阶段名存实亡，有的社会组织甚至被暂时取消。1958 年 12 月，全国工会联合会错误地提出了"为工会的消亡而斗争"的口号，认为随着人民公社的普遍建立，工会工作将逐渐被公社工作取代，并认为这种趋势将在农村和城市地区普遍存在。在城市中，个别省属工会也一度摘掉了工会牌子，并入了党政机关的有关部门。② 此外，城市人民公社的建立还导致个别的省、市、县撤销了妇联组织，其原因在于，城市人民公社建立的社办企业和各类集体福利事业，为广大妇女走出家庭提供了机会，极大地激发了城市妇女的社会劳动热情、促进了妇女解放工作，这使得个别省、市、县错误地认为妇女工作可以由城市人民公社解决，因此撤销了妇联组织，将妇女工作归并到城市人民公社的工作中。由此可见，城市人民公社与社会组织在发展上呈现此消彼长的趋势，城市人民公社取代了社会组织的功能，导致社会组织逐渐成为城市人民公社的附属物，呈现缓慢发展甚至停滞状态；城市人民公社的建立并未打破原有的生产和行政组织，而是在原有基础上的重新整合，其整顿消亡后功能的失效又导致社会组织形式的回归，促进了社会组织的恢复和再发展。

---

① 中共中央文献研究室编《建国以来重要文献选编》第十三册，中央文献出版社，1996，第 60 页。

② 倪志福：《当代中国工人阶级和工会运动》上册，当代中国出版社，1997，第 262 页。

从作用发挥来看，二者呈现促进与限制并存的态势。主要表现在以下两个方面。一方面，城市人民公社促进了社会组织在推动社会生产、满足人民生活需要、改变居民精神面貌、营造良好社会关系等方面的发展，并在一定程度上有所发扬。首先，城市人民公社的发展促进了社会生产的大发展。这主要是由于我国在大规模创办城市人民公社的同时大量兴办社办工业，据相关统计，到 1960 年 7 月底，全国创办的"社办工业的生产单位已有 91000 多个，生产人员达 320 多万人，今年一至七月份产值约为 90 亿元左右"[1]，这极大地促进了生产的快速发展，为各项事业的开展奠定了坚实的物质基础。其次，城市人民公社的发展满足了人民日益增长的生活需要，真正做到了为人民服务。在建立城市人民公社的同时，还实行"一手抓生产，一手抓生活"的原则，兴办了一批公共食堂、托儿组织、服务组织等公共福利事业。有关资料显示，到 1960 年 3 月底，全国各城市人民公社和街道组织所创办的公共食堂已超过 5 万个，托儿所和幼儿园已超过 42000 个，服务站已超过 66000 个。[2] 这些公共福利事业通过组织城市居民参加集体经济生活，适应了生产"大跃进"的要求，也很好地满足了人民群众日益增长的生活需要。城市人民公社在满足人民物质生活需要的同时，还通过发展教育、卫生、科技、体育事业来满足人民群众的精神生活需要。最后，城市人民公社的发展改变了居民的精神面貌，推动了人民群众的思想转变，构建了人与人之间团结友爱、互相协作的良好关系。在城市人民公社建立后，由于生产大发展、集体经济活动和文化思想教育的开展，人民的集体主义意识和共产主义意识得到迅速提高，人民的精神面貌发生了很大变化，对劳动的热爱、对集体的热爱等逐渐成为人们普遍认可的价值观；与此同时，人们之间传统的邻里关系也得到了进一步的改善，过去那种"各人自扫门前雪，休管他人瓦上霜"的现象有所改变，团结互助、友好和善、尊

---

[1] 《中央批转全国总工会党组关于整顿和巩固城市人民公社问题的报告》（1960-09-18），中央档案馆藏档案（中央传阅文件，7/1076）。

[2] 林彤如：《城市人民公社的强大生命力和无比优越性》，《经济研究》1960 年第 5 期。

老爱幼的良好社会风尚和新气象正在迅速形成。人们的精神面貌和社会关系的变化也反过来进一步推动了生产和生活的发展。

另一方面，城市人民公社的发展对社会组织作用的发挥也有一定程度的限制，主要表现在城市人民公社的发展使社会组织逐渐丧失了活力，个人也失去了自由发展的社会空间。城市人民公社作为一个集工业、商业、教育、军事等于一体的社会组织，是在保留原有的城市行政和生产组织的基础上形成的，仍然受着党和国家的领导。此外，由于当时实行高度集中的计划经济体制和统一的领导体制，快速发展的社办工业、高度集中的集体生活也曾一度处于刚性、僵化状态，而其内部统一的秩序使个体在公社中逐渐丧失其独特性和发展空间，每个人都成为公社内部相似的个体，继而整个社会也成为相似度极高的一个个公社组织。高度集中的社会管理体制，也使社会组织被边缘化，失去了社会的自主性，并逐渐丧失了其存在的前提和基础。城市人民公社的建立，也使这一时期的社会组织呈现缓慢发展甚至停滞状态，加之社会被分化成一个相似的公社组织，社会组织也失去了发挥作用的空间，进而导致整个社会在城市人民公社高度组织化的管理下逐渐丧失了发展活力和空间。因此，这一时期的城市人民公社与社会组织在作用发挥上呈现促进与限制并存的态势，城市人民公社既促进了社会组织作用的发挥，又约束了社会组织在激发社会活力方面作用的发挥，二者既互相促进，又互相有所牵制，共同促进了社会的发展。

# 第三章 机遇·调整·发展：改革开放时期城市社会组织的新整合

改革开放以来，随着我国经济体制和政治体制改革逐步深化、国家社会领域的全面拨乱反正及其功能的日益彰显，对外的开放程度不断提高，人民群众的积极性和活跃度显著提高，社会活力不断提升，社会流动性和自主性日益增强，人们的交往方式日趋多样，党和国家的面貌焕然一新。独立的社会组织悄然萌发，社会组织的主体地位不断提升、种类日趋多样、活动领域日益广泛、社会管理服务功能不断增强，国家和社会一体化的格局逐步被打破，正在实现从单一主体的政府管理模式到多元化公共治理执政模式的转变。这种变迁在使社会各阶层发生深刻变化的同时，也给城市社会组织整合带来新机遇和新挑战。

从党的十一届三中全会至党的十八大，随着市场经济体制的逐步建立，行政体制改革不断深化，社会主义民主政治深入发展，特别是随着民营经济的出现，各种各样的社会组织大量涌现。这些社会组织在促进政府职能转变、发展公共服务事业、建设社会主义民主政治、构建社会主义和谐社会方面发挥着越来越重要的作用。由于我国政治、经济、社会体制和社会转型的特殊性、复杂性，除了国家支持、政府引导外，还需要全国各族人民、各社会团体、各社会界别的广泛支持与参与，社会组织"在推动个人参与、实现社会价值、拓展公共领域等方面形成日益丰富的社会舞台"①。改革开放时期党对城市社会组织科学规范、健康有

---

① 王名：《社会组织与社会治理》，社会科学文献出版社，2014，第2页。

序的引导与监督，是党领导城市社会建设及实现城市治理体系和治理能力现代化的必要前提。党的十八大指出："引导社会组织健康有序发展，充分发挥群众参与社会管理的基础作用。"① 城市基层治理以城市基层社会为基本领域，通过一整套机制去引导、控制和规范社会和居民活动，社会组织在城市社区建设中发挥着显著的作用。② 因此，全面梳理和考察改革开放时期城市社会组织整合的发展历程，挖掘城市社会组织恢复发展的社会背景与动因，深入探究社会组织的发展特征及历史成就，有助于深入理解这一时期城市社会组织整合的具体举措及经验教训，有助于探索城市社会组织整合的新机制，为更好地发挥城市社会组织在新时代城市治理和城市现代化建设中的作用提供借鉴。

## 第一节　改革开放时期城市社会组织恢复发展的社会背景与动因

1978 年 12 月，党中央召开了十一届三中全会，在思想上确立了"解放思想、实事求是"的路线，在政治上停止了"以阶级斗争为纲"的做法，在经济上作出了改革开放的伟大决策，重新思考和评估了"中国现代化"的议题，决定将党的工作重心转移到经济建设上来，重新审视与定位党组织与社会组织的关系。自此，政治生活逐渐正常化，市场经济体制建设加速推进，中国共产党工作重心成功转变，人民的生活水平逐步提高，中国特色社会主义道路成功开辟。党的工作重心、历史使命的伟大转变，社会思想文化的转变和活跃，都为城市社会组织的发展提供了有利的外部环境。这一时期城市社会组织和民间服务机构迅猛发展，骤然增多的社会组织给国家和社会带来诸多积极或消极影响，逐渐引起社会广泛关注，社会组织的健康发展也日益成为制定各项政策时需

---

① 胡锦涛：《坚定不移沿着中国特色社会主义道路前进，为全面建成小康社会而奋斗——在中国共产党第十八次全国代表大会上的报告》，《人民日报》2012 年 11 月 18 日。

② 吴晓霞：《当代中国城市基层治理的演进线索和内在逻辑》，《新视野》2016 年第 2 期。

要考虑的因素之一。社会组织在城市公共服务中发挥着日益明显的作用，如居委会、共青团、妇联、新型社会组织得到强化与完善，其社会活动领域不断拓宽，随着政策扶持、制度改革持续深化，其自主性和非营利性功能进一步彰显，国内国外交流日益密切。

在系统查阅相关文献的基础上，通过对改革开放时期城市社会组织整合状况的梳理和概括，可以看出党的领导和决策部署是城市社会组织建立和发展的基石，是城市社会组织服务基层和开展活动的晴雨表。改革开放以来，城市社会组织的快速发展是以党的十一届三中全会的胜利召开为标志的，所以说"十一届三中全会实现的拨乱反正是社会组织得以发源的体制起点"[1]。

## 一　改革开放的伟大决策为社会组织发展提供了重大机遇

从 1949 年中华人民共和国成立到党的十一届三中全会召开，我国社会组织[2]的发展经历了一个曲折的过程，大体上经历了四个阶段。第一阶段，从 1949 年到 1956 年是我国由新民主主义向社会主义过渡时期，是新旧社会交替时期，也是新中国社会组织清理整顿、初始发展时期，党对旧有的社会组织进行取缔与改造，制定相关政策以恢复与重建社会组织。第二阶段，从 1957 年反右派斗争扩大化到 20 世纪 60 年代初是社会组织的首次受挫阶段。这一时期国家对关系国计民生的行业实行全面统筹，国家权力不断集中，导致国家与社会高度一体化，社会的发展完全依赖国家。当时，"左"的错误的扩大化、政治因素的复杂化，都对社会组织的发展产生了不利的影响，很多社会组织的正常运转几乎停滞，大量社会组织的负责人受到错误批判。第三阶段，60 年代初期至"文革"爆发，由于党中央及时调整政策，社会组织以原有的格局继续发

---

① 王名主编《中国民间组织 30 年——走向公民社会》，社会科学文献出版社，2008，第 35 页。

② 这一时期的"社会组织"主要以社会团体的形式存在，如妇联、工商联、青联、人民团体、学术性社会团体、社会科学联合会、中华全国体育总会、对外友好协会、中华全国归国华侨联合会、中国人民救济总会、中华全国科学技术普及学会、中国羽毛球协会、中国航空运动协会等组织。

展，重整组织机构，重振组织士气，经历了短暂的恢复时期。第四阶段，"文革"十年及之后曲折徘徊的两年，社会组织的发展受到冲击，除少数社会组织仍在活动之外，社会组织整体上处于停滞状态，组织负责人被贴上"走资派""反动学术权威"的标签。

新中国成立后较长一段时期，过分强调"一元化"领导，造成了党组织对社会组织的全面干预，包括其组织发展、人员结构、事务审理等，社会组织的自主性受到影响，独立参与城市建设和提供公共服务的能力受到限制。这不仅不能保证党对社会组织的绝对领导，以及党和国家各项事业的平稳健康发展，而且容易滋生党组织内部的个人专断、命令主义和腐败行为。1978年党的十一届三中全会的召开，标志着粉碎"四人帮"以来党在曲折徘徊中前进的局面彻底结束，标志着党在政治路线、思想路线、组织路线等领域的全面拨乱反正，中国共产党逐步改革领导方式和领导方法，带领全国人民在新的历史阶段开始新的改革热潮。[①]改革开放是中国共产党人的又一次伟大觉醒，是决定当代中国命运的关键一步。

党的十一届三中全会召开前，党中央在北京首先召开了工作会议。这次会议的原定议程是讨论1979年国家经济工作，但因国内关于"真理标准问题大讨论"的激烈争辩，解决历史遗留问题迫在眉睫，以陈云为代表的老一辈无产阶级革命家在会议上率先提出该问题，使原定议程发生重大转变。在与会代表的强烈呼吁下，党中央经过细致的甄别和考察，决定对一些历史遗留案件进行平反。对冤假错案的平反昭雪，鼓舞了亿万群众的士气，国家焕发出新的生机与活力。邓小平在闭幕会上作了《解放思想，实事求是，团结一致向前看》的报告，他指出："这次会议开得很好，很成功，在党的历史上有重要意义"，"这次会议讨论和解决了许多有关党和国家命运的重大问题"。[②]针对改革开放之初国内面临的新情况和出现的新问题，邓小平指出："解放思想，开动脑筋，实事求

① 周浩集：《改革开放以来党与社会组织的关系研究》，中共中央党校博士学位论文，2010。
② 《邓小平文选》第二卷，人民出版社，1994，第140页。

是，团结一致向前看，首先是解放思想。只有思想解放了，我们才能正确地以马列主义、毛泽东思想为指导，解决过去遗留的问题，解决新出现的一系列问题。"① 邓小平的讲话给迷茫徘徊中的广大人民群众指明了航向，为评判历史事件的是非曲直纠正了方向，是决定中国命运的历史性讲话，是中国改革开放和现代化建设新道路的"政治宣言书"，是确定以邓小平为核心的党的第二代领导集体的标志。

1978 年 12 月 18 日至 22 日，党的十一届三中全会在北京召开。这是"文革"结束后召开的决定中国命运的一次重要会议，会议进一步改变了党在曲折徘徊中的历史状态，否定了"两个凡是"的错误方针，指出"两个凡是"不符合马克思列宁主义实事求是的基本原则，并对真理标准问题的大讨论予以肯定和支持。会议对一些重大历史遗留问题的是非曲直作出了决议，进一步巩固了党和国家安定团结的政治局面。会议作出了实行改革开放的伟大决策，要求大幅度提高生产力，改变一切不适应现实的管理方式、活动方式和思想方式，顺利实现全党工作中心的转变。会议指出："解放思想，努力研究新情况新事物新问题，坚持实事求是、一切从实际出发、理论联系实际的原则，我们党才能顺利地实现工作中心的转变。"② 党的十一届三中全会后，党在思想领域、政治领域、文化领域的拨乱反正全面展开，我国的改革开放由此拉开了序幕，中国共产党带领全国人民逐步开拓出一条新道路，踏上了带领中国人民实现中华民族伟大复兴的新征程，实现了将马克思主义与中国具体实际相结合的第二次历史性飞跃。

党的十一届三中全会的胜利召开，顺应了时代潮流和人民群众的热切期盼，标志着中国共产党人在新的时代条件下的伟大觉醒。党通过在政治、经济、文化、社会等领域的全面拨乱反正，解决了大量历史遗留问题，逐步调整党组织与社会组织的关系，拓展和丰富了社会组织参与公共服务的渠道和形式。这一时期，改革开放的步伐加速推进，在党的

① 《邓小平文选》第二卷，人民出版社，1994，第 141 页。
② 中共中央文献研究室编《三中全会以来重要文献选编》上，人民出版社，1982，第 11 页。

领导下，国民经济关系比例得到进一步调整，农村改革率先取得突破，城市经济体制改革初步展开，国家实行对外开放和创办经济特区的政策。此外，党中央在进行经济体制改革的同时也对国家政权的组织架构进行了调整。在全面拨乱反正的过程中，党中央逐步结束了"文革"中党政军合一的革命委员会制度，1979 年五届全国人大二次会议决定将地方各级革命委员会改为地方各级人民政府，各部门停止使用革命委员会的名称。1979 年 9 月取消了实行多年的党委审批案件制度，1980 年恢复设立中央书记处。这些措施对解决权力高度集中问题、促进社会组织机构的调整以及改变以党代政的状况起到了较大的作用。① 这一系列的政治经济体制改革，为城市社会组织的发展提供了广阔空间。

综上所述，党的十一届三中全会召开后，国内展开了轰轰烈烈的经济体制改革，这场深刻的社会改革的任务是改变旧有的计划经济体制，代之以新的社会主义市场经济体制。② 改革开放促成了中国共产党执政任务的重大转变，促成了党的工作重心的伟大转折，使党的面貌、国家的面貌、人民的面貌、中华民族的面貌焕然一新。国家的综合实力日益提高，人民的幸福感和获得感显著增强，广大群众的社会责任感普遍提升，这些都为改革开放时期城市社会组织的恢复和发展提供了重大的历史机遇。

## 二　党组织与社会组织关系的重新界定是其发展壮大的重要前提

随着我国社会改革和社会建设进程的逐步加快以及政府职能的逐步转变，社会组织与执政党、政府、市场之间的联系日益密切，所以对党组织与社会组织关系的重新界定是改革开放时期社会组织发展壮大的重要前提。国外非政府组织发展的成功经验对改革开放初期社会组织急剧

---

① 于成文：《建国以来我国社会组织结构的演变与发展》，中共中央党校博士学位论文，2008。
② 蒯正明：《新中国 60 年来中国社会变迁与党对社会组织的整合》，《北京社会科学》2009 年第 5 期。

转型的中国有着宝贵的借鉴意义。在新中国成立初期的计划经济体制下，社会组织的发展及作用的发挥受到诸多制约。一元化领导下的社会组织发展异常艰难，不能充分体现社会组织的非政府性、非营利性、自主性、自治性等特征，其在社会角色上依然面临诸多困境，我国大多数社会组织还保留着政府或事业单位痕迹，相当一部分社会组织是从政府部门分离出来或由政府创建的。因此，必须明确党组织与社会组织的关系界定，明确社会组织的角色定位，明确党组织的职能范围及如何处理二者的关系，才能使其走上规范、健康的发展轨道，发挥其在城市现代化建设中应有的作用。

党的十一届三中全会后，中共中央面对国际国内复杂问题，审时度势，及时调整二者之间的关系。由于党的执政基础来自人民，党在政权的掌握和实施过程中，在带领全体中国人民建设社会主义和谐社会的过程中，必然需要与城市社会组织存在交集。党的十九大报告指出："党政军民学，东西南北中，党是领导一切的。"[1] 同样，党的领导是做好社会组织工作的根本保证，把党的理论和路线方针贯彻到社会组织工作各方面是其健康发展的基石，而社会组织是以向社会提供公共服务、满足大众公共需求及互益性为发展目标的。社会组织要密切联系党组织。正确处理二者之间的关系是社会健康发展的保障，是充分发挥党的领导职能的关键。

1981 年通过的《关于建国以来党的若干历史问题的决议》明确指出："必须正确处理党同其他组织的关系。"[2] 随后召开的党的十二大，对这一问题又进行了全面系统的论述："正确解决党对政府机构的领导和对企业事业单位的领导问题，是机构改革中一个很重要的问题。"[3] 改革开放以来，对社会组织与党组织之间的关系界定、规范管理与自主性

---

[1] 《党的十九大报告辅导读本》，人民出版社，2017，第 25 页。

[2] 《关于建国以来党的若干历史问题的决议》，《人民日报》1981 年 7 月 1 日。

[3] 中共中央文献研究室编《改革开放三十年重要文献选编》上，中央文献出版社，2008，第 288 页。

探索，一直是党中央的重点工作。党组织不断调整与社会组织的关系，逐步给社会组织更大的发展空间，提高社会组织的社会参与度与社会贡献度，使其享受党和政府提供的各种资源。2012 年党的十八大明确了对社会管理和社会组织的要求，即："加快形成政社分开、权责明确、依法自治的现代社会组织体制。"①

综上所述，社会组织从改革开放前的一元化领导体制，到改革开放时期不断改进党组织与社会组织之间的关系，党组织与社会组织形成了新的合作模式。改革开放以来，随着市场经济的发展和民主政治的进步，社会组织出现迅猛发展的局面，党中央根据社会组织发展中出现的新情况、新问题，及时更新旧有管理体制，制定合乎规律的组织原则，鼓励和支持社会力量参与社会治理、城市建设和公共服务，这对激发社会活力、巩固党的执政基础和提高党的执政能力具有重要推动作用。

## 三　市场经济体制的确立与完善为社会组织发展提供了广阔空间

改革开放后，我国经济社会不断发展进步，社会上开始出现大量社会组织，并且从多方面、多层次对社会的政治、经济生活产生着深刻的影响。也就是说，市场经济体制的确立与完善促使国家权力下移和国家政治生活好转，为城市社会组织的发展提供了一定的空间。在市场经济中为什么会出现社会组织？学术界对这个问题也进行了讨论，其中经济学关于社会组织的理论可以概括为所谓的"失灵论"，其基本逻辑是：对于某些服务而言，市场提供要么失灵，要么不足，而政府提供亦有不足。② 在市场、政府双重失灵的情况下，社会组织应运而生，以拾遗补阙的方式，成为提供公共物品和服务的民间机构。③

中国的经济体制改革一开始就朝着市场化方向发展，但经济转型过程中出现了人才缺失、公众质疑、改革受阻、资金不足等问题，严重制

---

① 中共中央文献研究室编《十八大以来重要文献选编》上，中央文献出版社，2014，第 230 页。

② 余晖主编《中国社会组织的发展与转型》，中国财富出版社，2014，第 137 页。

③ 王绍光：《多元与统一——第三部门国际比较研究》，浙江人民出版社，1999，第 135 页。

约了经济体制改革的发展。1978 年 12 月，党的十一届三中全会公报指出："应该坚决实行按经济规律办事，重视价值规律的作用。"① 为此，理论界对计划与市场如何结合、市场经济体制如何构建、如何处理计划与市场的关系等问题展开了激烈讨论。学术界有一些人主张，市场经济是资本主义的特有专属，计划与市场是水火不容的，计划经济根本不能与之结合。面对关于国内经济体制改革的形形色色的争论，如何科学阐释计划经济与市场经济的区别与联系，是以邓小平为核心的党的领导集体在改革开放初期面临的棘手问题。1979 年底，邓小平指出："社会主义也可以搞市场经济。同样地，学习资本主义国家的某些好东西，包括经营管理方法，也不等于实行资本主义。"② 邓小平对社会主义能否搞市场经济的斩钉截铁的回复，为经济体制改革的顺利进行提供了强有力的保障。1982 年党的十二大正式确定"计划经济为主，市场调节为辅的原则"③。这打破了传统观念中社会主义只能搞计划经济的固有认知，党和国家开始了初步探索和认识市场经济的新阶段。党的十二届三中全会通过了《中共中央关于经济体制改革的决定》，指出："社会主义计划经济必须自觉依据和运用价值规律，是在公有制基础上的有计划的商品经济。"④ 这一科学的总结，为计划经济与市场经济的有机结合提供了重要的理论支撑，对社会上各种反对发展市场经济的声音予以有力的回击。

1987 年党的十三大上，提出了新的经济运行机制，即"国家调节市场，市场引导企业"的机制。⑤ 这一重要的论述涉及国内经济体制改革的实质，触动了一部分既得利益者的利益。然而在东欧剧变、苏联解体的国际大背景下，国内关于姓"社"、姓"资"以及经济体制改革中计划与市场的关系的争论又风起云涌。一些人认为随着经济体制改革中市

① 中共中央文献研究室编《三中全会以来重要文献选编》上，人民出版社，1982，第 6~7 页。
② 《邓小平文选》第二卷，人民出版社，1994，第 236 页。
③ 胡耀邦：《全面开创社会主义现代化建设的新局面——在中国共产党第十二次全国代表大会上的报告》，《人民日报》1982 年 9 月 8 日。
④ 《中共中央关于经济体制改革的决定》，《人民日报》1984 年 10 月 21 日。
⑤ 中共中央文献研究室编《十三大以来重要文献选编》上，人民出版社，1991，第 27 页。

场化的不断推进，社会主义的经济属性会发生转化，社会主义的中国将要变质。有些人直接否定了十一届三中全会以来党的正确路线、方针、政策以及取得的历史成就。面对国内外对中国市场经济体制改革的质疑与颠覆，1992 年春邓小平在南方谈话中明确指出："计划多一点还是市场多一点，不是社会主义与资本主义的本质区别。"[①] 他的这一精辟论述，给争议中的国人以清晰的认识，摆脱了计划经济是社会主义而市场经济是资本主义的制度范畴的束缚，改变了计划经济与市场经济水火不容的历史局面，从根本上消除了民营企业的顾虑和部分自由职业者的担忧，重新鼓舞了士气，激发了市场活力。1992 年党的十四大报告指出："我国经济体制改革的目标是建立社会主义市场经济体制，以利于进一步解放和发展生产力。"[②]

综上所述，党的十一届三中全会以来，随着经济发展和社会建设进程的逐步加快，以及政府职能的逐步转换，社会组织与政府形成了稳固、平等的合作伙伴关系。[③] 党的领导逐步走向科学化、制度化，市场在资源配置中的基础性作用更加明显，市场经济体制改革日臻完善。在政治、经济体制改革推动社会组织发展的同时，社会领域、社会机制的改革以及大众多元化的社会需求也对社会组织形成了内在推动作用。这一系列的举措，为我国社会组织的发展提供了广阔的适应性、制度性空间，社会组织已成为我国经济社会发展中重要的推动力量。

## 四　依法治国方略的确立为社会组织发展提供了制度保障

法治是一种制衡的艺术，法治背景中的各种权力必须分离而又互相制衡，没有制衡的权力必然使得人类美好的价值追求都化为乌有。[④] 法治与社会组织关系密切，没有现代性法治，社会组织就难以彰显自主性

---

① 《邓小平文选》第三卷，人民出版社，1993，第 373 页。
② 《江泽民文选》第一卷，人民出版社，2006，第 226 页。
③ 张向前：《中国社会组织经济社会贡献力研究》，光明日报出版社，2015，第 117 页。
④ 郭广辉等：《法治进程中的社会组织发展研究》，中国检察出版社，2013，第 54 页。

价值。改革开放以来，加强社会主义民主和法制建设，引导社会组织遵守宪法及其他法律一直是党和国家探索的方向。邓小平指出："民主和法制，这两个方面都应该加强，过去我们都不足。要加强民主就要加强法制。没有广泛的民主是不行的，没有健全的法制也是不行的。"① 引导社会组织遵守各项规则，并不是使其受到法律的干涉，政府不要任意干涉社会组织的行为。党和国家在落实邓小平系列讲话指示中，注重执行依照法律办事的方针，努力推进社会主义民主和法制建设。但随着改革开放的不断深入，社会中还存在法律体系不够健全、可操作性不强、法律具有滞后性等问题，造成社会上钻法律空子和违法乱纪的现象时有发生，党和国家迫切需要建立完备的法制体系来补充、规范、引导市场经济发展秩序。改革开放以来，社会组织如雨后春笋般在全国各地争相设立，这些社会组织承担着许多政府没有承担的功能，为城市建设和社区管理提供全新的服务。但改革开放时期我国正处于大力推进法制建设的阶段，社会组织的发展必然和法制建设的大环境紧密相连，所以实现党的执政方式和领导方式由单纯依靠行政手段向主要依靠法律手段转变，使国家与社会的管理工作走上法治轨道是党和国家的努力方向。

在多元化的社会治理驱动下，政府应以从"全能政府"向"有限政府"转变为前提，通过法治思维与法治逻辑，逐步转变政府职能，把原来不该由政府承担的职能还给社会，把属于自己职能范围的工作做好，逐步精简政府机构、转变政府管理职能，更好地发挥社会在国家治理中的作用。② 这意味着政府还权于社会，调整政府与社会的关系，把政府不该管、管不了、管不好的事务转交给各种社会组织来做，这属于国家权力归位与放权问题，政府职能转变和执政理念转变给社会发展提供了广阔的空间。③

--------

① 《邓小平文选》第二卷，人民出版社，1994，第 189 页。
② 廖锐锋、冯伟林：《社会中介组织对中国政府职能转变的影响》，《甘肃行政学院学报》2005 年第 1 期。
③ 胡林、王列珉：《后发国家社会组织形态与中国社会组织之路》，《中州学刊》2009 年第 5 期。

党的十一届三中全会以来，"先富带动后富"的发展策略使我国经济快速发展，随着经济体制改革的逐渐深入，政治体制改革也要不断向前推进。邓小平曾指出："我们提出改革时，就包括政治体制改革。现在经济体制改革每前进一步，都深深感到政治体制改革的必要性。"①邓小平的改革思想一开始就包含政治体制改革，改革开放前我国一元化领导体制下的各种改革步履维艰、各种社会矛盾日益凸显，以邓小平为核心的党的第二代领导集体在推动经济体制改革的同时，也把政治体制改革提上日程。政治体制改革以政治民主、政治法治、政治监督为出发点，精简国家机构，健全社会法制，打造年轻干部梯队，转变政府职能，促进思想解放，支持自主创新，这些都为社会组织的发展提供了更为宽松的社会环境和更为积极的政府支持。

综上所述，随着改革开放以来依法治国的确立和政府职能的转变，政府给市场和社会让渡出一定的发展空间，市场在资源配置中的作用更加凸显，社会组织在适宜的环境中茁壮成长，在分担政府压力、促进经济发展、完善社会福利等方面做出重大贡献。社会组织的大量涌现也促进了政府职能的转变，促成了现代法制的生成，有助于建设以权力和利益为纽带的社会关系网，更好地防止权力腐败，防止各种矛盾的发生。

## 五　对新社会组织作用的充分肯定为其发展提供了强大支撑

改革开放以来，中国的社会结构发生了翻天覆地的变化。过去单一的公有制和计划经济体制逐渐被消除，"单位制"统治下的人民逐步走出单位走向社会。党的十一届三中全会后，随着政治体制和经济体制改革的推进，所有制结构发生了变化，引发了城市社会结构的重组。20世纪80年代中叶，城市社会中出现了个体户和私营企业主，出现了大量的自由职业者和雇佣企业主，这是对传统行政组织体制的挑战，是城市建设中的第一批社会人。随着对外开放的不断深入，非公有制经济获得了

---

① 《邓小平文选》第三卷，人民出版社，1993，第176页。

进一步发展，社会交流日益广泛，市场活力日益增强，越来越多的人开始走出传统的单位体制，由单位人变成了社会人。① 民营企业大量出现，中外合资企业也日益壮大，各种非公有制公司等遍地开花。1986 年 11 月，邓小平在会见外宾时指出："我们搞的社会主义并不是说都是公有制，我们也可以有市场经济的成分、民营经济的成分……我们中国也要搞自己的股票市场。"② 股份制的引进、国有企业的改革等，使非公有制经济在市场经济中占据越来越大的比重。与此同时，在传统的政党、团体及组织形态下，社会上涌现大量的新经济组织和新社会组织，如各类基金会、社区团体、民办企事业单位、中介组织、社会服务组织等。

2001 年在庆祝中国共产党成立 80 周年大会上，江泽民指出："这些新的社会阶层中的广大人员，通过诚实劳动和工作，通过合法经营，为发展社会主义社会的生产力和其他事业作出了贡献。他们与工人、农民、知识分子、干部和解放军指战员团结在一起，他们也是有中国特色社会主义事业的建设者。"③ 这是对社会上出现的新兴阶层政治地位的肯定，反过来新兴阶层为新经济组织和新社会组织的成长提供了合适土壤，促使其不断发展壮大。

综上所述，改革开放 40 多年来，我国社会组织的发展经历了由"摸着石头过河"到逐渐建立完善的阶段。正是因为党中央大力肯定和支持新社会组织的作用，我国社会组织才不断发展壮大，社会组织在数量上和质量上都取得了明显进步。根据国家统计局数据，社会组织在 2011 年有 461971 个，2012 年有 499268 个，截至 2014 年底，在民政部登记注册的社会组织达 60.6 万个，其中社会团体有 31 万个。④ 社会组织为我国提供了更多的工作岗位，缓解了多年来的就业压力，在分担政府压力、促进经济发展、完善社会福利、化解社会矛盾、提供各种社会服务等方面

---

① 吴鹏：《城市社会组织结构的变化与社区党组织建设》，《岭南学刊》2006 年第 2 期。
② 张宝忠：《跟随邓小平四十年》，中央文献出版社，2015，第 139 页。
③ 《江泽民文选》第三卷，人民出版社，2006，第 286 页。
④ 张向前：《中国社会组织监管创新战略研究》，光明日报出版社，2016，第 24 页。

做出了巨大贡献。

## 第二节　改革开放时期城市社会组织
## 发展的演进历程

中国的社会组织，是在中国特色的政治经济环境下逐渐萌芽和发展的。改革开放以来，国家一直坚持"以经济建设为中心"，国民经济得到了空前的发展，人均收入显著提高，中国的社会结构和社会关系发生显著变化。与此同时，城市社会组织也在起伏中艰难前行，在不断摸索中曲折发展。从 1978 年党的十一届三中全会至 2012 年党的十八大召开前夕，中国城市社会组织经历了三个发展阶段：①城市社会组织恢复重建与自在发展时期（1978~1989）；②城市社会组织自觉发展与规范管理时期（1990~2001）；③城市社会组织稳步发展与培育引领时期（2002~2012）。本课题组在查阅大量文献的基础上，主要对改革开放时期城市居委会、共青团、妇联、新型社会组织等进行考察，并在此基础上梳理改革开放 40 多年来城市社会组织整合的历史演进，探究不同时期党在城市社会组织整合方面运用的方式方法。

### 一　改革开放以来城市社会组织发展的阶段划分

改革开放前，实施计划经济体制的中国具有明显的"强国家、弱社会"的特征，使得纯社会组织几乎没有生存与发展的空间。[①] 在经历了计划经济体制和"单位制"以后，为适应社会主义市场经济、加强党和政府的社会管理，自 1978 年起，中国共产党重新设计和规划了执政路线图，坚持以经济建设为中心，培育和建立社会主义市场经济体制。从此以后，我国各类社会组织日益兴起，成为一支重要的社会力量，为实现政府、市场和社会的重新整合，为中国社会的转型和全面发展提供了基

---

① 黄晓勇主编《中国社会组织报告（2008）》，社会科学文献出版社，2008，第 68 页。

础性动力和结构性保障。① 因此，对改革开放以来城市社会组织发展历程进行全面梳理、归纳总结其不同学术观点、把握学者间研究的相同点和不同点，是重要且有意义的工作。

## （一）有关社会组织发展阶段的几种观点

陈德权指出，从 1949 年到 2016 年，中国社会组织的发展分为三个阶段。第一阶段是从 1949 年到 1976 年，这一时期社会组织的合法性成就非常低，政治运动对社会组织的发展有着严重的影响；第二阶段是从 1977 年到 2011 年，在这一时期社会组织得到较快的发展，各种学会、研究机构、基金会大量出现，社会组织管理日益规范；第三阶段是从 2012 年到 2016 年，中国的社会组织发展进入构建现代社会组织体系的新时期。② 刘求实、王名把 1978～2007 年社会组织的发展划分为两个阶段。从 1978 年到 1992 年，由于改革开放释放出巨大能量，加之对其管理、约束的制度相对不健全，中国社会组织在数量上呈现爆炸式增长，这一时期称为"社会组织兴起阶段"。从 1993 年到 2007 年，是"社会组织的规范管理和新的发展高潮"时期。③

周俊、张冉、宋锦洲合编的《社会组织与慈善组织管理》一书中，以党的十七大报告首次提出"社会组织"的概念为分界点，将 1978～2017 年民间组织的发展划分为两个阶段。①改革开放初期民间组织的兴起阶段（1978～2007），从 20 世纪 70 年代末开始，民间组织开始了较快的发展，1978 年至 2007 年尽管发展有起有伏，但从总体上看，民间组织的数量增长速度较快，尤其在改革开放初期和 21 世纪初期。作者把这一时期又划分为两个阶段，民间组织的恢复与发展阶段（1978～1987）、民间组织的规范管理与发展阶段（1988～2007）。②当前社会组织的发展阶段（2008～2017），这一时期社会组织在党的引导下，积极服务社会，

---

① 黄晓勇主编《中国社会组织报告（2008）》，社会科学文献出版社，2008，第 165 页。
② 陈德权：《社会组织管理概论》，清华大学出版社，2016，第 17 页。
③ 刘求实、王名：《改革开放以来中国社会组织的发展及其社会基础》，《学会》2010 年第 10 期。

合法经营管理，主动承担责任，已成为社会建设的重要帮手。[①]

　　余永龙、廖明等合著的《社会组织三十年》中，把 1978～2008 年社会组织的发展划分为四个阶段。[②] ①从 1978 年党的十一届三中全会召开到 20 世纪 80 年代末，属于社会组织迅猛发展但管理相对滞后阶段；②从 1989 年到 1995 年，属于社会组织恢复登记阶段；③从 1996 年到 2001 年，属于社会组织规范管理阶段，这一阶段颁布了各种社会组织管理条例，对社会组织进行统一监管，确定了归口管理、双层负责、分级管理的监管体制；④从 2002 年到 2008 年，属于稳步发展阶段，这一阶段主要对社会组织进行分类管理，加大支持和监管力度，完善监管体制和法律体制。

　　在《中国社会组织报告（2008）》综合研究篇中，作者也归纳了学术界关于改革开放以来社会组织发展阶段的几种观点。有的学者以现代历史为划分区间，将 20 世纪初至 2005 年我国社会组织的发展划分为三个阶段：从 20 世纪初到 1949 年，1949～1978 年，1978～2005 年。黄晓勇认为改革开放以来中国社会组织的快速发展存在以下几个原因：其一，经济体制的改革和完善为社会组织的发展提供了向外发展的驱动力；其二，政治体制的改革为社会组织的发展提供了可靠的政治保障和相对自由的空间；其三，法制体制建设为社会组织的发展提供了有法可依、有法必依的法律支持。[③] 基于上述观点，刘俊将 1978～2005 年社会组织的发展划分为五个阶段。第一阶段是萌发期（1978～1984），第二阶段是发展期（1984～1989），第三阶段是低潮期（1989～1993），第四阶段是膨胀期（1993～1998），第五阶段是整合期（1998～2005）。[④]

　　周浩集在查阅相关历史文献的基础上，将 1978～2010 年社会组织的发展划分为三个阶段。第一阶段是从 1978 年到 1987 年，可以称为社会

① 周俊、张冉、宋锦洲编著《社会组织与慈善组织管理》，北京大学出版社，2017，第 67～68 页。
② 参见国家民间组织管理局编《2008 年中国社会组织理论研究文集》，中国社会出版社，2009，第 418 页。
③ 黄晓勇主编《中国社会组织报告（2008）》，社会科学文献出版社，2008，第 68 页。
④ 刘俊：《中国非政府组织 NGO 现状分析》，《台声·新视角》2005 年第 1 期。

组织管理相对滞后时期，这一时期是社会组织自在发展而管理相对不完善阶段。第二阶段是从 1988 年到 2000 年，可以称为社会组织的规范管理时期，这一时期是社会组织自觉发展且管理相对规范阶段。第三阶段是从 2001 年到 2010 年，可以称为社会组织的稳步发展与培育引导时期，这一时期社会组织的发展相对稳定且处于引领社会的重要阶段。①

### （二）对改革开放时期城市社会组织的阶段划分

在领导中国革命、建设新中国和改革开放的过程中，中国共产党高度重视引领社会组织发展工作，充分发挥社会组织的积极作用。② 通过分析学术界关于改革开放以来社会组织发展阶段划分的观点，大致可以得出，对于 1978 年党的十一届三中全会的胜利召开是社会组织恢复发展的逻辑起点这一说法基本无争议，但对改革开放 40 多年来的社会组织阶段划分还存在争议。有的学者以 1989 年春夏之交的政治风波为分界点，认为国内政治安全稳定是社会组织发展的根本保障。有的学者以 1992 年邓小平的南方谈话和党的十四大的召开为分界点，认为社会主义市场经济体制的确定是社会组织飞跃性发展的支撑。有的学者以 1998 年新的《社会团体登记管理条例》的颁布为分界点。有的学者以 2006 年官方报告第一次使用"社会组织"的概念为分界点，认为这是民间组织与社会组织转化的标志，是党和国家对社会组织发展的再次肯定。学术界对改革开放以来社会组织的阶段划分都有各自的依据和标准，这里不评判学者们划分标准的对与错，而是在综合与借鉴学术界观点、查阅相关文献及地方档案的基础上，依据本课题组对 1978～2012 年社会组织发展特点的理解，大致划分为以下三个阶段。

第一阶段，从 1978 年到 1989 年，可以称为城市社会组织的恢复重建与自在发展时期。1949 年新中国的成立开辟了我国历史的新纪元，新

---

① 周浩集：《改革开放以来党与社会组织的关系研究》，中共中央党校博士学位论文，2010。
② 康宗基：《中国共产党引领社会组织发展的实践和基本经验》，《大连海事大学学报》2016 年第 2 期。

旧社会交替时期党对社会组织进行了清理整顿、恢复重建和规范管理，"文革"时期社会组织发展处于停滞状态，导致社会团体、人民团体等社会组织被撤销或停办。1978 年 12 月，党中央召开十一届三中全会，在思想上确立了"解放思想、实事求是"的路线，在经济上作出了实行改革开放的伟大战略决策，实现了党的工作重心向经济建设方面的转移。从此以后，政治生活逐渐走向正规化，政府职能逐渐发生转变，市场经济体制改革在摸索中前行，人民群众的思想获得空前解放，社会意识和社会责任感显著增强，各类社会组织如雨后春笋般出现。改革开放初期，党和国家的工作重心主要以经济体制改革为目标，对社会团体的复苏与发展关注度相对不够，党的直接领导力量薄弱，造成社会组织的发展与规范管理脱节。1989 年 10 月公布的《社会团体登记管理条例》，确立了登记管理机关和业务主管单位双重管理的体制。① 总的来说，受益于改革开放的良好外部环境，经过 10 余年的快速自在发展期，社会团体数量呈现空前的增长势头。这一时期城市社会组织的发展整体上还很不完善，法律体制和监管体制还不健全，还处在摸索和起始阶段。

第二阶段，从 1990 年到 2001 年，可以称为城市社会组织自觉发展和规范管理时期。在这 10 余年中，经济改革的重大突破为社会组织的发展提供了新的活力，促使党和国家进一步加大了对社会组织的政策支持与规范管理。1989 年是社会组织自改革开放以来发展的第一个低谷，也是党和国家开始有步骤、有计划地科学管理社会组织发展的时期。1990 年 6 月，民政部针对社会团体存在的问题，经国务院批准，对社会团体进行改革开放后的第一次清理整顿，各种非法、问题严重的社会团体被撤并，合法的社会团体须进行重新登记注册。1997 年，国家对社会组织进行第二次清理整顿，加强对已有社会组织的监督。截至 2001 年，社会团体有近 12.9 万家，随着民办企业单位在经济浪潮中的迅速发展，社会组织整体上在规范管理的前提下缓慢发展。这一时期的城市社会组织逐步告别无组织、无纪律的

---

① 王名、刘国翰、何建宇：《中国社团改革——从政府选择到社会选择》，社会科学文献出版社，2001，第 6 页。

状态，整体发展有章可循，法律体制和监管体制构建初见端倪，但仍存在一些不足之处。

第三阶段，从 2002 年到 2012 年，可以称为城市社会组织稳步发展与培育引领时期。进入 21 世纪，党和国家对社会组织的认识逐渐深入。2002 年，江泽民在党的十六大报告中指出："加快推进社会主义现代化，为开创中国特色社会主义事业新局面而奋斗。" 21 世纪以来，社会组织的发展进入新的历史纪元，党和政府逐步将社会组织管理体制改革纳入国家发展战略要求中。党的十六届六中全会通过的《中共中央关于构建社会主义和谐社会若干重大问题的决定》提出 "坚持培育发展和管理监督并重"①，党的十七大把社会组织摆在更加突出的位置，科学论述了 "社会组织" 的定义。2011 年 "十二五" 纲要明确提出："建立健全统一登记、各司其职、协调配合、分级负责、依法监管的社会组织管理体制。"② 党的十八大报告中更是提出，要 "加快形成政社分开、权责明确、依法自治的现代社会组织体制"③。21 世纪以来，党和国家对社会组织发展的科学规范、组织引导，使其在城市现代化建设中发挥着日益明显的作用，社会组织内部结构也日趋完善，成为引领社会发展、服务基层的一支重要力量。

## 二 改革开放时期城市社会组织管理政策的变迁

改革开放后，社会组织进入一个蓬勃发展的历史阶段，在活动领域、组织类型、服务对象等方面呈现许多新的特点。但由于初期没有统一的登记管理部门、社会组织管理政策的制定相对落后等，社会组织出现了运行混乱的局面。随着改革开放的不断深入，社会组织的监管体制和法律体制也逐步完善和健全，成为引领城市社会组织发展的保证。

①《中共中央关于构建社会主义和谐社会若干重大问题的决议》，《求是》2006 年第 20 期。
② 张向前：《中国社会组织监管创新战略研究》，光明日报出版社，2016，第 44 页。
③ 胡锦涛：《坚定不移沿着中国特色社会主义道路前进，为全面建成小康社会而奋斗——在中国共产党第十八次全国代表大会上的报告》，《人民日报》2012 年 11 月 9 日。

新中国成立初期，党和国家对旧有社会组织进行清理整顿，制定基本的法律规范来对社会组织进行管理。"文革"期间，社会组织的发展几乎停滞。改革开放后，社会组织开始恢复重建，与此同时相应的规章制度也逐渐规范。到2002年前后，社会组织达到一定的规模，对经济社会的作用日益凸显。改革开放40多年来社会组织在快速发展过程中也出现了一系列新问题、新情况，对社会组织的规范管理迫在眉睫，党和国家通过一系列政策举措使社会组织的发展在改革开放时期逐步走向规范化和法治化，使其成为城市社会服务的重要力量。

改革开放后，社会组织工作的开展是从原有社团的恢复与重建开始的。各人民团体、社会团体、学生研究团体、宗教团体等相继开始恢复活动，社会各项事业蓬勃发展，民主化程度不断提高，原有社团已经不能满足社会发展的需要。在这种背景下，新的社会组织在全国相继建立，起初以学术类、经济类以及公益类的社会组织居多。1978~1987年，我国社会组织发展异常活跃，在数量与种类上都取得了迅猛的发展，对社会治理产生了重要影响。但是，在社会组织发展的过程中也出现了一些问题。首先，党和国家没有建立独立的、统一的社会组织管理机制，管理十分混乱。有的社会团体的成立没有履行相关法律程序，有的经过相关党政部门的简单审批，资料不完善。其次，从社会团体本身来看，其行政化倾向严重，管理相当松散，对社会组织的规章制度、自身的作用理解不深，有的社会组织开展商业活动，以赚钱为主要目的。最后，从党和国家发展的角度来看，改革开放初期党和国家的工作以经济发展为主，对社会组织的发展缺乏科学的管理，相关法规和管理主体及其职能的欠缺，与社团组织的急剧涌现不相适应。在这种背景下，对社会组织进行规范管理显得尤为重要，相关法律法规的出台，促使社会组织的发展走向正规化。[1]

党和国家为了建立社会组织管理的新秩序，陆续出台了一系列制度

---

[1] 周俊、张冉、宋锦洲编著《社会组织与慈善组织管理》，北京大学出版社，2017，第69页。

举措来规范社会组织的发展。1978 年 3 月，具有社团管理职能的中华人民共和国民政部正式组建。1987 年，国务院正式将结社立法起草工作的任务与社团管理工作移交给民政部，统一由民政部对社会组织日常工作进行监督、审批和管理。与此同时，各省、自治区、直辖市的民政部门也设立了社会团体管理处，负责本地区社会团体的日常事务，迈出了对社会组织进行规范管理的第一步。"文革"时期，20 世纪 50 年代出台的团体登记办法已失去效力，改革开放初期也没来得及恢复和出台社会团体登记管理办法，政府对社会组织的监管作用日益微弱，除民政部门发布一些简单通知或决议外，当时的社会组织基本上处于散乱无序、无法可依的状态。[1] 1989 年国务院重新颁布《社会团体登记管理条例》，极大地改变了此前的无序状态。该条例对社会团体的管辖、核准登记、变更注销以及监督管理等方面进行了规定，确立了业务主管部门和民政部门共同管理社会团体的"双重管理"模式，对社会组织的长足发展起到推动作用。同年，国务院颁布了《外国商会管理暂行规定》，对外国商会的活动宗旨、成立条件、申请办法、审核和监督管理等方面作出了规定，这是首次对外国商会等社会组织予以立法，为借鉴和学习西方发达国家的社会组织发展经验提供了机遇，也为国内社会组织的国际交流提供了保障。

1996 年，中共中央办公厅、国务院办公厅联合下发了《关于加强社会团体和民办非企业单位管理工作的通知》，不仅从根本上确立了"民办非企业单位"这一概念，而且将民办非企业单位的管理权交由民政部统一管理。同年，民政部颁布了《社会团体年度检查暂行办法》，开始对社会组织进行年度检查。1997 年，全国各级民政部门以年检的形式对社会组织进行了清理整顿，又一次净化了组织结构。同年，社会团体管理司正式更名为"社会团体和民办非企业单位管理司"。1998 年，国务院对《社会团体登记管理条例》进行了修改，与 1989 年 10 月国务院公布的

---

[1]　黄晓勇主编《中国社会组织报告（2008）》，社会科学文献出版社，2008，第 148 页。

《社会团体登记管理条例》相比，新条例提高了社会团体登记的门槛和要求，加强了对社会团体的法律监管力度，并且规定对社会团体进行年度检查，这在一定程度上造成了社会组织数量的急剧下降。同年 3 月，社会团体和民办非企业单位管理司更名为"社会组织管理局"。[①]

2007 年，民政部发布《关于社会团体登记管理有关问题的通知》，从规范社会团体章程的修订及核准、加强对社会团体民主程序的监督、健全社会团体负责人备案制度、认真审核社会团体负责人任职资格和条件等几个方面来改进和完善社会团体的登记管理政策。2009 年，民政部发布《关于全国性社会团体应用网上办公平台办理登记、备案工作有关问题的通知》，对进一步规范全国性社会团体的登记管理工作、提高办事效率等有关事项作出了规定。[②]

针对新中国成立以来社会组织管理政策的变迁过程，本课题组在查阅民政部等的相关文献资料的基础上，对政策颁布时间、名称以及核心内容进行了梳理，以期用清晰的图表来呈现社会组织管理政策变迁全貌（见表 3-1）。

表 3-1　社会组织管理政策（部分）

| 发文时间 | 名称 | 核心内容 |
|---|---|---|
| 1950 年 | 《社会团体登记暂行办法》 | 将应登记的社会团体分为人民群众团体、社会公益团体、文艺团体等六类，确立社会团体的分级登记原则 |
| 1989 年 | 《外国商会管理暂行规定》 | 对外国商会的定义、成立条件、成立程序以及监督管理作出规定 |
| 1989 年 | 《社会团体登记管理条例》 | 对社会团体的管辖、成立登记、变更登记、注销登记等方面作出规定 |

① 周俊、张冉、宋锦洲编著《社会组织与慈善组织管理》，北京大学出版社，2017，第 69~70 页。

② 周俊、张冉、宋锦洲编著《社会组织与慈善组织管理》，北京大学出版社，2017，第 81~82 页。

续表

| 发文时间 | 名称 | 核心内容 |
|---|---|---|
| 1998 年 | 《社会团体登记管理条例》（1998 年修订） | 提高了社会团体的登记门槛，详细规定了成立条件，增加了社会团体处罚条款，加强了对社会团体的监管 |
| 2001 年 | 《关于重新确认社会团体业务主管单位的通知》 | 进一步明确了社会团体业务主管部门的管理职责和应该具备的条件 |
| 2007 年 | 《关于社会团体登记管理有关问题的通知》 | 从规范社会团体章程的修订及核准、加强对社会团体民主程序的监督、健全社会团体负责人备案制度等几个方面来改进和完善社会团体的管理政策 |
| 2009 年 | 《关于全国性社会团体应用网上办公平台办理登记、备案工作有关问题的通知》 | 对全国性社会团体应用网上办公平台办理登记、备案的有关事项作了说明 |

资料来源：周俊、张冉、宋锦洲编著《社会组织与慈善组织管理》，北京大学出版社，2017，第 82~83 页。

### 三　改革开放时期社会组织党建工作发展历程

社会组织的党建是基层党建的重要组成部分，是确保社会组织坚持正确的政治方向、引导社会组织遵纪守法、促进社会组织健康成长的保障，是党和政府倾听基层群众心声的窗口，是联系群众、服务群众的纽带。社会组织建设要坚持党的领导，这既是对作为无产阶级先锋队的中国共产党的先进性的笃信，也有对社会组织的功能考量。[1] 为促进社会组织的健康发展，需要加强社会组织党建工作，更需要党建工作的创新，以增强社会组织党建工作的针对性和实效性。[2] 随着改革开放不断深入，社会组织的作用日益凸显。为了巩固党的执政根基和确保社会组织合理规范运行，党和政府高度重视社会组织党建工作的开展。

1987 年 10 月，中国共产党第十三次全国代表大会首次提出要理顺党组织与人民代表大会、政府、司法机关、群众团体、企事业单位和其

---

[1]　曾辉方：《邓小平的社会组织建设思想研究》，《理论探讨》2015 年第 6 期。

[2]　向春玲：《关于社会组织党建创新的几点思考》，《科学社会主义》2017 年第 3 期。

他各种民间组织之间的关系，做到各司其职。这是党中央首次提出党组织和社会组织的关系问题。1992 年 10 月通过的《中国共产党章程》规定，在非党组织的领导机构中可以成立党组织。1996 年中共中央办公厅、国务院办公厅联合下发了《关于加强社会团体和民办非企业单位管理工作的通知》，规定业务主管部门应负责所主管的社会组织的思想政治工作、党的建设等事项。1999 年下发的《关于进一步加强民间组织管理工作的通知》，规定了社会组织党建工作的责任主体、党组织的职责和建立党组织的原则标准。2000 年印发的《关于加强社会团体党的建设工作的意见》，将社会组织中党组织的设置情况纳入社会组织年度检查。2004 年通过的《关于加强党的执政能力建设的决定》提出，要扩大社会组织党建的组织覆盖范围和工作覆盖范围。2007 年 8 月，民政部在《关于推进民间组织评估工作的指导意见》中，将社会组织党建情况纳入等级评估指标之中。[①] 2009 年 9 月党的十七届四中全会决议强调，要"提高党的建设科学化水平"。

综上所述，党和政府一直重视社会组织党建工作，将党建工作视作保障社会组织坚持正确的政治方向、凝聚组织人才、促进业务发展、建设先进组织文化的重要手段。[②] 经过改革开放时期的探索，社会组织党建工作已成为社会组织工作的重要内容，社会组织党建工作的制度化和规范化已取得成效，这些举措与党的领导分不开，也为社会组织的更好发展提供了保障。

改革开放时期与社会组织党建工作有关的政策文件不断出台，社会组织党建工作不断加强，党建工作的政策依据比较充分，党建工作实践的内容不断丰富和发展，对社会组织的指导思想、责任主体等有了明确的规定。本课题组在查阅政府网站、法律法规选编、文献汇编等资料的

---

① 周俊、张冉、宋锦洲编著《社会组织与慈善组织管理》，北京大学出版社，2017，第 172~173 页。

② 周俊、张冉、宋锦洲编著《社会组织与慈善组织管理》，北京大学出版社，2017，第 185 页。

基础上，结合社会组织党建工作的具体情况绘制成表3-2，以期呈现改革开放时期社会组织党建工作的政策文件及其核心内容。

表3-2　社会组织党建工作政策（部分）

| 发文时间 | 名　称 | 核心内容 |
|---|---|---|
| 1987年 | 《沿着有中国特色的社会主义道路前进》 | 首次提出要理顺党组织与人民代表大会、政府、司法机关、群众团体、企事业单位和其他各种民间组织之间的关系 |
| 1992年 | 《中国共产党章程》 | 在非党组织的领导机构中可以成立党组织 |
| 1994年 | 《关于加强党的建设几个重大问题的决定》 | 党和政府需要从实际出发，在新成立的经济组织和社会组织中建立党的组织，开展党的活动 |
| 1996年 | 《关于加强社会团体和民办非企业单位管理工作的通知》 | 业务主管部门应负责所主管的社会组织的思想政治工作、党的建设等事项 |
| | 《关于1996年私营企业协会工作指导意见》 | 要求各级私营企业协会重视党建工作，在符合条件的企业中建立党组织 |
| 1998年 | 《关于党政机关领导干部不兼任社会团体领导职务的通知》 | 部门领导干部不兼任社会团体领导职务的做法有利于这些同志集中精力做好所担负的领导工作，也有利于政社分开 |
| 2000年 | 《关于加强社会团体党的建设工作的意见》 | 将社会组织的党组织设置情况纳入社会组织年度检查中 |
| 2001年 | 《教育部主管的社会团体管理暂行办法》 | 教育部主管的社会团体是指依法成立、不以营利为目的的全国性教育类和挂靠在高等学校社会科学类的学会、研究会、协会、基金会等社会组织 |
| 2004年 | 《关于加强党的执政能力建设的决定》 | 通过全党共同努力，使党始终成为立党为公、执政为民的执政党，勤政高效、清正廉洁的执政党 |
| 2007年 | 《关于推进民间组织评估工作的指导意见》 | 将社会组织党建情况纳入等级评估指标之中 |

## 四　改革开放时期城市社会组织的发展历程

随着我国城市化进程的快速推进，改革开放以来城市中的社会组织如雨后春笋般涌现出来。城市社会组织已成为城市社会结构的基本单元，承担起政府和社会治理中的部分职能，成为满足城市居民不同需求、调节社区矛盾、解决城市居民实际问题的主要力量。党的十一届三中全会以来，城市社会组织的发展为推动我国城市化建设发挥了不可替代的作用。本小节主要从城市社会组织中的居委会、工青妇人民团体、新型社会组织等代表性社会组织方面，梳理 1978 年至 2012 年城市社会组织整合的发展历程，把握党在整合过程中的策略及方式方法，总结其经验，把握其规律。

### （一）城市社会组织恢复重建与自在发展时期（1978～1989）

改革开放最初的 10 余年间，由于其释放的巨大能量和国家对城市社会组织管理的相对滞后，我国社会组织经历了原有社会组织的恢复、新建社会组织的蓬勃发展、由点到面的自在发展阶段。这一时期的社会组织主要是伴随着改革开放涌现出的各种社会团体，一般以学会、研究会、协会、基金会、公益性社会组织等形式出现，我国的社会组织在数量和种类上都得到迅猛发展。20 世纪 80 年代末，全国的社会团体数量猛增到 20 多万个。① 但是，发展过程中的一些问题也日益暴露出来，如没有统一的管理体系、运作执行混乱、党和政府对社会组织的发展认识不足等。1989 年《社会团体登记管理条例》的出台，使社会组织无组织无纪律的局面彻底结束，社会组织迎来了科学规范管理阶段，社会组织在之后的发展过程中有了可遵循的制度，故称这一阶段的城市社会组织发展为恢复重建与自在发展阶段。

1. 居委会建设的演变与发展

改革开放的持续推进，促使我国改革的重心由农村逐渐转移到城市。在这一政治体制改革、经济体制改革和现代化建设的征程中，我国城市建设也经历了一系列的变迁和重组，如城市居民的生活空间和家庭功能发生重大转变、城市社会面临重新整合、城市人口发生结构性变化。居委会作为整个城市社会的功能细胞，作为党和国家设置的基层群众性自治组织，在城市社会变迁中发挥着不可估量的作用。居委会是国家民主

---

① 余晖主编《中国社会组织的发展与转型》，中国财富出版社，2014，第 94 页。

化进程及城市基层治理方式转变的必然产物。① 在改革开放的过程中随着党和国家对城市社会组织政策的不断调整和完善，居委会也在不断演变与发展，成为城市社会组织整合的重要缩影。

在新中国成立前，街道以下，主要为保甲。1949 年以后，政府逐步废除了传统的保甲制度，各城市的居委会都是于 1952 年民主建政前后建立的。按照 1955 年颁布的《城市居民委员会组织条例》，居委会是群众自行发起成立的群众性组织，目的是办理居民生活相关福利事务、满足居民日常需求、向人民政府反映居民意见和建议。此外，居委会在提供社区服务、维护社区稳定的基础上，还要承担某些政府职能，如发动居民响应政府号召、协助政府推行政策法令等。② 然而，在实践中，居委会设立的各种委员会与政府相关部门对接，由政府部门直接指导，其自主性和非政府性被严重弱化，尤其是该办法规定"居民委员会的公杂费及居民委员会的生活补助费，由市人民政府统一拨发"，使居委会的运转更加依赖政府。因此，有学者认为："在某种意义上，居委会成为非正式的政府组织。"③

党的十一届三中全会后，党和国家对各项事业进行全面拨乱反正，居委会工作也走向正规，在改革开放初期取得较大的发展。1980 年，全国人大常委会重新肯定了 1954 年《中华人民共和国宪法》，明确了居委会作为基层群众自治组织的性质和宗旨，肯定了居委会维护社区稳定和提供社区服务所做出的贡献，恢复和实施了 1955 年颁布的《城市居民委员会组织条例》，至此标志着我国居委会开始恢复正常状态。但由于我国仍处于计划经济占主导地位的时期，整个社会以经济生产单位为基础，集政治、经济和社会功能于一体的单位组织为基本构成要素。社会被分解为各个单位组织，社会中存在"单位"人员和"非单位"人员，各种

---

① 邓泉国：《中国城市社区居民自治》，天津师范大学硕士学位论文，2003。

② 高中伟：《新中国成立初期城市基层社会组织的重构研究——以成都为中心的考察（1949—1957）》，四川大学出版社，2011，第 38~39 页。

③ 张梦中、马克·霍哲主编《探索中的中国公共管理》，中山大学出版社，2002，第 400 页。

事业的开展都以单位和街道办事处为基础。[①]

改革开放以来，随着社会主义市场经济体制的不断发展和完善，党和政府不断转换职能，政府和行政力量在城市社区中的绝对权威和不可替代性逐渐被削弱，居委会在替代部分政府职能、提供城市社区服务和促进城市建设中的作用日益凸显。1989 年颁布的《城市居民委员会组织法》规定："居民委员会是居民自我管理、自我教育、自我服务的基层群众性自治组织，""居委会协助不设区的市、市辖区的人民政府或者它的派出机关开展工作。"从 1978 年居委会的恢复重建到 1989 年新的《城市居民委员会组织法》的颁发实施，居委会经历了恢复重建与自在发展阶段，党和政府也加大了对居委会的整合和监督，提供了大量制度支持和资金支持，居委会在调节社区矛盾、提供社区服务、支持城市现代化建设、充当中介桥梁等方面发挥了重要作用。《城市居民委员会组织法》的颁布实施，对加强居委会的建设、发展城市基层的社会主义民主、保证城市基层社会生活实行居民自治、密切党和政府同人民群众的联系、强化城市社会管理、促进社会主义物质文明和精神文明建设、创造良好社会环境，都具有重要意义。[②] 改革开放初期居委会经历短暂的恢复和重建阶段，在党的领导下逐步恢复了其应有的朝气，成为城市建设和城市管理的重要力量。

### 2. 工青妇组织在城市社会中的演变与发展

改革开放以来，中国社团经历复苏和重建后，各级工会、青年团和妇联组织在中国社会治理中扮演着十分重要的角色，这是与它们的性质密不可分的。从它们的属性来讲，工会、青年团、妇联都是几个不同群体自愿组成的群众组织，它们在城市社会建设中发挥着重要的作用。1949 年前后是中国社团发展的新旧交替期，这一时期建立了许多大型的政治性团体，1950～1953 年是清理整顿期，1954～1958 年是中国社团发

①　余晖主编《中国社会组织的发展与转型》，中国财富出版社，2014，第 304 页。
②　陈润田等主编《新时期城市居民委员会建设》，东南大学出版社，1991，第 75 页。

展的第一个繁荣时期，1959～1976 年是一个缓慢发展时期，1977 年以来是我国社团的第二个繁荣时期。本小节根据改革开放以来工会、青年团、妇联的发展概况，探究其与社会发展的特定关系，择其要者进行梳理与归纳。

（1）工会组织在城市社会中的演变与发展。工会组织是近代工人运动的产物。18 世纪中叶以来，在席卷全球的工业化进程中，机器大生产的自动化和机器化的广泛使用，使得资本对劳动者的剥削达到无以复加的程度。为了维护自身权益，劳动者逐步认识到联合起来抗争的重要性，形成了工人运动的浪潮，作为工人阶级群众组织的工会也在与资本家的交涉中应运而生。新中国成立后，党和国家对工会的职责定位、作用发挥、归属管理等方面存在分歧，使得工会组织发挥作用的空间很有限，工会组织逐步沦为边缘性的附属机构。

1978 年党的十一届三中全会后，我国进入改革开放的新时期，党经过拨乱反正，重新确立了正确的思想路线、政治路线和组织路线，带领工人阶级和全国各族人民实现了工作重心的成功转移。1978 年 10 月，中国工会第九次全国代表大会在北京召开，邓小平出席会议并发表讲话，他指出："工会要教育全体会员认识实现四个现代化的伟大意义，努力提高自己的政治、管理、技术、文化水平。"[①] 大会通过了《中国工会工作报告》、《关于修改中国工会章程的报告》和《中国工会章程》。自此以后，邓小平的讲话成为新时期工人运动和工会工作的纲领性文件，工会的性质、地位、作用和任务日益明晰，工会的发展逐步进入新的历史阶段。

在改革开放浪潮的驱动下，中国的经济体制改革和社会发展进入前所未有的高速发展阶段。工会作为社会主义建设中不可或缺的社会组织，一方面成为城市社会建设的参与者和推动者并初享改革的成果，另一方面也在不断忍受着体制改革的阵痛。1989 年 6 月，在中共十三届四中全

---

① 《邓小平文选》第二卷，人民出版社，1994，第 136 页。

会上，江泽民重申了党全心全意依靠工人阶级的根本指导方针。随后《中共中央关于加强和改善党对工会、共青团、妇联工作领导的通知》指出，各级党委必须牢固树立全心全意依靠工人阶级和广大人民群众的思想，高度重视工会、共青团、妇联工作，党对工会、共青团、妇联实行统一领导，支持它们依法独立自主地开展工作，充分发挥工会、共青团、妇联的作用。①

（2）青年社会组织在城市社会中的演变与发展。习近平指出："广大青年应该在奋斗中释放青春激情、追逐青春理想，以青春之我、奋斗之我，为民族复兴铺路架桥，为祖国建设添砖加瓦。"② 青年是祖国的未来，是国家兴旺发达的不竭动力。改革开放以来，随着社会活力日益增强，青年社会组织也随着社会的转变逐渐产生、发展和壮大。青年社会组织是紧密联系社会青年的组织，通过这些组织使青年逐渐从社会体系的边缘、角落向中心缓步前行，日益成为社会治理举足轻重、不可或缺的重要主体。③ 青年社会组织是改革开放后形成的一种极具代表性和研究价值的社会组织形式。其功能也由最初单一的利益诉求向多方面的社会参与转变。在全国解放的前夕，中共中央正式颁布了《关于建立中国新民主主义青年团的决议》，为全国建团工作创造了有利条件。随着解放战争的胜利，全国开始了普遍重建青年团的工作。1957 年 5 月将中国新民主主义青年团改名为"中国共产主义青年团"。这个名称一直沿用到现在。④ 青年社会组织在经历了"青年社会组织"、"草根组织"和"青年自组织"等发展阶段后，逐步演变为被官方和社会认可的青年团体。

改革开放以来，随着国家政治、经济、文化、社会等领域的发展，

---

① 《中共中央关于加强和改善党对工会、共青团、妇联工作领导的通知》（1989 年 12 月 21 日），《十三大以来重要文献选编》中，人民出版社，1991，第 790~791 页。

② 《习近平在北京大学师生座谈会上的讲话》，《人民日报》2018 年 5 月 3 日。

③ 康晓强：《改革开放以来共青团对青年社会组织的政策取向及启示》，《科学社会主义》2017 年第 3 期。

④ 高中伟：《新中国成立初期城市基层社会组织的重构研究——以成都市为中心的考察（1949—1957）》，四川大学出版社，2011，第 175 页。

青年参与社会领域事务的激情和活力被唤起，青年社会组织在这种背景下应运而生并蓬勃发展，逐渐从社会体系的边缘、角落走向社会的中心，许多青年从体制中的"单位人"逐渐演变为社会组织中的"社会人"，日益成为社会治理和城市现代化建设中不可或缺的主体。根据对党的十一届三中全会以来共青团相关历史文献及团中央相关领导讲话稿的分析，可以梳理共青团对青年社会组织的价值引导、政策取向、方针政策，用辩证思维来看待青年社会组织在支撑青年社会组织体系、满足青年利益诉求、促进城市建设中的作用。[①] 在党的十一届三中全会召开前夕，中国共产主义青年团召开了第十次全国代表大会，标志着中断十多年的共青团领导体系得以完全恢复，全国各级团组织开始了正常的组织生活。全国广大共青团员和青年满怀革命豪情，各地广大团员和青年广泛开展了"争当新长征突击手""为四个现代化献青春"等活动，决心创造优异成绩，以实际行动迎接青年团第十次全国代表大会的召开。[②] 党的十一届三中全会胜利召开，实现了党和国家工作重心的重大转移。从此，中国青年社会组织也以全新的面貌在中国改革开放的大潮中阔步前进，成为提供城市公共服务和推动城市现代化建设的重要帮手，成为影响社会的重要群体。

1982年12月，中国共青团第十一次全国代表大会通过了《团结全国各族青年，向社会主义现代化的光辉前程进军》的报告，大会号召团组织要进一步团结、爱护、引导爱国青年，在开创社会主义现代化建设新局面的斗争中贡献青年的力量，帮助青年正确处理个人和社会生活中各种现实的、具体的矛盾。[③] 党的十二届三中全会通过了《中共中央关于经济体制改革的决定》，会议决定党和国家在确定工作重心转移的情

---

① 龚爱国：《改革开放以来我国青年社会组织功能及其实现研究》，山东大学博士学位论文，2016。

② 《全国广大共青团员和青年满怀豪情，以实际行动迎接大会召开》，《人民日报》1978年10月14日。

③ 共青团中央办公厅编《党的十一届三中全会以来共青团重要文件汇编》，中国青年出版社，2001，第80页。

况下，正式推动以城市为重点的整个经济体制的改革。1984 年 12 月，中国共青团第十一届中央委员会第三次全体会议在北京召开，审议通过了《关于在经济体制改革中充分发挥共青团作用的决定》。该决议提出，共青团担负着推进经济改革、造就一代新人的重大历史责任，城市在职青年，要从本职岗位的需要出发，努力学习科学文化知识，尽快提高技术水平和业务能力，要不断更新知识，努力成为向科学技术进军的骨干力量。[①]

1978 年以来的改革开放"创造了一个极其活跃而不同的社会"，"社会与国家之间的关系也发生了巨大变化"[②]。随着党的工作重心的转移，思想解放不断深化，社会环境相对宽松，为青年社会组织参与政治、经济、文化等领域的活动提供了适宜的土壤，我国的青年社会组织开始迅猛发展。在城市中，随着国家政治体制和经济体制改革的持续推进，城市社区不断创新和完善治理与服务模式，实时地、创造性地推动城市现代化建设。此外，在城市中国有企业开始试点租赁制、股份制和承包经营责任制等多种形式，私营企业、外资企业和个体工商户的出现打破了城市原有的工业格局。这些新生事物的出现，使各种物质利益与精神产品也成为青年追求的对象，青年群体的多维诉求开始出现，不同利益和需求的青年社会组织应运而生。[③] 在城市，围绕经济建设和企业改革的青年社会组织和青年协会也相继建立。如 1985 年共青团指导创建的中国青年企业家协会，坚持"服务党和国家工作大局、服务青年企业家成长发展"的宗旨，主动适应时代发展和当代青年企业家特点，全面履行各项职能，发挥协会"团结、教育、服务、引导"的作用。1989 年发起成立中国青少年发展基金会，旨在通过资助服务、利益表达和社会倡导，帮助青少年提高能力，改善青少年成长环境。青年社会组织正是在改革

---

① 《关于在经济体制改革中充分发挥共青团作用的决定》，《人民日报》1984 年 12 月 15 日。

② 〔美〕李侃如：《治理中国：从革命到改革》，胡国成、赵梅译，中国社会科学出版社，2010。

③ 龚爱国：《改革开放以来我国青年社会组织功能及其实现研究》，山东大学博士学位论文，2016。

开放初期恢复重建并迸发出活力，成为推动城市社区服务和城市现代化建设的重要力量。一开始党和国家并没有建立专门的组织管理青年社会组织的日常事务，其日常运作、机构设置、财务审核等事项均由共产主义青年团负责，青年社会组织经历了短暂的自在发展阶段。

（3）妇联组织在城市中的演变与发展。妇联是中国共产党领导的为争取妇女解放而联合起来的包含中国各族各界妇女的群众组织，是党和政府联系妇女群众的桥梁和纽带，是国家政权的重要社会支柱之一。[1]1949年新中国成立后，党和政府对群众性社团进行了清理和整顿，取缔和转化了一大批旧有社团。这一时期政府直接管理的色彩较为浓重，妇联组织也在审核的过程中艰难向前发展。1978年党的十一届三中全会后，我国的政治、经济、文化和社会发生了重大变化，这种变化促进了群众性社团的发展。党和政府领导下的妇联组织的工作定位和职责也随着改革开放的不断深入和政府职能的转变而发生深刻的变化，妇联组织在继承新中国成立初期职能作用的基础上取得新的发展，日益成为联系城市妇女和儿童日常生活的基层群众性组织。[2]

1978年9月，中国妇女第四次全国代表大会在北京举行，此前中国妇女代表大会已中断约20年。"中华全国妇女联合会"替代"中华人民共和国妇女联合会"成为新的会名，大会高度赞扬了妇女在新中国成立后为妇女和儿童事业发展做出的突出贡献，纠正和审议了一系列关于妇联组织发展的纲领性文件，明确了新时期我国各界妇女群众的崇高任务和神圣使命，认为"四个现代化需要妇女，妇女需要四个现代化"。中国妇女第四次全国代表大会从根本上否定了"文革"期间一系列关于妇女运动的错误理论，此外还强调了党对妇联进行绝对领导等。自此，妇女的命运发生了历史性的变化，以《宪法》为基础的维护妇女权益的法律法规体系逐步健全，妇女参与经济和社会发展，在就业、教育、婚姻

①　王文：《妇联组织的发展变迁与职能定位》（上），《中国妇运》2010年第1期。

②　丁方：《新时期妇联组织创新发展的路径选择——以妇联职能变迁为例》，山东大学硕士学位论文，2012。

家庭等各个方面都取得了明显的进步。妇联组织作为党和群众之间的桥梁，在改革开放初期也经历了恢复重建与自在发展阶段，逐渐明确了自己的角色定位。以前动员各族妇女进行社会生产是其工作的主要内容，而现在更侧重于对妇女的社会关注及动员妇女参与到社会建设中来，这是一个巨大的转变。实现这一转变的途径包括重新调整和发展妇联组织与党和政府的关系，拓展妇联组织的职能，对妇联组织的组织结构、组织制度和组织功能进行渐进式变革，使妇联组织在主动适应内外部环境的变迁中获得不断的发展。[①]

如何充分调动妇女的力量和发挥妇女组织在城市建设中的作用，如何使妇女获得进一步的解放和发展，如何极大调动广大妇女的积极性和创造性，是中国共产党和妇联组织始终努力追寻的任务。在改革开放初期，妇联组织积极转变职能，引导妇女投身到四个现代化建设中去，鼓励妇女参与国家和社会事务的管理，努力提高妇女的素质，为其提供接受良好教育的机会。正是因为妇联组织秉持初心和使命，始终牢记自己是各族各界妇女争取进一步解放而联合起来的社会群众团体，担负着为妇女争取权益和促使男女地位平等的重任，所以妇联组织在恢复发展阶段就表现出强大的凝聚力和号召力，带领妇女在支持城市建设、妇女维权等方面做出了卓越贡献。1988 年在我国开始进行社会主义市场经济建设时，中国妇女第六次全国代表大会召开，这是妇女在参政议政、支持国家建设、维护自身权益等方面面临严峻挑战的背景下召开的一次重要会议。这次大会再次肯定了妇联组织的群众性和社会性，明确了女性是天然的妇联组织的会员，该组织代表和维护妇女利益，是促进男女平等、维护公平正义、服务社会各方面建设的重要力量。这次大会用"社会群众团体"替代了原来"群众组织"的叫法，还提出了广大妇女要"自尊、自信、自立、自强"的"四自"方针。[②] 20 世纪 80 年代妇联组织的逐步完善和发展，在构建促进社会公平的机制、调节各方利益关系、缓

---

① 肖扬：《对妇联组织变革动因及其途径的探讨》，《妇女研究论丛》2004 年第 4 期。
② 王文：《妇联组织的发展变迁与职能定位》（下），《中国妇运》2010 年第 2 期。

解社会矛盾、支持城市现代化建设等方面发挥了重要作用,对日后妇联组织的发展产生了深远的影响。

3. 新型社会组织在城市社会中的演变与发展

在社会主义市场经济建设中,成立了许多由民间人士发起创办的社会组织,与政党和政府等传统意义上的组织相比,这些社会组织的形态有根本性的不同。此外,这些社会组织种类繁多,有基金会、中介组织以及各种各样的群众团体,这些社会组织统称为"新型社会组织"。新型社会组织是相对于"民间组织""社会组织""群众组织""第三部门""市民社会""非营利组织"等的概念,是20世纪90年代新出现的概念,是在借鉴国外经验的基础上逐步在国内发展起来的。

新型社会组织既有传统社会组织的组织性、自发性、自愿性、公益性等特征,又有互益性、数字化等新的特点。新型社会组织之"新",主要是指其理论语境与传统的社会组织完全不同,新型社会组织强调的是"双非",即非政府、非营利,"新"还在于它的受众面是政府、市场"双失灵"的第三地带,由此新型社会组织也被称为"第三部类"。在推进国家治理体系和治理能力现代化的今天,新型社会组织发挥的作用不容忽视,它既是合作平台上多主体中的一员,又是不同主体之间的黏合剂。"新型社会组织"的内涵界定有广义和狭义之分,其种类和数量众多,本书探讨的新型社会组织主要包括社会团体、民办非企业单位、基金会三种形态。①

---

① 所谓社会团体,是指按《社会团体登记管理条例》的规定,由中国公民自愿组成,为实现会员共同意愿,按照其章程开展活动的非营利性社会组织,包括学术性社团、行业性社团、专业性社团和联合性社团,不包括工会、共青团、妇联、残联、工商联、中国红十字会、中国福利会、中国保护儿童委员会、社联、文联、科协、宗教团体等;所谓民办非企业单位,是指按《民办非企业单位登记管理暂行条例》的规定,由企业事业单位,社会团体和其他社会力量以及公民个人利用非国有资产举办的,从事非营利性社会活动的社会组织。按照民办非企业单位所属行业划分为教育事业类、卫生事业类、文化事业类、科技事业类、体育事业类、劳动事业类、民政事业类等;所谓基金会,是指利用自然人、法人或者其他组织捐赠的财产,以从事社会公益事业为目的,依法成立的非营利性法人,属于民间组织。其公益性主要表现在它不为特定的自然人、法人和其他组织获利,强调的是社会公众的广泛受益。

改革开放以来，中国新型社会组织数量不断增长。在查阅民政部官网、社会组织网、国家统计局官网等相关网站的基础上，可以基本弄清改革开放后新型社会组织的发展情况。民政事业发展统计报告显示，1978~1989年中国社会组织处于恢复重建与自在发展阶段，相关管理和制度还不十分规范，所以相关网站及统计公报中还没有涉及新型社会组织的统计情况。但其他方面对这一时期的社会组织有所涉及，具体情况如下。其一，学术类社会组织的发展，1977年中国科协学术活动的开展拉开了学术类民间组织发展的序幕。中国科协下属的全国性学会有30多个，地方性学会有12个，总会员有4万多人。到1987年，中国科协的下属学会、研究会等达到146个，地方协会有29个，总会员人数达到171万人。① 从20世纪70年代末到80年代，每年成立的学术类社会组织总数几乎都在300个以上，在80年代中后期达到高潮。其二，经济类社会组织的发展，在改革开放带来巨大经济驱动力的背景下，经济类的民间组织大量涌现。截至1985年，全国91.3%的省市建立了个体劳动者协会，共计2468个；省辖市一级的协会共计144个；省、自治区、直辖市一级的协会已建立起19个，个体劳动者协会遍及全国各城乡。② 其三，公益类民间组织的发展，中国红十字会的恢复揭开了公益类民间组织的发展序幕。1987年底，全国的基金会达到214个，全国性和地方性基金会分别有33个和181个。从活动领域来看，基金会涉及教育、文化、卫生、体育、扶贫等众多领域。

总的来看，改革开放初期，我国社会组织处于恢复重建和自在发展时期，在数量上与种类上都得到迅猛发展，对社会建设和城市各项管理产生了积极影响。但不可回避的是，在社会组织大量涌现的过程中也出现了许多亟待解决的问题，如：没有统一的社会组织管理部门，对社会组织的审批相对不规范，对社会组织的内部监督不够，一些社会团体以营利为目的，从事商业活动等。在这种背景下，对社会组织进行规范管

---

① 王世刚：《中国社团史》，安徽人民出版社，1994，第466页。
② 周俊、张冉、宋锦洲编著《社会组织与慈善组织管理》，北京大学出版社，2017，第68页。

理和监督约束显得尤为重要，相关法律的制定和出台使社会组织的发展逐步走向新的更加规范的阶段。

## （二）城市社会组织自觉发展与规范管理时期（1990~2001）

1990~2001年，随着改革开放的深化和市场经济体制的确立，我国社会组织的发展由自在发展逐步转向自觉发展，这一阶段社会组织发展的特点是规范性和有序性。这一时期，通过对社会组织两次大规模的整顿，逐步调整了社会组织结构，在社会组织发展水平、成员素质、财务管理水平、社会服务水平的提升方面也下了很大功夫，使社会组织在城市建设过程中发挥着日益重要的作用。

1. 城市居民委员会建设的演变与发展

1989年《城市居民委员会组织法》重新修订颁布后，各城市相继按照该组织法，对居委会的规模、机构设置、工作任务、任期及工作人员的生活补贴进行了规范管理，标志着我国城市基层群众自治制度有了相对成熟且比较完备的法律基础，标志着我国城镇社区和居委会的建设与发展进入了一个新时期。[①] 进入20世纪90年代后，随着我国社会主义市场经济的逐步建立与完善，自负盈亏的市场主体逐渐取代传统的"单位"，"社区制"是对"单位制"和"街居制"的一种超越，在本质上是国家和社会关系的一种再调整。[②] 各大城市在进行重组的过程中也对社会管理体制进行了改革，各大城市坚持以"重心下移，立足基层"为改革思路，以建立完善"两级政府，三级管理，四级落实"为改革内容，各大城市不断深化社区管理体制改革，从而使居委会的职责更加明确，地位和作用得到进一步提高。

《城市居民委员会组织法》颁行后的10余年里，我国的居委会建设取得了较大发展。根据民政部统计，1995年底全国共有居委会11.19万

---

① 汪大海、魏娜、郇建立主编《社区管理》，中国人民大学出版社，2005，第45页。
② 吴群刚、孙志祥：《中国式社区治理——基层社会服务管理创新的探索与实践》，中国社会出版社，2011，第32~60页。

个，有48万名居民委员；1999年底，全国共有11.5万个居委会，有居民委员50.2万名。① 2000年10月，全国人大常委会副委员长姜春云指出，居委会组织法颁布实施10多年来取得了显著成绩。居委会的自身建设得到了加强，一方面，居委会组织法得到了有效的执行，城市基层群众自治水平得到了提高，社会主义民主扩大了，社会成员得到了更好的服务，社会更加稳定；另一方面，随着城市基层群众自治水平的提高，全国各地纷纷举行了群众的民主选举活动、民主管理活动、民主决策活动，形成了群众自己管理自己、自己教育自己、自己服务自己的局面。② 10多年来，居委会在宣传党和国家的方针、政策和法律法规，促进政府转型方面发挥了重要的引领作用；为调节经济运行、完善市场结构提供了重要支撑；为反映社区需求、提升社区服务水平提供了力所能及的帮助；为化解社会矛盾、促进社会公平提供了有益的指导；为整合社会资源、凝聚社会智慧提供了经验；为扩大居民参与、增加就业渠道、关爱弱势群体、实现社会稳定、完善保障体系、发展社会公益、健全社区主题、强化社会凝聚、重塑社会诚信、繁荣文化生活提供了重要保障。

2. 工青妇组织在城市社会中的演变与发展

这一时期工青妇组织在改革开放初期整顿及发展的基础上有了新的改观，在党的领导下不断发展自身力量，不断提升服务社会的能力，不断转变方向以适应社会主义市场经济的要求，在发展过程中应对了各种风险挑战，真正发展成城市建设的重要力量。

（1）工会组织在城市社会中的演变与发展。1992年初邓小平的南方谈话及中国共产党第十四次全国代表大会，明确了建立社会主义市场经济体制是我国经济体制改革的目标。中国改革开放的步伐大大加快，经济的发展与体制的变革再度提速。③ 随着社会主义市场经济的发展，我

---

① 何水、朱宏赛：《社会变迁中的城市居委会建设》，《中共成都市委党校学报》2002年第2期。

② 沈路涛：《姜春云在全国人大常委会城市居委会组织法执法检查组第二次会议上强调明确居委会性质和任务完善居民自治制度》，《人民日报》2000年10月14日。

③ 中国特色社会主义工会发展道路研究课题组：《中国工会发展道路的历史回顾与总结》，《中国劳动关系学院学报》2012年第2期。

国的工会也开始调整，以更好地适应社会主义市场经济。中国工会十二大回顾了我国工人阶级的光荣历史和在改革开放中做出的巨大贡献，指出："工人阶级要肩负起伟大使命，就要努力为加快经济发展多做贡献，更加自觉地站在改革开放前列，在社会主义物质文明和精神文明建设中充分发挥带头作用，在实践中努力提高自身素质。"[①] 此次会议还确定了工会今后的工作方针，即"坚定不移地贯彻执行党的以经济建设为中心，坚持四项基本原则、坚持改革开放的基本路线，团结和动员全国职工，巩固和发展安定团结的政治局面"[②]。工会十二大的成功召开，使工会各级会员对工会性质和职能的认识更加清晰，即工会一切工作都围绕保护职工的合法利益来展开，这也是工会工作的出发点和落脚点。企业要发展壮大，就要与职工建立一种和谐稳定的关系，这种关系是企业发展强有力的保障。怎样才能建立和谐的劳工关系呢？那就需要工会来协调企业与职工的关系，切实维护职工的合法权益，这样才能使职工在企业安心工作，才能更好地发挥工会组织在促进城市建设和维护社会稳定中的作用。

1992 年召开的中国共产党第十四次全国代表大会，明确提出了建立和发展社会主义市场经济体制。在党的十四大精神的指引下，1992 年至2002 年，社会主义市场经济体制在我国逐步建立并不断发展，具体表现为出现了一大批非公有制经济，它们借助社会主义市场经济的平台快速发展。此外，为了顺应社会主义市场经济发展潮流，许多国有企业也遵循市场规律进行改革，从计划经济体制转为市场经济体制。面对这一系列的巨变，企业与职工的关系也在社会浪潮中发生重大的转变。基于这样的背景，1994 年 7 月第八届全国人大常委会第八次会议审议通过了《劳动法》。该法的意义不仅在于将有关集体协商的法律规定加以充实和

---

① 《团结全国职工为夺取有中国特色社会主义事业更大胜利而奋斗——中国工会十二大在京隆重开幕》，《人民日报》1993 年 10 月 25 日。

② 杨冬梅主编《工会组织与工会法教程》，上海交通大学出版社，2016，第 83 页。

细化，更重要的是带动了工会大力推动集体协商的工作步伐。① 2001 年重新审议通过的《工会法》，进一步明确了工会的基本职责是维护职工的合法权益，工会组织是维护职工权益的主渠道，其最终目的是维护职工的根本利益。为了达到这个目的，工会就要促进劳工关系的健康发展，而其重要的手段就是利用集体合同制度，在劳动关系发生纠纷时，更好地进行平等协商。

1990～2001 年，工会组织以贯彻实施《劳动法》为契机和突破口，推动工会自身变革和完善，在改革、发展、建设的过程中主动发挥工会组织的作用，为城市建设和社会主义市场经济体制的确立和完善做出了卓越的贡献，科学回答了工会到底干什么的问题。

（2）青年社会组织在城市社会中的演变与发展。青年社会组织发端于改革开放初期，随着改革开放的逐渐深入和社会主义市场经济体制的完善和发展，特别是在网络化、信息化、城市化、全球化的大背景下，经过改革开放初期 10 余年的纵向推进，国家政治领域、经济领域、思想领域、社会领域出现了一些令人担忧的情况。

1991 年 6 月，《共青团中央关于加强青年工作的意见》重申了对青年进行思想政治教育的工作要求，"既要满腔热情，又要严格要求。要方法对路，讲究实效"②。1993 年，共青团十三大报告以独立的篇幅——"用建设有中国特色社会主义的理论教育青年"，提出了新时期中国共青团思想建设的原则和任务，那就是引导广大青年进一步加深对社会主义本质的认识，在对青年进行思想政治教育的时候，重点加强对建设有中国特色社会主义理论的学习，带领青年在推动科技进步中施展才干、在发展第三产业中有所作为、在急难险重任务中勇挑重担。③ 1994 年团中央十三届四中全会通过的《关于加强团的建设若干问题的决议》提出，

---

① 张建国、徐微主编《走向谈判：中国工会的实践探索》，新华出版社，2014，第 13 页。
② 共青团中央、中共中央文献研究室编《毛泽东邓小平江泽民论青少年和青少年工作》，中共青年出版社，2003，第 22 页。
③ 共青团中央办公厅编《党的十一届三中全会以来共青团重要文件汇编》，中国青年出版社，2001，第 1675～1677 页。

"要把深入学习建设有中国特色社会主义理论作为首要任务，加强团的思想建设"①，不断引领青年社会组织做出更大的贡献。1994 年 12 月，在共青团指导下设立的中国青年志愿者协会，旨在适应社会主义市场经济发展的需要，推动青年志愿服务体系、志愿者培训体系、多层次社会保障体系的建立和完善，为促进青年健康成长、关爱特殊群体、提供社会服务做出突出贡献。

1995 年 11 月，共青团中央通过《跨世纪青年人才工程实施纲要》。该纲要指出，全面实施跨世纪青年人才工程，是我国赢得未来世界国家竞争主动权的历史任务，也是每一位青年人的重要职责；要培养数以万计的企业青年能手和城市青年致富带头人，举荐数以万计的优秀人才加入城市化建设的宏伟浪潮中；为保证跨世纪青年人才工程的顺利实施，全团要大力加强机制建设，形成共青团培养人才的有力保障。1998 年 6 月，共青团十四大工作报告明确强调，要"加强对各类全国性青年社团工作的指导"，"进一步扩大青年工作的覆盖面和影响力"。② 共青团十四届二中全会通过的《共青团工作跨世纪发展纲要》基于建构共青团社会化、青年化的运行机制，强调有效激发"团组织联系社团的优势"③。

1999 年 12 月，共青团中央专门印发《全国性青年社会团体管理办法》，对全国性青年社团的名称规范、设立要素、注册条件、监管职责、活动管理等方面的规定进行了具体细化。④ 2000 年 12 月 22 日，共青团十四届四中全会通过的《关于团结带领团员青年为实现"十五"期间经济和社会发展目标做贡献的决定》，号召青年要认清形势，明确责任，肩负历史使命，弘扬新时期创业精神，艰苦奋斗，用自己奋发创业的点滴成果与全国人民一道共筑"十五"伟业。

---

① 胡献忠、孙鹏、刘佳等：《现代国家建构视野下的共青团改革历程》，中国青年出版社，2017，第 42 页。
② 《中国共青团历次全国代表大会概览》，中国青年出版社，2012，第 593 页。
③ 共青团中央编《中国共青团年鉴（1998—2002）》下，中国青年出版社，2004，第 912 页。
④ 共青团中央编《中国共青团年鉴（1998—2002）》下，中国青年出版社，2004，第 1160 页。

通过梳理 1999 年至 2001 年共青团及青年社会组织的发展历程、政策文件，可以看出，青年社会组织成为继共青团、青联组织之后的又一个重要机构，成为社会主义市场经济体制建设中的一支重要力量，在推动城市基层建设、维护城市居民安全、建设城乡一体化等过程中发挥着主力军作用。共青团则一直是青年社会组织的领导者和引路人。①

（3）妇联组织在城市社会中的演变与发展。改革开放新时期，不仅是中国妇女组织构建与发展的新阶段，同时是国际妇女运动、妇女理论及妇女组织发展的新时期。在此过程中，妇女运动的持续推进和各国妇女组织的繁荣与发展为联合国妇女发展战略的形成提供了基础，同时促进了各国妇女组织之间的交流和合作。从这个角度来说，对外开放是发展中国特色社会主义、实现中华民族伟大复兴的必由之路，也是推动中国特色社会主义妇女理论及妇女组织发展的文化基础。② 正是因为国际交流的日益广泛及中国妇联不断转变职能、不断转换工作方式、不断改革创新，中国妇联组织的 NGO③ 身份才最终得到国际社会的认可。

1995 年，第四次世界妇女大会在中国隆重举行，此外，中国还筹办了非政府组织妇女论坛。由于新中国成立以来政府对妇联组织的定位和解释与国际社会有出入，其 NGO 身份一直未得到国际社会的承认。改革开放以来，中国对外开放程度不断提高，在认真履行国际规则的基础上，开始对新的妇联组织进行宣传解释。在对外宣传中，中国的非政府组织是与政府组织相对应的，必须在本国政府主管部门进行登记注册，依法履行国家法律和组织章程，由关心社会领域问题的群众自愿结合起来的一种非营利性的群众团体。"全国妇联是中国改善妇女地位的最大的

---

① 龚爱国：《改革开放以来我国青年社会组织功能及其实现研究》，山东大学博士学位论文，2016。

② 全国妇联妇女研究所编《中国妇女研究年鉴（2006~2010）》，社会科学文献出版社，2015，第 44 页。

③ NGO 即"非政府组织"，最早在 1945 年联合国成立时提出，会上通过的《联合国宪章》第 71 条规定："经济暨社会理事会得采取适当办法，俾与各种非政府组织会商有关于本理事会职权范围内之事件。此项办法得与国际组织商定之，并于适当情形下，经与关系联合国会员国会商后，得与该国国内组织商定之。"

NGO。" 这是我国政府 1994 年在执行《提高妇女地位内罗毕前瞻性战略》国家报告中所强调的。这是 NGO 第一次在中国被提出，充分体现了我国积极融入世界、紧跟世界脚步的决心。此后，中国妇联在国际社会上都称自己为非政府组织。

非政府组织身份的认定，为妇联主动承担妇女事务管理工作提供了机遇。改革开放以前，政府承担了几乎所有的社会管理工作与社会事务，妇联组织发展受到束缚。但随着改革开放的推进，特别是 20 世纪 80 年代政府职能的逐步转变，政府适当放权，把一部分权力让渡给社会组织，社会组织在经历了自在发展阶段后，在规模上和地位上都取得了长足发展。进入 90 年代，针对妇联组织的定位和角色，党加大了对妇联组织的整合和管理。妇联组织在日常工作中，积极倡导男女平等，并且致力于在决策主流中增强性别意识。同时，妇联组织逐步把利益维护作为工作的重心，并且确立了一套维权思路，即通过个案来维权，通过源头来维权，通过社会化来维权，通过实事化来维权。[①] 20 世纪 90 年代，妇联组织在党和政府的坚强引领下，坚持自主创新的发展道路，在维护妇女权益，增进妇女就业、参政、教育、健康等方面发挥了重要作用。

3. 新型社会组织在城市社会中的演变与发展

1990~2001 年，新型社会组织在迅猛发展的同时，出现了一系列的问题。针对这些问题，党和国家及时制定相关法律法规，使得这一时期的社会组织在发展中逐步走向规范化。如，1989 年下半年社会团体管理司开始依据《基金会管理办法》和《社会团体登记管理条例》对全国的基金会和社会团体进行复查登记，并于 1990 年和 1997 年对民间组织进行了两次清理整顿。[②] 20 世纪 90 年代，随着经济体制的改革和社会主义市场经济的确立，在教育、文化、科技等领域，民办非企业单位如雨后春笋般涌现出来。为把社会上出现的民办非企业单位纳入社会组织的统一体系，

①　唐钰瑾：《妇联组织参与社会治理问题研究——以上海市金山区为例》，东华大学硕士学位论文，2017。

②　周俊、张冉、宋锦洲编著《社会组织与慈善组织管理》，北京大学出版社，2017，第70页。

1998 年国务院颁布了《民办非企业单位登记管理暂行条例》，对民办非企业单位的登记注册、资金来源、监督管理等方面做出了新的规定。

20 世纪 90 年代，在国家相关部门的大力整改和支持下，在各社会团体、基金会和民办非企业单位的共同努力下，在全社会的共同肯定和认可下，新型社会组织进入了自觉发展和规范管理时期，在质量上和数量上都有大的发展。国家民政事业发展统计报告中对此均有所统计。1990 年，国家对社团进行了重点整顿，撤销、清理了不合法的社团，其余社团必须经民政部批准登记成立。在各地方，社团管理工作也逐步开展，省级及以下社团组织经过民政部门审批登记的共 10836 个。① 这一年，国家对社会团体进行了改革开放后第一次整顿，对宣扬资产阶级自由化、从事营利性活动、未经批准的、不具备基本活动条件的、违反四项基本原则的社会团体予以取缔。经过一年多的整改和重新登记等工作，社会组织重新焕发生机，数量出现了较大幅度的增长，登记注册的社会组织从 1990 年的 1.08 万家增长到 1991 年的 8.28 万家。到 1992 年底，增长更快，数量达到 15.45 万家。② 此后，社团管理逐步走向法治化、规范化。1997 年国家又开展了对社团的第二次清理整顿工作，全国总共注销非法、违规的各级社会团体 13996 个。全年在民政部门登记的在县级及以上区域活动的社团有 8357 个，其中全国性及跨省活动的社会团体有 6 个。截至 1997 年底，全国在县级及以上区域活动的社团已达 18 万个，其中全国性及跨省活动的社团有 1846 个，在省级区域及省内跨地（市）活动的社团有 21406 个。③ 这次清理，主要是对已有的社会组织进行监管，据民政部统计，截至 1997 年社会组织的数量已达到 18.1 万个。为加强监督管理，1997 年各级民政部门以年检的形式对社会组织进行了再次清理整顿，社会组织的发展得到进一步巩固，社团结构趋于合理，整

---

① 《1990 年民政事业发展统计报告》，http：//www.mca.gov.cn/article/sj/tjgb/200801/ 200801150094309. shtml。

② 周俊、张冉、宋锦洲编著《社会组织与慈善组织管理》，北京大学出版社，2017，第70页。

③ 《1997 年民政事业发展统计报告》，http：//www.mca.gov.cn/article/sj/tjgb/200801/ 200801150094209. shtml。

体质量有所提高。截至 2001 年底，全国共登记社会团体 12.9 万个，比 2000 年下降 1.5%；其中，全国性及跨省活动的社团有 1687 个，比 2000 年增加了 159 个；在省级区域及省内跨地（市）活动的社团有 19540 个，比 2000 年减少了 1216 个；在地级及县以上区域活动的社团有 50633 个，比 2000 年减少了 3158 个；外国商会及港澳台社团有 64 个，其中全国性及跨省活动的有 15 个。① 1994~2001 年部分社会组织发展概况如表 3-3 所示。

表 3-3　1994~2001 年部分社会组织发展概况

| 指标 | 1994 年 | 1995 年 | 1996 年 | 1997 年 | 1998 年 | 1999 年 | 2000 年 | 2001 年 |
|---|---|---|---|---|---|---|---|---|
| 社会团体（万个） | 17.5 | 18.1 | 18.5 | 18.1 | 16.6 | 13.7 | 13.1 | 12.9 |
| 民办非企业（万个） | | | | | | 0.6 | 2.3 | 8.2 |
| 社团增长率（%） | | 3.4 | 2.2 | -2.2 | -8.3 | -17.5 | -4.4 | -1.5 |

### （三）城市社会组织稳步发展与培育引领时期（2002~2012）

2002~2012 年，中国社会处于全面加速分化的历史阶段，党中央确立了全面建设小康社会的宏伟目标，为社会组织制定了更高的目标要求。在社会组织发展过程中，进一步贯彻培育发展与监管并重的方针，对社会组织实行分类管理、加大扶持力度、完善配套政策，使我国社会组织得到稳步推进，使其在经济社会中的功能日益彰显。

1. 城市居民委员会建设的演变与发展

居委会是我国城市中覆盖面最广、最普遍的基层群众性自治组织，在城市社区建设管理中发挥着重要的作用。《城市居民委员会组织法》规定："居民委员会是居民自我管理、自我教育、自我服务的基层群众性自治组织。"恩格斯曾指出："这种按照居住地组织国民的办法，是一

---

① 《2001 年民政事业发展统计报告》，http://www.mca.gov.cn/article/sj/tjgb/200801/200801150093949.shtml。

切国家共同的。"①

进入 21 世纪，居委会在稳步发展的基础上，积极宣传、贯彻、执行党和国家的方针、政策与决议，积极协助市、区政府及街道办事处做好与群众利益相关的优抚救济、计划生育、社区治安等各项社区工作。居委会通过接受当地政府的指导，在党和政府同广大人民群众之间起着桥梁作用；积极协助公安部门维护社会稳定、化解纠纷及解决民事矛盾；为社会失业人员、特殊家庭成员安排工作；开办各种为民、便民、利民的生活生产服务点；开展多种形式的精神文明活动。在 21 世纪的最初十年，居委会在城市经济活动以及社区建设中发挥了重要的引领作用，为提高居民的整体生活水平、社会整体管理水平做出了不可磨灭的贡献。

与此同时，居委会自身也面临一系列挑战。譬如，居委会工作人员整体素质偏低，居委会工作人员待遇低、工作条件差，居委会的规模无法满足社区建设与管理的需求等。这些问题，在一定程度上影响了居委会的发展及作用的发挥，居委会内部也面临新的改革和重组。基于这种背景，党对居委会进行了整合和管理。其一，逐步调整居委会的组织体制，根据各自城市发展的不同经验，开展了居委会组织体制改革。如沈阳市在重新调整居委会规模的基础上，建立了"社区成员代表大会""社区协商议事会""社区管理委员会"，取代了原来的居委会组织体系。② 其二，优化居委会工作人员的结构，提高其整体素质。各地根据实际情况，及时调整居委会的规模，选派合适的区街干部协助社区工作。其三，提高居委会工作人员的待遇，改善办公条件等。党对居委会的这些调整以及居委会组织内部的不断完善，逐步改善了居委会存在的问题，使其职能和作用得到了较好的发挥，居委会日益成为社区的引领者和城市建设的服务者。

2. 工青妇组织在城市社会的演变与发展

21 世纪，工青妇组织经过改革开放后 20 多年的发展，在组织规模、

---

① 《马克思恩格斯全集》第二十一卷，人民出版社，1965，第 194 页。
② 汪大海、魏娜、郇建立主编《社区管理》，中国人民大学出版社，2005，第 51 页。

人员数量、服务质量、社会影响等方面都有重大变化。新阶段的工青妇组织站在新的历史起点上，不断转变职能、扩大社会影响、提升组织号召力，成为团结和服务广大人民群众、助力政府管理社会的得力帮手。

（1）工会组织在城市社会中的演变与发展。经过 20 多年的改革开放，21 世纪初我国的综合国力不断提高，国民温饱问题已经得到根本解决，全方位、宽领域的改革开放格局基本形成，社会主义市场经济体制初步建立，中国迎来了难得的历史发展机遇。进入 21 世纪，工会组织也面临着新的机遇和挑战。一方面，改革开放以来，我国改变了过去一穷二白的局面，积累了丰富的物质基础，社会精神文明也有了极大的发展。在这种新的形势下，工会组织如何把党的指导方针贯彻到工会工作中，如何提高广大劳动职工的主观能动性，如何激发他们建设中国特色社会主义事业的积极性，都是工会组织面临的问题。另一方面，随着加入WTO，中国面临的社会挑战也开始增多，例如，国际竞争导致的职工失业问题，金融危机的爆发使一些隐藏的利益矛盾激化并且难以解决，改革意味着对一部分人既得利益的挑战，使得工作的难度增大等。随着城市化、工业化、全球化的发展，广大职工队伍的思想观念、就业形势、利益诉求都出现新的变化。解决这些问题，也需要工会组织发挥作用。

面对新情况，工会组织要创新工作方法，走出一条中国特色社会主义工会发展道路。2004 年全国总工会召开了"全国工会集体合同工作经验交流会"，提出了"组织起来，切实维权"的方针，作为新阶段工会工作的基本原则和主要途径。中国工会第十五次全国代表大会召开，胡锦涛在接见新一届工会领导班子时指出："要坚持走中国特色社会主义工会发展道路，把坚决按照工会章程和有关法律法规独立自主开展工作同自觉接受党的领导紧密结合起来，把维护职工群众具体利益同维护全国人民根本利益紧密结合起来。"[1]

---

[1] 《胡锦涛在同全国总工会新一届领导班子成员和中国工会十五大部分代表座谈时强调：做继续解放思想锐意改革创新时代先锋当推动科学发展促进社会和谐行动楷模》，《人民日报》2008 年 10 月 22 日。

改革开放后工会组织不断发展，中国工会的工作方针也随着新的形势不断发展演变。[①] 总结历史上的经验教训，新的历史条件下工会的发展需要回答"建设什么样的工会""怎样建设工会"的重大问题，答案是必须坚持党对工会的绝对领导，工会要切实保障好广大职工的权益。

（2）青年社会组织在城市社会中的演变与发展。改革开放之后，青年社会组织开始恢复并在新的历史条件下持续发展。进入 21 世纪，青年社会组织也迎来了新的发展机遇，但这种变化也预示着青年社会组织必将面临一场持久、深刻的变革。进入 21 世纪，中国迎来了实现中华民族伟大复兴的新曙光，为适应建设社会主义民主政治和市场经济的要求，青年社会组织亟须形成充满生机活力、密切联系群众、适合自身发展的组织结构和运行机制。青年社会组织在共青团中央的领导下，多次召开座谈会积极响应这次变革。在 21 世纪的最初十年中，共青团中央召开了两次全国代表大会，大会在肯定改革开放以来共青团工作及青年社会组织作用的基础上，对共青团出现的问题进行了纠正，在探索中不断寻求共青团组织发展的新模式。2003 年共青团十五大修订了《中国共产主义青年团章程》。该章程对共青团的性质和作用做了明确界定，即共青团是由积极的、先进的青年组成的组织，它由中国共产党领导，在青年中宣传中国特色社会主义和共产主义，为党提供先进的青年，在中国共产党领导人民建设社会主义事业中发挥了举足轻重的作用。[②] 可见，共青团是中国先进青年的群众性组织，是党的青年工作的重要力量，共青团组织始终把教育青年放在首位，构建了青年一代的精神支柱。2003 年 12 月，共青团中央通过的《全面建设小康社会进程中共青团工作战略发展规划》正式确立了对青年社团"一手抓培育发展，一手抓监督管理"的基本原则和方针，希冀"促进各级各类青年社团规范健康发展"。[③]

---

[①] 高爱娣：《改革开放 30 年来工会工作方针的发展演进》，《中国劳动关系学院学报》2008年第 5 期。

[②] 胡献忠、孙鹏、刘佳等：《现代国家建构视野下的共青团改革历程》，中国青年出版社，2017，第 103 页。

[③] 共青团中央编《中国共青团年鉴（2003）》，中国青年出版社，2004，第 369 页。

改革开放 40 多年来，青年社会组织在社会参与、引导青年工作、服务社会、支持城市建设等方面探索出了许多模式，形成了青年自己的工作品牌，为促进社会和谐、支持国家建设和促进青年健康成长做出了贡献。我国青年志愿服务团队也经历了从无到有、从小到大、从非专业到正规化职业化的转变，成为青年参与社会公共服务的重要机构。1994 年 12 月 5 日，中国青年志愿者协会的成立，标志着共青团组织的志愿服务进入制度化轨道。中国青年志愿者从最初的 2 万人发展到 2013 年 12 月规范注册的 4043 万人；服务领域从最初的"在京广线开展为旅客送温暖志愿服务"到目前的"社区服务、扶贫济困、助老助残、西部开发、大型活动、环境保护、抢险救灾、社会管理、文化建设、海外服务等"；组织机构从共青团组织到行业系统、企事业单位和高校系统都建有青年志愿者协会或者青年志愿者联盟。①

与此同时，21 世纪青年社会组织也面临新的挑战和问题。如，青年社会组织不注重自身的组织结构建设，社会组织格局的变化影响着青年社会组织功能的实现，共青团组织理论创新不足影响着青年社会组织功能的实现，青年群体的新特点给青年社会组织功能实现带来挑战等。针对这些新问题，共青团组织及时对青年社会组织进行了整合和调整。其一，加大党对青年社会组织的领导，加强党的路线、方针、政策的教育，规范青年社会组织的社会参与；其二，整改青年社会组织的内部结构，派专人进行指导，确保组织内部运行机制合法化；其三，不断引导和督促青年社会组织的生存能力，提升青年社会组织的社会公信力，打造青年社会组织的专业"拼盘"，拓展青年社会组织的生存空间等。青年社会组织随着社会的变迁也在不断发生变化，但青年社会组织在服务青年、支持社会等方面发挥着支柱作用是不争的事实。

（3）妇联组织在城市社会的演变与发展。随着经济的全球化和中国加入 WTO，以及经济体制改革的深化和城乡统一劳动力市场的确立，妇

---

① 共青团中央：《中国青年志愿者行动 20 年报告》，《中国青年报》2013 年 12 月 5 日。

联在参与城市现代化建设过程中，同样面临新的机遇和挑战。2002年7月，全国妇联发专文要求各省区市妇联主要负责人带头组织和联合社会各界专家学者和理论工作者，开展多种形式的妇女理论研讨会，推进中国特色社会主义妇女理论体系的建设。① 21世纪以来，大家普遍认为中国特色社会主义妇女解放理论是中国特色社会主义理论的重要组成部分，丰富和发展了中国特色社会主义理论体系，强化了妇联组织在促进妇女解放、维护社会安定团结方面的作用。

　　妇联组织是中国最大的非政府组织，同时承担着大量具体的关于妇女发展与男女平等的行政事务工作，本来这应该是政府部门的职能。对妇联组织的定位、角色、组织结构、组织功能的探究是21世纪最初10年党和国家一直努力引导的方向。彭珮云曾指出："全国妇联是中国最大的全国性妇女组织，也是中国最大的非政府组织，其宗旨是维护妇女权益，促进男女平等。"② 党的十六大报告指出："要在本世纪头二十年，集中力量，全面建设惠及十几亿人口的更高水平的小康社会。"③ 在全面建设小康社会的征程中，党和人民对妇女的解放和发展、对妇联组织的管理提出了新的、更高的要求。

　　进入21世纪，妇联是执政党领导下的群众组织，其与承担政府妇女事务的角色冲突问题引起了党和国家的高度关注，同时引起了妇联组织内部的反思。如何处理党组织与妇联、妇联与妇女的关系，是妇联组织创新的逻辑起点和基本内容，是社会组织整合的重要组成部分。随着妇联组织的发展，党和政府对妇女组织的领导不断加强。2003年8月7日，胡锦涛在会见新一届妇联领导班子时强调："妇女在我国社会主义建设过程中具有举足轻重的作用，做好新时期妇女工作具有很重要的意义。因此，各级政府一定要以马克思主义妇女观为指导，在日常工作中坚持

---

① 全国妇联：《关于加大力度开展妇女基本理论研究的通知》（妇厅通〔2002〕28号）。

② 全国妇联妇女研究会编《中国妇女研究年鉴（2001~2005）》，社会科学文献出版社，2007，第240页。

③ 中共中央文献研究室编《十六大以来重要文献选编》上，中央文献出版社，2005，第450页。

促进社会男女平等，将妇女事业进一步向前推进。"① 2001 年后，全国妇联积极响应国家发展战略的号召，坚持以人为本的发展思路，不断优化妇女发展的社会环境，在反对性别歧视、构筑新时期妇女工作体系、监督协调社会关系、解决和预防社会问题、促进社会公平等方面成绩卓著。妇联内部也不断转换职能，积极回应党对妇联组织的科学定位，更好地维护妇女利益、满足妇女发展的需要。②

3. 新型社会组织在城市社会的演变与发展

进入 21 世纪，随着经济的高速增长，新型社会组织发展迅速，数量平稳增长，地域分布更加优化，作用发挥更加突出。

第一，从数量上看，截至 2012 年底，全国共有社会组织 49.9 万个。相比于 1978~2001 年，2002 年以来社会组织数量增长有放缓的趋势，但从整体看，仍然在平稳增长。截至 2012 年底，全国共有社会团体 27.1 万个，比上年增长 6.3%，全国共有基金会 3029 个，比上年增加 415 个，增长 15.8%，全国共有民办非企业单位 22.5 万个，比上年增长 10.3%。③ 社会组织数量变化及对比见图 3-1 及表 3-4。

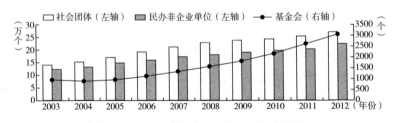

图 3-1　2003~2012 年社会组织数量变化

---

① 全国妇联妇女研究会编《中国妇女研究年鉴（2001~2005）》，社会科学文献出版社，2007，第 242 页。
② 丁芳：《新时期妇联组织创新发展的路径选择：以妇联职能变迁为例》，山东大学硕士学位论文，2012。
③ 《2012 年民政事业发展统计报告》，http://www.mca.gov.cn/article/sj/tjgb/201306/201306154747469.shtml。

表 3-4　2005~2012 年社会组织数量对比

| 指标 | 2005 年 | 2006 年 | 2007 年 | 2008 年 | 2009 年 | 2010 年 | 2011 年 | 2012 年 |
|---|---|---|---|---|---|---|---|---|
| 社会团体（万个） | 17.1 | 19.2 | 21.2 | 23 | 23.9 | 24.5 | 25.5 | 27.1 |
| 基金会（个） | 975 | 1144 | 1340 | 1597 | 1843 | 2200 | 2614 | 3029 |
| 民办非企业单位（万个） | 14.8 | 16.1 | 17.4 | 18.2 | 19 | 19.8 | 20.4 | 22.5 |

　　第二，从地域分布来看，东部沿海省份社会组织发展最为迅速。全国社会组织数量排在前五位的省份是江苏（87024 个）、广东（63784 个）、浙江（51368 个）、山东（48727 个）、四川（42282 个）。从直辖市社会团体来看，由多到少依次为重庆（4243 个）、上海（3409 个）、北京（3106 个）、天津（2013 个）。[①] 从社会团体的地域范围结构来看，2010 年全国跨省区社会团体有 1810 个，占全部社会团体的 0.73%，比 2000 年下降了 0.47 个百分点；省级社会团体有 24149 个，占 9.8%，比 2000 年下降了 6 个百分点；地级社会团体有 64169 个，占 26.19%，比 2000 年下降了 14.91 个百分点。[②] 从种类来看，以上海市为例，截至 2007 年底，全市注册登记的 3234 家社会团体中，专业性社团有 1493 家，占 46.17%；学术性社团有 772 家，占 23.87%；联合性社团有 738 家，占 22.82%；行业性社团有 231 家，占 7.14%。[③] 在政府鼓励社会组织发展的背景下，社会组织机构数量快速增长，与此同时，政府也通过制定法规、加强监管等手段从严控制全国性社会组织和活动地域跨省（区、市）社会组织数量，社会组织结构和布局得到优化。

　　第三，从活动领域来看，改革开放以来，伴随着数量的迅猛增长，社会组织在社会各方面的作用更加突出。2008 年汶川大地震发生后，许多社会组织第一时间行动起来，开赴灾区，充分发挥各自优势，开展紧

①　余晖主编《中国社会组织的发展与转型》，中国财富出版社，2014，第 97 页。
②　2000~2010 年《中国民政事业发展统计报告》。
③　黄晓勇主编《中国社会组织报告（2008）》，社会科学文献出版社，2008，第 7 页。

急救援与灾后重建等工作，在抗震救灾中发挥了重要作用。① 社会组织是社会服务的重要主体，社会组织由个人自愿参与，不以营利为目的，是民众进行基层自治的重要形式。社会组织在整合城市社会资源、凝聚专业技术人才等方面具有组织优势和制度优势，为大量人员提供了就业和参与城市建设的机会，有效地提高了城市公共服务的质量和效率。

## 第三节　改革开放时期城市社会组织发展的特征

改革开放后，社会组织逐步成为促进社会经济发展的重要力量，成为促进政府治理的重要帮手和维护公民合法权益的基本力量，有力地促进了中国特色社会主义民主政治的发展。②

社会组织从本质上说具有中立性特点，不隶属政府或受其支配，社会组织作为社会成员共同利益的代表，不以营利为目的。国外学者认为社会组织具有八个基本特征，即组织性、民间性、非政府性、非营利性、自治性、志愿性、非政治性、非宗教性。③ 随着我国进入改革发展的关键时期，经济体制深刻变革，利益结构深度调整，思想观念深刻变化，我国社会组织在参与社会建设、从事非营利性活动、提供基层社区服务、化解社会矛盾的过程中，结合特定的政治、经济、文化与社会环境等因素，形成了具有中国特色的鲜明组织特征。

### 一　党建对城市社会组织的引领性

新中国成立后，党和国家要求在社会组织中开展党建工作。改革开放后，我国出台了多项与社会组织党建有关的政策，党建工作在实践中

---

① 师曾志、金锦萍编著《新媒介赋权国家与社会的协同演进》，社会科学文献出版社，2013，第 267 页。

② 陈莲凤：《以社会治理为导向推进社会组织发展》，《福建论坛》（人文社会科学版）2014年第 11 期。

③ 〔美〕莱斯特·萨拉蒙：《非营利部门的崛起》，谭静编译，《马克思主义与现实》2002 年第 3 期。

不断发展和完善。改革开放以来，城市社会组织党建工作坚持以马克思列宁主义、毛泽东思想、邓小平理论、"三个代表"重要思想、科学发展观和习近平新时代中国特色社会主义思想为指引，不断开创新时期社会组织党建工作的新局面。

政党和社会组织的关系是辩证统一的，它们既有相互合作的一面，也有相互竞争的一面。这里的合作指社会组织与政党优势互补，共同提供某项公共服务，竞争是指政党单独提供某项服务，不希望社会组织参与。① 政党是代表一定阶级、阶层或者团体的利益，维护国家权力和利益的政治性组织，具有阶级性。社会组织是连接政党与其他主体向社会提供公共服务的法人主体，社会组织具有非政府性、非营利性和社会性等特征。政党和社会组织是相互联系的，主要表现在两个方面。一是政党需要社会大众认可，无论哪一个政党都需要社会大众的拥护和支持。因为社会组织联系着广大人民群众，社会组织可帮助政党联系社会、动员社会，将政党思想传达给社会并获得社会大众的支持，巩固自身的统治和发展基础，形成一套更加行之有效的治理体系，所以政党为了顺利实现其政治目的，就必须与社会组织发生联系。二是社会组织需要政党的支持，政党既可以建立公立组织，直接为民众提供某种公共服务，也可以仅仅扮演服务安排者的角色，把服务生产者的角色转让给民间社会组织。② 社会组织需要通过政党来表达自己的意愿，社会组织中的个体不可能作为一个独立的单位进行政治参与和表达自己的利益诉求，只能由社会组织聚合大众的需求，再通过政党来对广大人民群众的诉求进行综合和表达。社会组织除了要依靠政党表达诉求，还需要政党的资金支持。社会组织在成长过程中能力比较薄弱，独立实现发展的可能性较小，特别是在中国计划经济体制下依靠自身获得成功发展的概率就更小，社会组织只能依靠政党强大的财力物力支持实现发展。在这个过程当中，社会组织容易过度依赖政党，丧失其独立性和专业性，但是从中国社会组织的发展历程

---

① 张向前：《中国社会组织监管创新战略研究》，光明日报出版社，2016，第151页。
② 余晖主编《中国社会组织的发展与转型》，中国财富出版社，2014，第147页。

来看，社会组织在早期阶段依靠政党实现发展是势在必行的。

改革开放以来，我国政党与社会组织的关系在演进过程中经历了忽视与默许、严格管理与控制、培育扶持与市场转型三个阶段。① 随着我国社会组织的迅速发展，处理与社会组织的关系是政党面临的重要问题。从社会组织的发展历程来看，党对社会组织的认识也经历了从不成熟到成熟的过程。中国共产党作为执政党，为了巩固自身的执政地位，必须处理好各种各样的关系，政党与社会组织的关系也包含在其中。社会组织的快速发展，必然影响党执政的方方面面。此外，社会组织在数量快速增长的同时，也存在一些问题。比如，发展不规范、不均衡和不成熟，这些问题都需要政党来进行规范和管理。社会组织的发展与政党的执政有很大关系，社会组织可以说是政党的执政基础之一。如果在中华民族复兴的伟大事业中，没有广大人民群众的拥护、支持，就不会形成发展的巨大向心力，因此社会组织成为党联系群众的纽带，也是其巩固执政基础的重要平台。除此之外，社会组织还与党的领导和执政方式有很大的关系。党在执政实践中必须正确处理社会组织带来的一系列问题，必须在巩固党的执政基础的同时，完善党的领导方式和执政方式，完善社会组织管理体制。

党的十九大报告强调："党政军民学，东西南北中，党是领导一切的。"② 随着全国各地对社会组织党建工作认识的提高和在实践中的积极探索，社会组织党建工作取得了巨大成效。社会组织作用的发挥、发展状况，制约着中国共产党治理体系和治理能力现代化的实现程度。③ 社会组织的建立和发展必须在党的领导下进行，城市社会组织与中国共产党有着紧密关系。在城市社区中，要不断推进社会组织的健康发展，就必须加强社会组织的党建工作。在这种逻辑和背景下，我国社会组织中

---

① 黄建军、梁宇：《改革开放以来我国政府与社会组织关系建构的历程与思考》，《中国行政管理》2016 年第 7 期。

② 习近平：《决胜全面建成小康社会，夺取新时代中国特色社会主义伟大胜利——在中国共产党第十九次全国代表大会上的报告》，《人民日报》2017 年 10 月 28 日。

③ 闫东：《中国共产党引导社会组织发展的方式与途径研究》，中央编译出版社，2016，第 4 页。

党组织的覆盖率不断提高。改革开放前，在特定的政治环境下，我国的社会组织发展缓慢。随着改革开放的推进，社会组织开始以独立组织的形态走上历史舞台，主动承担政府未能触及的领域，党对社会组织的领导也逐步加强。一方面，党组织通过宣传和引导，使社会组织更加了解党的路线、方针、政策，使社会组织的发展同党的方针政策保持同步。另一方面，通过对社会组织日常工作的监管，帮助社会组织保持正确的政治方向，从而使其获得较好发展。习近平曾提出："新形势下，只有扭住党建这个'牛鼻子'，社会组织才能保持正确发展方向、实现持续健康发展。"[1] 这足以证明，推动社会组织健康发展除了加强立法、推进政治和社会组织的分离、坚持放权与监管并重等方法以外，还要特别注重党的建设的引领作用，只有这样才能更好地规范社会组织的发展。

## 二　城市社会组织发展的不平衡性

改革开放以来，随着市场经济体制的建立、行政体制改革的不断深化，我国社会组织得到了快速发展，社会组织已成为当代中国重要的理论和现实议题，城市社会组织工作在发展公共服务事业、构建和谐社会等方面取得了显著成效。但由于国内经济发展不充分、政府行政体制及职能转换滞后等，我国社会组织的发展存在不平衡性。

首先，各领域之间发展的不平衡。从我国各类社会组织数量发展状况来看，由于不同类型社会组织的准入门槛、发展政策不一致，社会组织各个领域发展不平衡。从现有的社会组织来看，教育类、文体类、服务类社会组织较多，其余社会组织（如涉外基金会、环保类组织等）数量较少、质量较低。教育类、文体类、服务类社会组织的自助能力相对较强、服务面相对较广，而公益慈善类组织发展水平相对较低。虽然我国也有很多公益慈善类组织，比如中华慈善总会、中国福利会、中国收养中心等，但是这些组织基本都是由政府支持和批准的，这些组织在政

---

① 吕行：《坚持党的领导与社会组织依法自治相统一推动社会组织健康发展（治理之道）》，《人民日报》2017年3月21日。

府的支持下才能够获得足够的发展动力。相对来说，由城市社区成立的公益慈善类组织由于资金来源不够稳定，且缺乏营利性，发展能力较弱。教育和文体类的社会组织可以通过与各界联合，形成双向共赢的特色项目，支撑自身的持续发展，而公益慈善类组织不具备这样的发展条件。自然科学学术团体的功能发挥优于社会科学学术团体，此外，学科内部各社会团体的功能发挥也不太平衡，相当数量学术团体的功能也没有很好地发挥。

其次，区域及城乡之间发展的不平衡。地区组织发展不平衡，主要是受经济发展差异和政策扶持力度的影响。经济发展较好的地区，社会组织数量较多；经济发展落后的地区，社会组织数量则较少。城市社会组织不论在数量方面还是在质量、规范性、范围等方面都比农村社会组织发展得好。中国社会组织网数据显示，目前中国的社会组织总数为818586个，社会组织主要聚集在东部地区，中西部地区的社会组织分布稀疏且数量较少，尤其是新疆和西藏地区。东部城市如上海、南京、北京、深圳的社会组织较多，上海的社会组织有15549个，南京有14014个，北京有9980个，深圳有10422个。泉州、温州、宁波、盐城、青岛、连云港、大连等沿海城市的社会组织基本都在5000个以上。中西部地区比较具有代表性的且社会组织较多的城市有成都和重庆，成都的社会组织有9854个，重庆的社会组织有11933个。在直辖市中，重庆人口最多，但其万人拥有社会团体数量最少。[①] 在新疆和西藏，社会组织最多的是乌鲁木齐，有2178个，新疆和西藏的其他城市均在2000个以下。这些数据表明，各区域之间社会组织的发展具有不平衡性。

## 三 城市社会组织转型环境的不成熟性

改革开放前，我国主要实行计划经济体制，大多数社会组织在这种体制下孕育产生，发展异常缓慢，因为这种体制无法给予社会组织更多

---

① 余晖主编《中国社会组织的发展与转型》，中国财富出版社，2014，第147页。

自由的发展空间。改革开放后，国家逐步转变经济发展方式，经济体制转型推动社会体制转轨，市场经济改变了计划经济时期中国传统社会的秩序和规则，激发了市场的潜在活力和个体的创造力。我国的社会组织也随着市场经济的发展而不断成熟。改革开放后，我国市场经济体制也不是完全成熟的，社会组织功能和作用的发挥会受到政府的影响。社会组织对政府的依赖性较大，基本成为维护国家和政府的机构，不能够真正代表群体的利益，加上国家关于社会组织的法律规范较少，致使社会组织虽然有发展，但是缺乏大的发展空间，改革开放后社会组织的发展并没有成熟的市场经济体制作为基础。[①] 这种发育的不成熟性，可以说是社会组织发展的首要特征。

城市社会组织转型环境的不成熟，使社会组织在发育过程当中存在强烈的行政色彩，对政府依赖性比较强，缺乏独立性。但是改革开放后，党和政府推动社会组织的发展又是十分必要的。我国的大多数社会组织是在改革开放以后成长起来的，成立时间较短。中国由于处于转型时期，存在新旧两类社会组织。旧的社会组织在改革中逐步蜕变，同时各种新的社会组织层出不穷。[②] 单独依靠自身薄弱的力量实现发展几乎是很困难的，所以社会组织在发展的初期必须在政府的引导下完成。虽然政府可引导社会组织走出发展困境，但是所形成的这种依赖性也会阻碍社会组织的进一步发展。中国大多数社会团体是因协助政府的管理工作而由政府的主管部门发起设立的；业务主管单位能比登记管理机关对社会组织产生更大的影响。[③] 随着经济的发展、社会组织的壮大，社会组织需要转型，实现由依赖型向独立型、由行政型向专业型的转变。现在，已有少部分社会组织在国家各项政策的转变中实现了转型并发挥了重要作用。大部分社会组织实现同样的转型、实现决策的独立性和科学化还需

① 周浩集：《改革开放以来党领导社会组织发展的历史考察》，《聊城大学学报》（社会科学版）2018年第5期。
② 王名、刘求实：《中国非政府组织发展的制度分析》，《中国非营利评论》2007年第1期。
③ 沈友军：《党和政府对社团影响的定量分析》，《求索》2005年第1期。

经历一个较长的时期，不能一蹴而就，因为目前的条件和环境还不成熟，需要一段过渡时期才能转型成功。

### 四　城市社会组织生长路径和管理体制的双重性

社会组织的"双重管理"体制，是指每一个社会组织都要接受登记管理机关和业务主管单位的双重管理。改革开放以来，我国许多社会组织的民间性特征不明显，而是体现出较强的官民双重性。[①] 城市社会组织同样呈现两种发展趋势。一种是自上而下的发展趋势，即由国家机构组织建立的，为了配合国家的某个行动，起着整合社会资源的作用。比如 1982 年成立的宋庆龄基金会，该组织是为了纪念宋庆龄而建立的，主要涉及国内外的活动交流、公益事业、荣誉表彰等。除此之外，改革开放以后不断发展的妇联、工会、共青团基本也是在中国共产党的引导下建立起来的，为的是促进妇女、工人、青年的健康发展。这些组织与政府有着密切的关系，有着浓厚的行政色彩。另一种是自下而上的发展趋势，即由基层群众发起的、表达社会需求的、相对独立的组织，还有一部分是由外部传入的组织。这些组织主要涉及的领域有教育、医疗、环境等，这些组织的管理章程需要优化，社会认可度有待提高。

我国的社会组织在较低程度上可以成为民间的维权力量或者以政府的合作伙伴身份出现，最主要的角色依然是政府的延伸机构，依附于政府。[②] 我国现存的合法社会组织官办色彩浓重、独立性差，同时不具备注册资格的"非法社会组织"大量存在，其法律地位得不到保障。[③] 这种体制也具有另一种缺陷，政府和国家参与管理使社会组织具有政治性倾向，社会组织在维护国家政治性的同时也要满足社会大众的需要，因此就会产生一定的矛盾。在社会组织的日常工作中，许多业务的办理经常与相关联的主管单位挂钩，因此，政府进一步加强了对社会组织的管

---

①　郭广辉等：《法治进程中的社会组织发展研究》，中国检察出版社，2013，第 29 页。

②　崔开云：《近年来我国非政府组织研究述评》，《东南学术》2003 年第 3 期。

③　黄晓勇主编《中国民间组织报告（2008）》，社会科学文献出版社，2008，第 72 页。

控，这使得社会组织的自主性受到一定的限制。① 与中国相比，西方的社会组织既具有政府的某种功能，也像某种私人组织一样运行。相对于中国的社会组织来说，西方的社会组织在处理政府与社会之间的关系方面显得相对优越。20 世纪末 21 世纪初，随着社会组织进入新的发展高潮，管理体制上的改革创新趋势越来越显著。为此，党的十九大报告提出："加强社区治理体系建设，推动社会治理重心向基层下移，发挥社会组织作用，实现政府治理和社会调节、居民自治良性互动。"② 随着政治、经济、社会各方面的发展建设提上日程，探索更为合理可行的管理方法和体制也在紧锣密鼓地进行。

## 五　城市社会组织功能作用的非营利性

非营利性强调社会组织与企业之间的本质区别。非政府性和非营利性被公认为社会组织的基本特征。③ 非营利性主要是指社会组织不以营利为目的，不以获得巨大的经济利益为生存的目标，而是把提供公益和公共服务当作组织的主要目标。社会组织无论实行何种形式的经营模式，所获得的利润都不能在组织成员之间进行平均分配，而只能当作组织开展各种活动和促进自身发展的资金。改革开放以来登记的社会组织中，出现了一些不好的现象。例如，一些社团组织与相关主管单位勾结起来谋取私利，此外，还有一些社团组织进行营利性活动。④ 一旦发现这种现象，相关部门必须严惩。如若社会组织经营不善，面临解散和破产危机，不能将自身资产以任何名义转交给私人，不能将剩余资产在成员间进行分配，只能转交给政府或者其他社会组织。

得益于 1978 年改革开放以来的宽松环境，中国非营利性组织得到了长足发展，在环境保护、扶贫开发和社区服务等社会生活中发挥着举足

---

① 周俊、张冉、宋锦洲编著《社会组织与慈善组织管理》，北京大学出版社，2017，第107页。
② 李昌禹、杨昊：《城市治理，为了生活更美好》，《人民日报》2017 年 12 月 27 日。
③ 郭广辉等：《法治进程中的社会组织发展研究》，中国检察出版社，2013，第 28 页。
④ 康晓光：《转型时期的中国社团》，载中国青少年发展基金会等编《处于十字路口的中国社团》，天津人民出版社，2001，第 5 页。

轻重的作用。① 同样，城市社会组织也具有非营利性特征，在实现自身良好发展的同时为城市提供较好的公共服务。城市社会组织的非营利性，并不是指社会组织不需要营利或不能够营利。提及社会组织的非营利性，大部分人认为社会组织不需要追求利润，不需要通过创新来提高利润。实则不然，城市社会组织（如妇联、城市社区组织、城市基层委员会等）虽然不会以营利为首要任务，但仍需要维持日常运转的资金和能力，仍然需要追求财务平衡。否则，城市社会组织的发展将是无源之水，没有持久性和连续性，社会组织的功能和社会服务效率将大打折扣。故此，城市社会组织的健康发展要追求财务平衡，追求适当的利润，来更新组织血液、提高社会服务能力和改进资源整合的举措，为城市社会主义现代化建设提供可持续发展的动力，并在此基础上谋求自身的良性和可持续发展。

## 第四节　改革开放时期城市社会组织整合的主要成就

改革开放以来，中国经济快速发展，政治改革日趋合理，在许多方面都取得了历史性成就。在党中央、国务院的高度重视下，在各部门和有关方面的大力支持下，我国社会组织蓬勃发展，社会组织工作取得了较大进步，创新组织监管成为我国社会建设的重要内容。作为一种新型的组织形态，社会组织得到了越来越多公共资源的支持，其组织功能也得到快速提升，地位和作用日益凸显，活动范围不断扩大，社会影响力日渐深远，同时面临着"内生性"可持续发展能力不足、"双重性"管理体制不完善、"法治化"监督管理不健全等问题。②

① 张霞、张智河、李恒光主编《非营利组织管理》，山东大学出版社，2005，第49页。
② 程芳：《我国社会组织发展面临的主要问题及其对策》，《陕西社会主义学院学报》2016年第1期。

## 一　社会组织党建工作持续加强

新中国成立后，党和政府要求在社会组织中开展党建工作。截至2012年，党中央出台了一系列与社会组织相关的政策文件，社会组织党建工作也在实践中有力推进。党建又称"党建服务"，是党服务社会组织的重要方式，是实现社会组织科学规范发展的领路人。党的十八大指出，要"全面推进各领域基层党建工作，扩大党组织和党的工作覆盖面，以党的基层组织建设带动其他各类基层组织建设"①。改革开放以来，党和国家一直重视社会组织党建工作，将党建工作视为保障社会组织健康成长、保持正确方向的重要手段，社会组织党建工作也由初步探索阶段进入逐渐规范发展阶段。经过多年不断的实践探索，社会组织党建工作已成为社会组织工作的重要组成部分。从整体来看，社会组织党建工作取得的巨大成效，具体表现在以下几个方面。

第一，社会组织党组织覆盖率和党员数量显著增多。1998年通过的《关于在社会团体中建立党组织有关问题的通知》规定，社会组织党建工作的核心是在社会组织中建立党组织。2000年通过的《关于加强社会团体党的建设工作的意见》规定，有三名以上正式党员的社会组织，都要按照党章规定设立党委、党支部，不足三人的就近联合建立党支部。截至2015年底，全国共有社会组织662425个②，社会组织党组织10.2万个，社会组织党员81万名，占全国党员总数的0.9%③。虽然党组织的覆盖面显著扩大，但我国基层党务工作仍存在结构不合理、人员不固定、机制不健全、作用难发挥等问题。党和国家应加大力度培养专业化、职业化的社会组织党务工作者，将社会组织党建事务打造成基层党建工作的标杆。

第二，社会组织党建工作的管理体制逐渐完善。随着改革开放的持

---

① 中共中央文献研究室编《十八大以来重要文献选编》上，中央文献出版社，2014，第42页。
② 《2015年社会服务发展统计公报》2007年7月29日。
③ 周俊、张冉、宋锦洲编著《社会组织与慈善组织管理》，北京大学出版社，2017，第185页。

续推进，全国各地社会组织的党建工作如火如荼地展开。社会组织党建工作结合不同地区、不同部门的具体情况，形成了不同的党建工作模式。如，上海市形成了"上实下虚"的新模式，这种模式是指有分支机构、代表机构和团体法人会员的大型社会组织在总部、上层建立党组织，其下属分支机构、代表机构和团体会员并非无论大小都建立党组织，而是视具体情况建立党组织，党建工作方式和工作内容则力求灵活、扎实和有效。广州市则实行"1+N+X"的党建管理体系，坚持"分级管理、分类负责"的原则和"依托民政、集中管理、多头推进"的工作思路。①上海、广州在推进社会组织党建工作时都结合当地的实际情况，采取了灵活多样的措施开展工作，两地在总体目标、指导思想上是一致的，只是在具体的落实过程中存在一定的差异。全国像上海、广州这样创新社会组织党建工作的城市不胜枚举，它们的做法和经验也值得全国其他各城市推广学习。

第三，社会组织的党建工作提升了其合法性。社会组织要得到长足发展，必须具备政治合法性和行政合法性。然而，中国的社会组织都是自主产生和发展的，其自身具备民间性和非政府性，在追求社会建设目标、实现组织发展的过程中难免会出现一些违法乱纪的现象，给中国改革开放的大局和城市现代化建设带来严重的影响。通过社会组织党建工作的引导，一方面，党组织依托党的方针政策的宣传，使社会组织能够在实际工作中了解党的路线、方针和政策，使其发展与国家的顶层设计相一致；另一方面，党组织对社会组织的日常工作进行监督，帮助社会组织保持正确的方向和依法开展自治活动，保证其能够沿着正确的方向前进。因此，社会组织党建既能够增强党对社会组织的影响力和凝聚力，保证党对社会组织的绝对领导，也是社会组织实现自身健康发展的内在需要。

---

① 周俊、张冉、宋锦洲编著《社会组织与慈善组织管理》，北京大学出版社，2017，第182~183页。

## 二　社会组织法规制度不断健全

社会组织在根本上属于民间自治组织，应该遵守宪法和其他法律，但并不应该因此受到法律的强行干涉，尤其是在社会组织自我管理、自我发展方面。改革开放以来，党和国家关于社会组织的法律及政策逐步完善，我国社会组织的相关法律法规和政策规范已基本形成体系，初步形成了中国社会组织发展的法律法规体系及政策环境。《宪法》作为我国的根本大法，明确了公民的结社自由，为社会组织的存在和发展提供了根本法律保障。《民法总则》《社会团体登记管理条例》《慈善法》《境外非政府组织境内活动管理法》《基金会管理条例》《外国商会管理暂行规定》《志愿服务条例》《宗教事务条例》等法律法规构成了社会组织登记管理的基本法律体系。有了完善的法律体系，才能规范公民以及各种社会组织的行为，从而最终实现法治。因此，在制定和完善有关社会组织的法律时，要依据法治的理念和要求，保证社会组织从成立到运营的各项活动都能符合法律规定、满足法律要求、实现自身发展、促进社会进步。[1] 改革开放以来，从中央到地方，各相关部门紧密结合实际，有针对性地出台了一系列配套改革政策，对现有法律法规进行了有益补充，并体现出分类指导、因地制宜的特点。[2] 但是，纵观中国社会组织的发展历程，可知其仍存在合法性问题，这种状况并不是执法部门的强制执行所导致的，而是由于立法不当产生的。为此，要解决社会组织的现实问题，必须尽快制定社会组织法，从控制型管理转变为培育引领型管理，只有这样，社会组织才能够有法可依、有法必依。

就国家民政工作的实际需要和社会组织本身的发展需要而言，制定相关的法律体系至关重要。社会组织的健康、繁荣、快速发展，不是法治的结果，而是一个法治社会得以形成的前提。社会组织方面的法律如

---

[1]　郭广辉等：《法治进程中的社会组织发展研究》，中国检察出版社，2013，第144页。
[2]　廖鸿、杨婧：《改革开放以来社会组织的发展与主要成就》，《中国民政》2018年第15期。

果不具有合法性，社会组织的合法性困境就不可能得到解决。[①] 改革开放以来，我国在社会组织的立法、执法方面已取得巨大成效，社会组织已成为维护社会稳定、化解社会矛盾的重要帮手。在新时期新阶段，我们一定要总结改革开放以来社会组织法律制度的成功经验，以期构建新的、高效的社会组织法律体系。

### 三　社会组织作用发挥更加明显

改革开放以来，特别是《社会团体登记管理条例》颁布以来，社会组织得到了快速发展，其运作机制、治理结构和服务领域逐步得到改善和拓展，社会组织的数量不断增多，质量大幅度提升，服务能力也不断增强，在推进我国教育、文化、卫生、社会服务事业的发展方面发挥了积极的作用，已经成为我国经济社会发展不可或缺的组成部分。[②] 从各地的实际情况来看，目前社会组织的功能发挥主要体现在以下几个方面。

其一，社会组织促进经济发展的功能。改革开放以来，我国社会组织在助推经济转型升级过程中的贡献主要表现在三个方面。第一，带动投资，促进消费。社会组织具有非政府性和非营利性，能广泛地动员社会资源进行扶贫开发或开展慈善募捐活动，提供大量的公共卫生、教育、医疗、环境保护等方面的公益性服务。多途径、多渠道鼓励和带动家庭、个人、企业等经济实体进行投资或消费，社会组织的最终产品价值也构成了社会总产品价值的一部分。截至 2012 年底，我国社会组织接收社会捐赠 470.8 亿元，形成固定资产 1425.4 亿元，社会组织增加值为 525.6 亿元。[③] 第二，拓宽就业渠道，支持就业。社会组织大部分属于服务行业，在支持劳动力就业创业方面发挥着不可估量的作用。2012 年的统计数据显示，我国社会组织吸纳社会各类就业人员 613.3 万人，比 2011 年增加 2.3%。2016 年底统计数据表明，社会组织吸纳就业人数达 763.7

---

① 黄晓勇主编《中国民间组织报告（2008）》，社会科学文献出版社，2008，第 162 页。

② 廖鸿、杨婧：《改革开放以来社会组织的发展与主要成就》，《中国民政》2018 年第 15 期。

③ 张向前：《中国社会组织经济社会贡献力研究》，光明日报出版社，2015，第 121 页。

万人，同比增长 3.9%。① 社会组织在促进就业方面为维护市场经济秩序发挥了不可估量的作用。第三，转换科技成果，促进经济发展。科技类社会组织通过将自己的科技成果或专利转化为现实生产力，供企业进行研究生产，促进经济发展；一些地方性商会、行业协会等社会组织通过健全社会信用体系，充分发挥市场中介作用。如上海市转基因研究中心依托举办单位，积极参与西部大开发，成功地利用技术加资本的扩张模式建立了宁夏爱赛博生物工程有限公司，受到宁夏和上海各级领导的高度重视，为地区发展贡献了大量经济效益。② 还有一些社会组织通过国际交流，充分搭建平台，促进经贸谈判，加强国内外合作。

其二，社会组织加快社会建设的功能。在社会主义市场经济体制改革深入推进的形势下，社会如何进行有效的治理、如何为广大人民群众提供一个安全和谐的社会环境至关重要。社会和谐主要是社会中的人、事、物处于相对稳定均衡的状态，社会组织在承接部分政府委托职能、参与社区管理、促进社会和谐等方面有独特的功能。社会组织开展的慈善救济、送温暖以及老年服务等社区公共活动，大多数贴近公众的实际需求，它们能够及时感知群众面临的实际问题，或提供公众需要的物品和服务，满足群众的精神需求和文化需要，促进社会的和谐。如上海市普陀区民欣乐助老服务中心接受政府部门委托，结合再就业工程，招聘和培训 4050 人，组成专业的居民养老服务队伍，为社区老人提供各种服务。③ 另外，社会组织在化解社会冲突和矛盾、维护社会稳定和建设文明社区中具有重要的作用。社会组织活跃在社会中的各个领域，加上身份的特殊性和优越性，能够及时发现和处理社会中的各种矛盾和问题，利用自己的职权化解纷争，避免造成更大的社会冲突。即使发生较大的社会冲突，社会组织仍可以通过其"来自人民""服务于民"的先天优势，发挥

---

① 《民政事业发展统计公报》，http://www.mca.gov.cn/article/sj/tjgb/201708/20170815005382.shtml。
② 余晖主编《中国社会组织的发展与转型》，中国财富出版社，2014，第110页。
③ 余晖主编《中国社会组织的发展与转型》，中国财富出版社，2014，第111页。

"调节剂""润滑剂"的作用，有效解决矛盾，维护社会和谐稳定。

其三，社会组织促进公共事业发展的功能。社会组织在调动各方面的积极性，鼓励和支持各社会团体积极参与教育、文化、公共卫生、环境保护、扶贫救济等社会事业的建设发展方面，提供了大量的人员、资金支持，缓解了政府压力，弥补了公办事业的不足，满足了人民对公共服务的需求，丰富了人们的精神文化生活。在教育领域，"春蕾计划""希望工程"等社会组织实施的助学项目在资助贫困学生方面做出了显著贡献。截至 2014 年，"春蕾计划"实施的 25 年中，共筹集爱心捐款 14.58 亿元，捐建春蕾学校 1154 所，资助春蕾儿童 251.7 万人次。[①] 有数以万计的学子通过民办学校修完了自己的学业，走上了社会，加入社会主义现代化建设的浪潮中。改革开放以来，社会组织在灾后救援方面发挥了重要的作用。许多社会组织第一时间奔赴灾区参与救援活动，开展医疗工作、维护现场秩序、提供精神慰藉。此外，社会组织还开展大量募捐活动，为灾区提供力所能及的帮助。如 2008 年汶川地震、2010年青海玉树地震之后，以中华慈善总会、中国红十字会为代表的社会组织立即行动起来，动员全国各种力量筹集资金和物品，许多社会组织在第一时间行动起来，开赴灾区，充分发挥各自优势，开展紧急救援与灾后重建等工作，在抗震救灾中发挥了重要的作用。在北京奥运会、上海世博会、广州亚运会的举办过程中，各社会组织联合各界人士积极加入志愿服务的行列，为保障会议的顺利举办和事项的正常开展发挥了重要作用，赢得了国内国际的一致好评。在环境保护方面，党的十八大报告指出："节约资源是保护生态环境的根本之策，""良好生态环境是人和社会持续发展的根本基础。"[②] 改革开放以来，随着经济社会发展进程的加快，能源资源压力不断加大，人与自然之间的矛盾日益凸显。如何有

---

① 《纪念"春蕾计划"实施 25 周年大会在京召开》，http://www.cctf.org.cn/news/info/2016/07/13/143.html。

② 中共中央文献研究室编《十八大以来重要文献选编》上，中央文献出版社，2014，第 31～32 页。

效地保护水资源及珍贵物种，如何有效地防治环境污染和增强环保意识，是党和国家面临的棘手问题。社会组织在协调人与自然的矛盾、建设社会主义生态文明、宣传环境保护等方面营造了良好的社会氛围，在政府主导的生态保护治理中做了大量的动员和宣传工作。如，成立于 2008 年 4 月 16 日的北京万通公益基金会，以推动环境保护、节能减排为宗旨，以推动生态和谐为使命，以推动国内生态社区建设为主要业务领域，在协调人与自然的矛盾方面发挥了一定的积极作用。① 在参与全球治理方面，随着中国综合实力的稳步提升，中国社会组织参与国际事务的使命和要求也在不断变化。21 世纪以来，随着全球化进程的加快，社会组织参与国际交流的机会与日俱增，在配合国家主场外交、传播中华文化、树立我国良好形象、展示国家软实力等方面发挥了积极作用。不少全国性社团在国际组织中担任领导职务，在参与国际规则标准制定、协调国际事务、扩大民间对外交流合作、提升国家实力等方面发挥了积极作用。例如，中国扶贫基金会于 2010 年在苏丹进行的人道主义救援活动是我国社会组织国际救助的典型，标志着我国社会组织国际竞争力的不断提升。与我国政府丰富的外交活动以及企业"走出去"发展战略相配合的社会组织正逐步完善。②

其四，社会组织促进政府职能转变的功能。社会组织提供的诸多服务，在一定程度上弥补了政府工作的不足。一般来说，社会组织服务和关注的领域，大多是政府难以顾及的薄弱环节，有助于减轻政府的负担，从而促进政府职能的转变。此外，一些高素质、高能力的社会组织，通过撰写咨询报告、提出政策提案等形式，为政府的良好运转建言献策，这些社会组织在促进地区经济发展、行政体制改革、社会民主法治建设和社会进步方面发挥了重要的作用。

---

① 康晓强：《社会组织与现代国家治理——基于案例的分析》，中国政法大学出版社，2014，第 179 页。

② 张向前：《中国社会组织经济社会贡献力研究》，光明日报出版社，2015，第 276 页。

### 四 社会组织监管执法不断强化

我国的社会组织在改革开放以来快速发展，在数量上和质量上都得到大幅度提升。随着市场经济体制的建立和行政体制改革的逐步深化，社会组织成为促进政府职能转变、推动公共事业发展的重要力量。由于我国经济、政治、文化、社会等方面发展的复杂性和特殊性，我国社会组织的发展在曲折探索中前行，社会组织发展带有鲜明的中国特色，政府对社会组织的监管也在曲折探索中发展。改革开放以来，党和国家各项事业步入正轨，社会组织在为社会提供大量服务的同时也面临诸多问题，所以对社会组织发展过程的监管就显得尤为重要。综观全国各地社会组织的监管机制，大致有以下几种模式。

一是法人监管。从目前社会组织法人监管体制来看，我国尚无专门的法律对社会组织法人治理进行明确的规定，但相关行政管理条例都对社会组织的法人职责、职能范围等作出了规定。在社会组织内部，通过会员大会、理事会、办事机构等对法人进行监管。民政部门也通过建立社会组织负责人管理制度，落实关于法定代表的审计制度。相关部门通过对社会组织法人进行备案、将其不良信息记录在册等途径，强化对法人代表的监督、追责。国外先进社会组织法人监管的成功经验也值得我们效仿。

二是社会监督。社会监督是社会组织管理体制不断趋向正规化和科学化的标志。改革开放以来，社会组织在取得长足发展的同时，在资金来源、捐赠用途、善物管理、项目效果等方面越来越透明化，自身发展也日益受到社会各方面的监督。随着互联网技术的进一步普及，社会监管的途径和方式日益丰富，全国社会组织积极响应党和国家的号召，及时公布组织信息，积极推进信息公开，组建人力物力信息平台，强化社会监督的效果。其中，第三方评估体制的构建和媒体舆论的监督是最主要的方面。但是，我国仍有大量的社会组织尚未完全纳入管理系统，呈现涣散状态。因此，"社会监督乏力"在一段时间内仍然是我国社会组织监管体制面临的一大难题。①

三是财务审核。随着社会组织的发展，出现了一种特殊的财产形式——由社会人士捐赠或者由社会组织本身的社会资源形成的财产。这种财产形式，既不属于私人财产，也不属于国有财产，而是属于社会公众财产，所以对这部分财产的监管审核是党和国家面临的一个棘手问题。社会组织获得的财产包括社会捐赠、政府拨款、通过政府购买服务获得的收入、通过业务获得的收入以及会员的会费等。在获得财产后，社会组织将其运用到组织的运转活动中，对财产享有占有、使用、收益和处分权。② 这部分财产的使用必须限于社会组织章程所规定的目的，不能用作其他目的。正是基于这种特殊性，党对社会组织的财产审核一直高度重视，对社会组织的资金来源、社会捐赠、财务审理、年终考核等进行严格把关，确保社会组织在健康发展的同时，其财务制度也能够规范科学地发展。

四是自我监管。自我监管是社会组织内部自我调整、自我监督的形式。社会组织在实现自身价值的过程中，会面临来自媒体、社会及政府等各方面的压力，社会组织必须加强自身制度建设，建立并完善自我监督机制。改革开放以来，政府相关部门为社会组织的发展营造了健康有利的外部环境，社会组织在实现个体自律、行业自律和专门监督等方面取得了不俗的成绩。在个体自律方面，社会组织逐步建立起了以章程为主的内部监管制度，完善民主决策、民主管理、重大事项报告和信息公开等制度，在章程的规定范围内开展各项活动。在行业自律方面，社会组织之间的交流合作和相互监督是整个行业规范管理的重要方式，社会组织之间的相互提醒和会员间的相互监督是行业自律的重要手段。在专门监督方面，依托第三方评估机构进行社会监管也是自我监管的重要内容。③

---

① 张向前：《中国社会组织监管创新战略研究》，光明日报出版社，2016，第47页。
② 王芳：《社会组织创新与发展》，法律出版社，2016，第11页。
③ 张向前：《中国社会组织监管创新战略研究》，光明日报出版社，2016，第47页。

# 第四章　变革·创新·成就：新时代城市社会组织整合的变革与创新

随着中国特色社会主义进入新时代，党对城市社会组织进行了相应的整合与布局，通过健全相关法律法规为我国城市社会组织的发展创造了良好的制度环境和生存空间。党的十八大以来，在以习近平同志为核心的党中央领导下，我国城市社会组织的发展取得了多方面的成就，呈现城市社会组织发展的鲜明特性。梳理党的十八大以来城市社会组织的发展历程，总结城市社会组织发展的阶段特征，有利于其更好地发挥在参与社会治理和承担政府职能转移过程中的重要作用、参与城市社会建设、完善中国共产党执政的多种资源基础、促进城市社会组织的改革和完善。

## 第一节　党的十八大以来对社会组织的谋划与布局

党的十八大明确指出，要"加快形成政社分开、权责明确、依法自治的现代社会组织体制"，"引导社会组织健康有序发展"。① 这为新时代社会组织的发展提供了方向性的引导和布局。经过长期努力，中国特色社会主义进入了新时代。社会组织更要在这一新的历史方位中发挥社会建设和社会治理方面的功能性优势，积极参与城市建设和社会服务的全

---

① 胡锦涛：《坚定不移沿着中国特色社会主义道路前进，为全面建成小康社会而奋斗——在中国共产党第十八次全国代表大会上的报告》，《人民日报》2012 年 11 月 18 日。

过程，为实现"两个一百年"奋斗目标和中华民族伟大复兴的中国梦贡献自己的一分力量。党的十九大报告指出："党政军民学，东西南北中，党是领导一切的。"[①] 这就为我国社会组织的发展谋划了方向，即在党的领导和监督下开展工作。社会组织的发展对于推动实现国家治理体系和治理能力现代化具有重要的作用和意义，社会组织在我国的经济社会发展和建设当中扮演着重要角色。党的十八大以来，我国社会组织的发展为吸纳个人参与、实现社会价值、丰富公共领域做出了积极的贡献。这一时期党对社会组织的认知逐渐趋于成熟，在引导和支持社会组织发展的政策上也不断趋于理性和科学，这都为社会组织在新时代更好地发挥自身功能提供了有利的发展环境和良好的氛围。

党的十八大以来，以习近平同志为核心的党中央高度重视社会组织的发展，习近平在多次讲话中谈及社会组织，并对社会组织的发展提出了殷切希望，希望社会组织在新时代能够更好地发挥桥梁纽带作用，当好群众的引领者、政策法规的践行者、党建工作的组织者、社会改革的推动者，这些讲话为社会组织在国家治理体系和治理能力现代化的布局中作了新的定位和谋划。同时，中央高度重视社会组织发展，广泛征求群众意见，陆续颁布了一系列制度性文件，为社会组织的有序发展搭建了制度性框架，从而使得社会组织成为承接政府职能转移的重要主体。党的方针、政策是社会组织发展的指南针，我们要认真学习和总结习近平关于社会组织发展的重要论述及中央文件对社会组织发展的相关规定，从而更好地领会党的十八大以来党对社会组织的整合过程与管理办法，探索新时代社会组织整合的方针战略。党的方针、政策对社会组织来说是张"晴雨表"，明确了党的十八大以来中央关于社会组织的制度文件，也就明晰了这一时期社会组织发展的背景环境和可能成效。[②] 社会组织

---

[①] 习近平：《决胜全面建成小康社会，夺取新时代中国特色社会主义伟大胜利——在中国共产党第十九次全国代表大会上的报告》，人民出版社，2017，第20页。

[②] 周浩集：《改革开放以来党领导社会组织发展的历史考察》，《聊城大学学报》（社会科学版）2018年第5期。

的发展过程正是对党的路线、方针、政策的贯彻落实过程。党的十八大以来中央关于社会组织的制度文件，在加强社会组织的建设、激发社会组织的活力、实现社会组织的健康有序发展等方面发挥了重要的引导和支持作用，党的领导和相应制度文件的规范约束是城市社会组织充分发挥职能的重要保障。

## 一　拓宽社会组织协商民主渠道

习近平在党的十八届三中全会上作的《中共中央关于全面深化改革若干重大问题的决定》中指出："要构建程序合理、环节完整的协商民主体系，拓宽国家政权机关、政协组织、党派团体、基层组织、社会组织的协商渠道。"① 真正发挥社会组织在国家治理中建言献策的作用，推动政府决策的民主化和科学化，加快推进社会主义民主政治的发展，不断丰富党的政治资源。通过构建完整科学的协商民主体系，为社会组织参与国家的发展建设提供合法性基础。社会组织作为自主发展的重要社会力量代表，要通过自身的政治参与来实现社会各阶层群体的利益表达，真正密切党同人民群众的血肉联系，推动自身政治参与的广度、深度和效度的提升。在实现政社分开的过程中，社会组织要逐步减少对权力部门的依赖，真正发挥自身的自主性和建言献策的作用，通过多元化的政治参与路径、较高的政治参与积极性来提升自身政治参与的影响力。社会组织作为政府与市场之间的中介，凭借第三方身份使自己既能传达和领会政府部门的相关决策部署，又能通过与会员的接触与往来实现后者利益和诉求的表达，成为政府和民众之间沟通交流的重要桥梁。拓宽社会组织参与协商民主的渠道，能够更广泛及时地听取群众的意见，实现好社会组织的政治参与，进一步提升公共决策的科学化和民主化水平，进一步发挥其参政议政的能力。

2014 年习近平在庆祝中国人民政治协商会议成立 65 周年大会上的

---

① 《习近平谈治国理政》，外文出版社，2014，第 82 页。

讲话中指出："合理要求，广纳群言、广集民智，增进共识、增强合力。要拓宽中国共产党、人民代表大会、人民政府、人民政协、民主党派、人民团体、基层组织、企事业单位、社会组织、各类智库等的协商渠道，深入开展政治协商、立法协商、行政协商、民主协商、社会协商、基层协商等多种协商。"① 基于社会组织作为第三方社会力量的平等身份实现其自身的政治参与，加快完善社会组织参与民主协商的机制，推进社会主义协商民主建设，更好地发挥社会主义协商民主的重要作用。无论是采取"自上而下"路径还是采取"自下而上"路径发展起来的社会组织，它们的存在和运作都深耕于中国社会、经济、政治、文化的发展环境。各类社会组织除作为党整合社会资源的载体和公共服务的提供者之外，更要将自身在功能发挥和社会实务中获得的信息意见及时地通过多种协商渠道提供给政府，从而不断提升政府方针政策制定与实施的科学性和合理性。政府的职能转变使得原来在政府内部进行的传统公共决策模式逐渐转变为动态协同模式，这种决策模式的转变使得社会组织能够实现自身的政治参与，进而对公共政策的议题确立和政策制定提出自己的意见。通常来说，社会组织对政策制定产生的实际影响与各类社会组织的层级呈正相关关系，即各类社会组织对政策制定的实际影响按照部级社会组织、省级社会组织、市级社会组织和县级社会组织的顺序依次递减。习近平强调，要"积极开展人大协商、人民团体协商、基层协商，逐步探索社会组织协商"②，不断丰富我国社会主义协商民主的形式和内容，拓展和丰富社会组织的政治参与渠道和方式，实现协商民主的广泛多层制度化发展。通过制度建设和相应的制度安排，实现社会组织参与协商民主的制度创新，更好地发挥社会组织建言献策的作用。③

党的十八大以来，各类社会组织积极参与政府公共决策意见征询，

①　《习近平谈治国理政》第二卷，外文出版社，2017，第297页。
②　中共中央文献研究室编《十八大以来重要文献选编》中，中央文献出版社，2016，第293页。
③　孙德海：《中国特色社会主义协商民主发展研究》，苏州大学博士学位论文，2016。

为国家相关法律法规的制定建言献策，这既是社会组织积极参与协商民主的重要表现，也是发展和完善社会主义协商民主的必然要求。例如，全国性行业协会商会代表之一中国航空运输协会参加了《民航法》《航空法》的起草和意见征求工作，在这两部法律的制定和完善方面发挥了积极作用。另外，中国银行间市场交易商协会通过组织20家大型银行与最高人民法院签订联合建立网络查控机制和失信被执行人机制等相关合作协议，推动了中国社会信用制度建设的发展和完善，为金融风险的防控提供了有益探索和实践。此外，在近年来社会组织评估当中荣获5A等级的一些学术类社团通过承接各类委托课题，为政府部门提供相关的咨询服务，向相关政府部门提出政策建议甚至直接参与政策制定，积极推动协商民主的发展。中国信托业协会在过去的十几年中形成了60多篇研究报告，其中多篇报告受到了政府部门的重视，并对实际方针政策的制定产生了一定的影响。[①] 该协会通过对国内外行业信息、行业发展动态的关注和资料收集，进行相关的专项课题研究，通过参与《慈善法》《信托法》等相关法律法规的起草和制定工作，对相关政策的制定产生了积极影响，形成了较大的业内影响力。各省份对于如何拓展社会组织政治参与的协商渠道进行了积极探索，例如广东省对社会组织在立法协商中的作用进行了探索，鼓励有条件的市、县、区民政部门给予社会组织一定比例的党代表、人大代表、政协委员名额，旨在实现社会组织在参与政治协商和立法协商中作用的发挥。[②]

社会组织要发挥自身协商渠道的优势，通过决策之前和决策实施之中的协商，实现协商活动的务实高效和协商成果的运用反馈。[③] 社会组织参与协商民主丰富了社会主义民主政治的内涵，进一步推动了社会主义民主政治的建设和发展。社会组织应在新的历史条件下抓住战略机遇，实现自身的发展和突破，通过不断提升自身的协商能力来实现协商作用

---

① 徐家良主编《中国社会组织评估发展报告（2016）》，社会科学文献出版社，2016，第49页。
② 黄晓勇主编《中国社会组织报告（2016~2017）》，社会科学文献出版社，2017，第53页。
③ 陈剑：《中国协商民主发展问题研究》，吉林大学博士学位论文，2016。

的有效发挥。陈思认为："社会组织在社会主义协商民主中对社会公共生活的稳健运行与有序推进发挥着巨大的凝聚与调控作用。"① 社会组织政治参与渠道与机制的拓展和构建有助于在社会利益不断分化的今天推动对不同群体切身利益的表达和整合，发挥社会组织在扩大群众参与、积极反映群众诉求方面的重要作用，并且通过社会组织这一力量的政治参与形成对公共权力的有效监督与制约。通过充分利用社会组织这一协商民主有序运行的平台和载体，更好地实现人民当家做主的权利，发挥社会组织的政治整合功能、不断丰富党的执政资源，为社会主义民主政治的发展建设注入新的生机和活力。拓宽社会组织参与协商民主的渠道，有利于政府决策的科学化和民主化，充分发挥社会主义协商民主制度的优越性。

## 二　加强社会组织党的建设工作

2013 年习近平在全国组织工作会议上的讲话中指出："一些非公有制经济组织和社会组织党建工作还比较薄弱。"② 加强社会组织的党建工作是今后优化其管理制度和实务运转的一个重要方面，社会组织要坚持党的领导，明确党的领导是中国特色社会主义制度的最大优势，确保社会组织始终坚持正确的政治方向。另外，要以问题为导向推动社会组织党建工作的开展，做到明确领导责任、创新组织设置、抓住社会组织中的"关键少数"、建设基层支部。社会组织党建工作机构通过党委组织部门和民政部门的指导和整合来建立。目前，相当一部分社会组织存在政治敏锐性不强、人员的层次结构和工作能力缺失、机构臃肿和专职党政人员不足等问题，因此加强社会组织党建的政治引导功能、问题纠错功能和组织增效功能显得尤为迫切。③ 充分发挥党组织和党员干部的引

① 陈思：《我国社会组织参与社会主义协商民主问题研究》，《理论月刊》2018 年第 12 期。
② 中共中央文献研究室编《十八大以来重要文献选编》上，中央文献出版社，2014，第 351~352 页。
③ 徐家良、廖鸿主编《中国社会组织评估发展报告（2015）》，社会科学文献出版社，2015，第 246 页。

导示范作用，实现社会组织党建工作的扎实推进。2015年中共中央办公厅印发的《关于加强社会组织党的建设工作的意见（试行）》，进一步明确了党建工作的重要性和总体要求，要求实现社会组织中党的组织和党的工作的全覆盖，该意见对于明确社会组织党组织的功能定位、构建社会组织党建工作的管理体制和工作机制具有重要的指导意义。[①] 今后很长一段时间，各类社会组织党组织工作的重心之一就是要在合适的组织内部建立党小组，不断发挥党员和党组织的作用，加强组织领导，保障党建工作的扎实推进，不断巩固社会组织发展的合法性基础，巩固社会组织的群众性基础作用。

2015年习近平在党的群团工作会议的讲话中指出："要积极联系和引导相关社会组织。要高度注意群众的广泛性和代表性问题，更多把普通群众中的优秀人物纳入组织，明显提高基层一线人员比例。"[②] 引导社会组织作为政府和民众之间的第三方力量积极做好群众工作，做党的群众路线的积极拥护者和坚定实践者。社会组织要发挥自身的功能，切实为人民群众排忧解难。社会组织的人才培养是实现其专业化发展的硬性要求，高水平职业化的社会组织人才培育更是政府职能转变和社会经济体制转型的需要。面对当前各类社会组织中存在的专业人才缺乏、职业培训体系不健全、党组织建设不完备以及人员流动性大等问题，建构合理、可持续的社会组织人才培育体系具有重要意义。2010年国务院发布的《国家中长期人才发展规划纲要（2010—2020年）》明确提出："实施鼓励社会组织人才发展政策，规定要把新社会组织人才开发纳入各级政府人才发展规划，这样一来社会组织将会平等享有各级政府在人才培养、吸引、评价、使用等方面的优惠政策。"2014年国务院办公厅印发的《关于做好2014年全国普通高等学校毕业生就业创业工作的通知》明确提出："充分挖掘社会组织吸纳高校毕业生就业潜力，对到省会以及省会以下城市的社会团体、基金会、民办非企业单位就业的高校毕业

---

① 《关于加强社会组织党的建设工作的意见（试行）》，中办发〔2015〕51号。

② 《习近平谈治国理政》第二卷，外文出版社，2017，第309页。

生，所在地的公共就业人才服务机构要协助办理落户手续，在技术职称评定方面享有与国有企事业单位同类人员同等待遇。"这进一步为社会组织人才体系的构建提供了政策上的支持，高素质人才从事社会组织工作是提升其服务专业性和综合实力的重要因素。人才的引进问题解决之后，还要注意从业人员的考核表彰、职称评定以及社会保障等多方面的问题，为他们的职业化发展解决后顾之忧，更好地推动社会组织的人才队伍建设。同时要"完善社会组织在职人员职业培训体系"①，运用新媒体渠道等多种方式促进从业人员不断学习进步，适应人民群众对于公共服务的高质量多层次要求。另外，各类社会组织要重视人才职业资格认证体系的构建，这是推进从业人员专业化的重要途径。通过人员素质的提升进一步巩固社会组织的人才基础，并以此为依托更好地开展社会组织的党建工作，做好党的群众工作，丰富党的群众资源，提升党的组织能力。

习近平强调："做好党外知识分子和新经济组织、新社会组织中的知识分子工作，鼓励留学人员回国工作或以多种形式为国服务。"② 做好社会组织的群团工作，引导广大社会人士中的优秀代表积极参与到社会发展和建设当中，不断优化社会组织的人员结构和资源配备。只有拥有良好的人员配备才能承担得起不断被赋予的公共服务职责，从而应对新时代人们日益增长的多样化需求。优化人员结构对于组织的权威性确立、相关工作的有序推进至关重要，通过录用多样化、专业性人才，进一步满足和实现社会组织的实务需要和可持续发展。各类新社会组织中的知识分子要积极参与国家的建设和发展，为我国早日实现社会主义现代化和伟大复兴的中国梦而助力。通过人员结构的优化，不断加强党务工作者队伍建设，进而提升社会组织党建工作的整体水平。社会组织党建工作的开展，既是做好群众工作的切实要求，也是夯实党的执政基础的题中应有之义。

---

① 徐家良、廖鸿主编《中国社会组织评估发展报告（2014）》，社会科学文献出版社，2014，第266页。
② 《习近平总书记系列重要讲话读本》，人民出版社，2016，第174~175页。

2015 年 6 月，《中国共产党党组工作条例（试行）》发布，要求全国性的重要文化组织、社会组织在条件成熟的情况下，经党的上级委员会批准，即可设立党组。2015 年下发的《关于加强社会组织党的建设工作的意见（试行）》，正式提出社会组织可设党组，指明了社会组织在我国社会主义现代化建设中的重要地位，社会组织担负着党的工作和群众工作的开展和传达的重要职责，从而使得社会组织的党建成为党的基层组织建设的重要领域。① 该意见强调，要将社会组织的党建工作纳入我国党建工作的总体布局，贯彻全面从严治党和党领导一切工作的精神，实现社会组织党建工作的扎实推进。2016 年民政部发布的《民政部关于社会组织成立登记时同步开展党建工作有关问题的通知》，敦促地方登记管理机关要核实社会组织的党组织建设情况后再予以登记备案，从实际操作层面对社会组织的党建工作加以约束和管理。通过社会组织党建工作机构的建立健全，来理顺社会组织内部的管理体系，完善社会组织的工作机制，从而更好地贯彻落实党建工作责任制，实现党组织和党的工作对社会组织的有效覆盖，从而实现巩固党的阶级基础、扩大党的群众基础、夯实党的执政基础的目标。

中共中央和民政部出台的一系列关于加强社会组织党建工作的政策文件，正是基于目前社会组织党建存在的诸多困境和问题。加强社会组织党建工作，既有利于解决当前存在的诸多现实问题，也与新时代党建工作的要求相适应。社会组织党建工作存在的困境主要是，党组织作用的减弱使得其对资源的控制能力下降，社会组织的党组织功能定位模糊化使得其对资源的需求感不强，社会组织党建人才比较缺乏使得对党和政府的方针政策传达落实不及时，这些因素都导致社会组织党建工作存在一定程度的弱化。为了适应新形势下党建工作的要求，社会组织应着力解决内生动力和外在供给之间的张力问题，实现党员与组织成员利益点的契合，通过专业化党建人才的引入开展丰富多彩的党建活动，真正

---

① 张圣友：《创新社会组织党建思路探索》，《兰州学刊》2008 年第 7 期。

做到社会组织中党组织建设的全覆盖、党组织活动的全覆盖。[1] 在社会组织中建立党组织，能够更好地调动社会组织在提供社会服务、反映民众诉求、规范民众行为方面的积极性，不断消除党的群众工作的空白点和死角，推动社会的发展稳定。[2] 党的十八大以来，在党中央的亲切关怀和指导下，全国各社会组织负责人结合本组织的实际发展情况，积极增设党组织和引进专业党政人员，积极开展成员内部的党政培训学习，扩大党的覆盖面，提升党的引领力。

### 三 推动社会组织法治建设进程

2013 年习近平在主持十八届中央政治局第四次集体学习时指出："任何组织或者个人都必须在宪法和法律范围内活动，任何公民、社会组织和国家机关都要以宪法和法律为行为准则。"[3] 强调了社会组织在具体的运转过程当中要遵循相应的法律法规、依章办事，进而推动社会组织的法治建设。同时，做好社会组织的立法工作，真正做到有法可依，实现社会组织法律问题的有效解决。对于社会组织来说，这就要求其做好内部治理，构建科学有效的章程制度，明确从业人员奖惩标准。在组织内部，"形成决策权、执行权、监督权相互分离、相互制约的权力制衡格局"[4]，从而提升其运作的科学性和规范性，更好地遵守和执行法律法规。在财务管理、决策、人事、信息披露等环节进行制度化、科学化建设，防范相应的道德风险和法律风险。尤其是社会组织作为非营利性组织，对营利问题要更加注意，通过信息透明公开和外部监督来实现自身的合法化运营。另外，法律法规的制定和完善作为今后社会组织工作

---

[1] 王建军：《推进社会组织改革发展要着力解决十大问题》，《中国社会组织》2014 年第 11 期。

[2] 韩跃民：《我国社会主义社会建设基本问题研究》，中共中央党校博士学位论文，2012。

[3] 习近平：《依法治国依法执政依法行政共同推进法治国家法治政府法治社会一体建设》，《人民日报》2013 年 2 月 25 日。

[4] 徐家良、廖鸿主编《中国社会组织评估发展报告（2014）》，社会科学文献出版社，2014，第 266 页。

的一个重点和难点，在立法和执法层面要突出对社会组织工作运行的要求和法律规定，在社会组织的自我约束和规范层面又要加强对于社会组织评估体系的制度化建设，使二者共同作用并服务于社会组织的法治建设。

2013 年民政部发布的《关于开展 2013 年度社会组织评估工作的通知》，硬性强调全国性行业协会商会、全国性公益类社团、基金会以及民办非企业单位必须参加这次的社会组织评估工作，从基础条件、内部治理、工作绩效和社会评价四个方面进行综合性考察。对于这四类社会组织的评估既是实现社会组织规范化管理的要求，也是为了更好地落实社会组织相关扶持政策的需要。社会组织在登记备案与法人资格的完善上要着力推进，以使其合法性地位和相关权益为社会所承认和接受。党的十一届三中全会以来，随着社会主义法治社会建设的推进，各个行业和领域的相关法律法规都得到了不断的建构和完善，将社会组织纳入依法治国的范畴，加强立法和规范化管理更是大势所趋。这四类社会组织是各类社会组织的重要代表，它们的良好运转和功能的积极发挥对于社会治理和社会建设来说具有巨大的影响力和示范效应。对它们参与社会组织评估的硬性要求是实现社会组织管理体制改革的题中应有之义，也是践行"以评促建"理念的必然要求。

2014 年 10 月中国共产党十八届四中全会通过的《中共中央关于全面推进依法治国若干重大问题的决定》指出："依法加强和规范公共服务，完善教育、就业、收入分配、社会保障、医疗卫生、食品安全、扶贫、慈善、社会救助和妇女儿童、老年人、残疾人合法权益保护等方面的法律法规。加强社会组织立法，规范和引导各类社会组织健康发展。制定社区矫正法。"① 社会组织作为公共服务的提供者和社会治理的重要参与主体，要在相应法律法规的要求下进行规范化运作，从而实现我国种类繁杂的社会组织的有序发展。在加强社会组织立法层面，这一工作

---

① 《中共中央关于全面推进依法治国若干重大问题的决定》，人民出版社，2014，第 14 页。

的良好执行和运作也被划为服务政府的指标之一，具体而言就是"参与制定相关法律法规，参与制定政策，参与制定行业标准、发展规划、准入条件、技术规范等"①。社会组织参与自身行业法律法规制定以及为国家法治建设出谋划策成为硬性要求，这既是实现社会组织自身规范化发展的要求，也是法治中国建设的题中应有之义。该决定同时强调，要"发挥人民团体和社会组织在法治社会建设中的积极作用。建立健全社会组织参与社会事务、维护公共利益、救助困难群众、帮教特殊人群、预防违法犯罪的机制和制度化渠道。加强在华境外非政府组织管理，引导和监督其依法开展活动"②。这既肯定了社会组织在我国现代化建设中的重要性和地位，又具体明确了社会组织在法治社会建设中的作用，突出其功能特色来助力法治中国的建设。同时，还强调社会组织要在具体的社会事务和困难群众帮扶上探析可能的机制举措，并且要求社会组织做好自身的监督和管理工作。我们既要看到政府对社会组织功能和作用的重视，又要坚持自力更生，实现社会组织自身的能力建设，不断完善内部的治理结构，推动社会组织功能的发挥和良好社会形象的树立。③

2016年3月16日通过的《慈善法》和同年10月出台的《关于慈善组织开展慈善活动年度支出和管理费用的规定》，使得社会组织的法律政策体系得到进一步的发展和完善，极大地推动了公益慈善事业的法治化进程。尤其是《慈善法》的实行使得国家和社会的关系得到了进一步的界定，也使得公益慈善理念在社会中得到了广泛化传播，规范了社会组织的发展方向。这部法律的颁布，不仅影响了公益慈善类社会组织，对于其他不同类型社会组织的法治化发展也具有重要的推动作用。全国人大常委会发布的《境外非政府组织境内活动管理法》，为规范、引导境外非政府组织在中国境内的活动提供了法律依据，从而填补了对于境

---

① 徐家良、廖鸿主编《中国社会组织评估发展报告（2014）》，社会科学文献出版社，2014，第74页。

② 《中共中央关于全面推进依法治国若干重大问题的决定》，人民出版社，2014，第28页。

③ 陈玉娟：《建国以来我国社会组织管理体制研究》，中共中央党校博士学位论文，2018。

外非政府组织在中国境内开展活动进行治理的法律空白，为监督和惩治该类社会组织的违法违规活动提供了基本依据。2017 年实施的《民法总则》正式将民办非企业单位、社会团体、基金会这三大类社会组织与事业单位一起纳入非营利法人类别，这就使得社会组织从法律层面被纳入国家治理体系，明确了其治理主体的地位和身份，从而使得社会组织的发展具有了法律法规的保障和约束。

从整体而言，"《中华人民共和国民法总则》《中华人民共和国慈善法》《中华人民共和国境外非政府组织境内活动管理法》《中华人民共和国公益事业捐赠法》《中华人民共和国民办教育促进法》《社会团体登记管理条例》《民办非企业单位登记管理暂行条例》《基金会管理条例》《外国商会管理暂行规定》《志愿服务条例》《宗教事务条例》等法律法规构成了社会组织登记管理的基本法律体系"①。以上关于社会组织管理的具体法规和政策文件的出台使得我国社会组织的发展被纳入了依法治国的范畴，完善的法制体系为社会组织的发展提供了法律基础，这也是新时代适应依法治国方略的推进、改进党的执政方式和领导方式的必然要求。将社会组织纳入依法治国的范畴，不断加强社会组织法治建设，意味着政府今后对于社会组织的管理将从以往的以行政手段为主转向主要依靠法律手段，社会组织在实现自身发展进步的同时更要注意对相关法律法规的遵守和执行，提升组织的社会公信力和信誉度，实现自身的规范化发展。

社会组织的立法首先要做到指导思想上的与时俱进，实现由以往的"管控型"指导思想向"协同治理"指导思想的转变；在立法层级上，要建构针对社会组织的专门法律和法规，明确界定社会组织的性质、职能、权利和义务等，实现对社会组织的整体规划和统一监管；在立法内容上，要减少抽象性内容，建构实体性规范，不断促进社会组织的能力建设和有效功能作用的发挥。通过精细的法律规定，实现社会组织的法治化运作，

---

① 廖鸿、杨婧：《改革开放以来社会组织的发展与主要成就》，《中国民政》2018 年第 15 期。

同时要建构职责明确的监督管理体制以规范社会组织的行为活动。另外，社会组织的法治建设也包含社会组织自身能力和自律意识的培养和提升，通过对社会组织的法治知识和法治思维的培养来不断完善其自身的内部治理机构和制度。这一社会组织法治建设的探索过程需要广泛征求社会多方意见，从而为社会组织的发展创造良好的法治环境，推进社会组织法治建设，积极适应我国全面依法治国的新形势新要求。

《2017 年社会服务发展统计公报》披露，2017 年共查处社会组织违法违规案件 4293 起、行政处罚 4270 起。从以上数据可以看出，加强对社会组织的监管执法显得尤为必要，要切实维护好法律底线这一社会组织的生存线。另外，社会组织也应发挥其在法治社会建设中的作用，对于特殊人群进行积极引导和帮扶、探索预防违法犯罪的有效途径，真正做到对公众进行行为引导和权益维护，为实现全面依法治国做出应有的贡献。在执法层面要建立和完善对于社会组织相关体制机制和法律法规的规范管理，促进社会组织的健康有序发展。2014 年民政部、财政部发布的《关于加强社会组织反腐倡廉工作的意见》，强调要通过健全社会组织民主机制、加强社会组织财务管理、规范社会组织商业行为、推动实行社会组织信息公开制度、强化对社会组织的审计和执法监督、加强社会组织廉洁自律教育等六个方面的举措来推进社会组织的反腐倡廉建设，发挥好社会组织作为党和政府联系人民群众的纽带的作用，推动社会组织管理制度改革，进而推动社会组织良性发展和有序运作。引导社会组织遵循相应的法律法规、提升社会管理的法治化水平，是推动覆盖全社会的惩治和预防腐败体系建设的重要组成部分，也是社会组织实现廉洁自律的必然要求。

各地社会组织在过去一段时间中都在一定程度上存在自律制度体系建设方面的欠缺。比如，在组织内部的职业道德准则、争议处理规则、自律规范等方面还缺乏相应的制度构建，在费用收取方面存在较多争议，在信息公开和会议记录的规范管理方面还较为薄弱，在社会监督和舆论监督等方面还存在欠缺。以上问题的存在，使得社会组织的规范化发展以及法律法规的制定和实施成为当务之急。建立相应的风险防范和惩戒机制有助于实现社会组织的常态化发展，不断提升其社会信誉度和专业化水平。社会组织的发展要符合法律法规的要求，实现健康有序的发展，规避内部的贪污腐败对社会组织发展带来的负面影响。加强对社会组织的管理和引导，发挥社会组织在公共事务和公益事业当中的积极作用。社会组织的相关工作人员要具备法治思维和相关的法律知识，真正运用法治方式来处理社会问题和矛盾，使社会组织更好地参与社会治理。尤其是对于那些在华的境外非政府组织，要加强管理和监督，引导其依法活动。[①] 社会组织既要依法维护自身的合法权益，又要切实促进社会秩序的良性运转。同时，这一法治化建设需要进行大力的宣传教育，使得各个地区各类社会组织能够加以重视并抓紧行动起来，激发它们参与法律法规的起草制定以及遵纪守法的自觉性，从而推动我国社会组织的法治化发展进程。另外，当前新兴媒体的发展使得社会的透明度大为提升，各类社会组织应加强对自身行为的控制和项目管理的规范性建设，避免因个别组织的贪污腐败影响整个社会组织群体的声誉和社会认同度；应逐步加强与媒体的合作，从其报道中发现本组织存在的不足及提升的空间，切实维护整个社会组织的信誉。

改革开放 40 多年来，中国经济取得飞速发展，人们的物质生活和精神生活水平显著提高，同时科学技术和教育水平的提高使得人们的政治参与意愿和能力大为提升，这些有利的条件使得社会组织在整合社会资源、做好群众工作、加强群众参与等方面有了良好的发展环境。党的十八大以来坚持"五位一体"的全面战略布局，坚持依法治国的总体要求，实现了法律法规的不断完善和执政方式从行政手段到法律手段的转变。法治中国的建设为社会组织的发展提供了合法性基础和制度性保障，从而有助于其获取社会自治的空间和发挥自身功能。社会组织在这一过程中扮演着政府和群众之间的中介角色，法治社会的建设需要有极

---

① 张浩：《西藏社会组织参与社会治理研究》，西藏民族大学硕士学位论文，2016。

强辨识性的目标指引，即"引导公众有序参与社会治理、维护良性的物质文化生活秩序、调适基本公共服务资源的供求、界定社会组织的适当行为空间"①。将社会组织纳入全面依法治国的范畴，实现其社会服务供给和资源整合的法治化，实现社会组织的法治建设，为社会生活打造一个秩序化和规范化的空间，进而推动社会组织的健康良性发展。

## 四　加快社会组织参与治理步伐

2014 年习近平在省部级主要领导干部专题研讨班上的讲话中指出："尽快把党和国家机关、企事业单位、人民团体、社会组织等的工作能力都提高起来，国家治理体系才能更加有效运转。"② 强调社会组织作为国家治理体系的重要组成部分，要充分发挥自身作用，合理有效地运用自身的有利资源，通过积极参与社会治理来实现国家治理体系现代化，为完善中国特色社会主义制度添砖加瓦。过去几十年，我国政府通过实践经验的不断积累，逐步实现了对社会组织发展规律的把握以及对发展概况的成熟认知，进而拓宽了其参与公共服务和社会治理的空间和舞台，使得社会组织能够承接服务型政府构建过程中的职能转移。党的十八大提出，"加快形成政社分开、权责明确、依法自治的现代社会组织体制"③，我国社会组织的发展进入了崭新的阶段。"党的十八届二中、三中、四中、五中、六中全会先后提出了改革社会组织管理制度、激发社会组织活力、加强社会组织立法、社会组织自觉维护党中央权威等任务要求，社会组织管理制度改革逐步展开。党的十九大进一步提出要发挥好社会组织在决胜全面建成小康社会、开启全面建设社会主义现代化国家新征程中作用的一系列新要求。"④ 社会组织在新时代被赋予了重要的职责和任务，通过对社会组织管理制度的改革以及政府相关部门的进一

---

①　陈柏峰：《中国法治社会的结构及其运行机制》，《中国社会科学》2019 年第 1 期。

②　《习近平谈治国理政》第一卷，外文出版社，2018，第 105 页。

③　中共中央文献研究室编《十八大以来重要文献选编》上，中央文献出版社，2014，第 230 页。

④　廖鸿、杨婧：《改革开放以来社会组织的发展与主要成就》，《中国民政》2018 年第 15 期。

步简政放权，社会组织在社会主义现代化建设的过程中拥有了更大的发展空间。

习近平强调："我们要发挥社会力量在管理社会事务中的作用，因为有些事情是政府管不了也管不好的，可以让群众依法实行自我管理、自我服务，同时也要加强对各类社会组织的规范和引导。"① 对于政府不宜管理或者管不好的领域和事务，要及时诉诸社会力量加以解决，发挥社会组织在社会治理当中的平等身份和非营利性等独特优势，提升我国政府社会治理能力和治理成效。社会组织在参与社会治理的过程中，既要合理利用支持性政策的颁布和活动空间的扩大所带来的便利，又要在与政府、服务对象打交道的过程中注重自身的内涵建设，通过内部治理结构的优化和各项管理制度的完善来更好地加强自身的能力建设，从而促进社会组织的整体形象、社会影响力和社会认可度的提升。另外，社会组织要为服务对象提供优质服务，发挥对政府和社会之间多元利益诉求的协调和整合作用，处理好自身与政府之间的关系，从而不断提升社会组织的公信力和社会影响力，更好地发挥自身动员社会、实现社会参与、承担相应的社会管理和社会服务的作用。社会组织承担着创新社会管理和激发社会活力的重要职责和任务，面对政府的职能转移与公共服务供给的结构转型要不断优化内部人才结构、拓展服务领域、注重解决一些长期被政府忽视的社会治理问题。更好地体现自身的公益属性，不断提升自身的专业化水平和服务质量，为实现国家治理体系和治理能力现代化做出应有的贡献，推动社会的良性发展和进步。

习近平提出："改革社会组织管理制度，鼓励和支持社会力量参与社会治理、公共服务，激发社会活力。"② 强调社会组织作为社会力量的重要代表，要积极参与社会治理和提供公共服务，通过整合和带动各种社会资源和相关群体来不断激发社会的活力，充分发挥社会各阶层各群体在社会主义事业中的建设作用。通过改革社会组织的管理制度，进一

① 《习近平总书记系列重要讲话读本》，人民出版社，2016，第176~178页。
② 《习近平总书记系列重要讲话读本》，人民出版社，2016，第225页。

步加强社会组织的体制机制建设和规范化发展，厘清政府、社会、市场三者之间的权责关系，充分发挥社会组织在我国社会主义现代化建设中的重要作用，不断激发社会活力，进而巩固党的执政基础。在计划经济体制下，政府、社会、市场之间的关系是政府居于主导地位，掌握着所有社会资源，市场和社会则完全依附于政府，毫无独立性和自主性。40多年的改革开放使得中国建立了社会主义市场经济体制，政府和社会组织之间的关系也发生了较大变化。我们要"理顺政府与社会组织的关系，发挥社会组织在社会治理中的作用"[1]，发挥社会力量在管理社会事务中的作用，鼓励和支持社会力量参与社会治理与公共服务，有助于厘清政府、社会、市场三者之间的关系，使得社会组织和政府能够积极探索合作治理机制，完成高质量的公共服务供给。房宁教授指出，未来国家和社会治理要处理好以下三种关系：第一种是制约和激励的关系，第二种是监督和保护的关系，第三种是集中与分散的关系。[2] 所以要处理好社会结构变迁与社会治理之间的动态关系，实现社会组织赋能和服务提供的一体化发展，建构共建共治共享的社会治理格局。党的十九大报告明确了市场在资源配置中的决定性作用，这为社会组织参与社会治理提供了有利的条件和环境。政府和社会组织要明晰各自职责，这对开拓社会组织的生存和发展空间、实现政府的职能转变大有裨益。对于那些适合由社会力量解决的问题和提供的公共服务，政府在提供指导性意见和编制转移事项后要给予社会组织良好的环境，明确双方的职责和任务，明确双方应遵循的规则和服务的群体，从而加快建成政社分开、权责分明、依法自治的现代社会组织体系，形成和谐稳定的社会服务局面。

　　2013年十八届三中全会通过的《中共中央关于全面深化改革若干重大问题的决定》强调："激发社会组织活力。适合由社会组织提供的公

---

① 徐家良、廖鸿主编《中国社会组织评估发展报告（2014）》，社会科学文献出版社，2014，第263页。

② 参见蔡礼强《对话・合作・传播——首届社会组织与公共治理高峰论坛综述》，《中国社会科学院研究生院学报》2019年第1期。

共服务和解决的事项，交由社会组织承担。"① 该决定明确指出了社会组织对于政府职能转移的承接作用和职能担当，强化了对社会组织的正确定位和培育引导方向。将适合社会组织提供的公共服务和事项交由社会组织来处理，促进了社会组织在社会治理中自治功能的发挥。实现社会组织直接向民政部门登记，改变了以往需要业务主管单位审查和管理的"双重管理"程序，降低了行业协会商会类、科技类、公益慈善类、城乡社区服务类社会组织的准入门槛和要求，清除了社会组织直接统一登记的障碍，但是已经登记的社会组织也要在享受便利的同时更好地遵守法律法规、促进自身的合法化运作。② 面对社会结构和社会利益格局的深刻变化，社会组织要积极参与社会建设和社会治理相关工作，加快推动现代社会组织体制的形成。社会组织作为第三方力量被赋予了正确处理政府和社会关系的媒介职责，这拓宽了社会组织的发展空间。对于上述四类社会组织进行优先发展和重点培育，通过注册登记上的程序简化为社会组织的发展提供便利，同时加大相关政策和资金方面的倾斜力度。

2013 年 9 月 26 日国务院办公厅印发了《关于政府向社会力量购买服务的指导意见》，该意见"要求民政、工商管理以及行业主管部门按照职能分工将承接政府购买服务行为纳入年检、评估、执法等监管范畴"。该意见的出台使得社会组织在参与社会治理和接受政府委托的过程中更具规范性和约束力，体现了政府对于向社会力量购买服务的重视和实践。该指导意见明确了政府在购买服务时对于社会组织资质标准的相关规定，使得政府在向社会力量购买服务时能够提升监管的效率和质量，提升社会组织参与社会治理的积极性和认同度。此后中央部委陆续出台的《关于支持和规范社会组织承接政府购买服务的通知》《关于印发〈政府购买服务管理办法（暂行）〉的通知》《关于做好政府向社会

---

① 《中共中央关于全面深化改革若干重大问题的决定》，人民出版社，2013，第 50 页。
② 王劲颖：《借鉴工商登记制度改革经验 全面深化社会组织管理制度改革》，《中共青岛市委党校（青岛行政学院学报）》2015 年第 1 期。

力量购买公共文化服务工作意见的通知》《关于在公共服务领域推广政府和社会资本合作模式的指导意见》等文件，进一步完善了政府购买服务的相关政策体系。政府向社会组织购买服务作为一项制度性建设，可以借鉴美国学者萨拉蒙教授的第三方治理理论。该理论强调，政府与第三方分享治理权有助于减少政府机构和政府工作人员，避免庞大官僚机构的出现，也有助于实现非营利组织的使命，及时发现公众的需求，更高效地服务公众。[①] 该理论为政府向社会组织购买服务提供了思路，强调了政府的职责在于将部分事务和职责委托给那些能够进行专业化处理的社会力量，从而更好地发挥政府自身的监管职责，全力承担资金提供者、指导者和监督者的角色。社会组织通过政府的职能让渡承担起了服务提供者的角色，实现了双方的合作与公共服务的供给，进一步推动了现代社会组织体制的建立和完善。

李克强在 2014 年政府工作报告中提出："推进社会治理创新。注重运用法治方式，实行多元主体共同治理。健全村务公开、居务公开和民主管理制度，更好发挥社会组织在公共服务和社会治理中的作用。"[②] 不断推进社会治理创新，使得社会组织在公共服务和社会治理中的功能和作用得到进一步的发挥。同时，强调要坚持依法治国，运用法治思维和法治方式实现社会治理的主体多元化，改变以往以政府为单一主体的治理逻辑。强调了社会组织在社会治理中的主体地位，赋予其在角色定位和功能发挥上的合法性和主动性。李克强在 2015 年政府工作报告中，重申了社会工作参与社会治理的重要性，指出："加强和创新社会治理。深化社会组织管理制度改革，加快行业协会商会与行政机关脱钩。支持群团组织依法参与社会治理。"[③] 深化社会组织管理制度改革，从而使得社会组织能够更好地参与社会治理，实现公共服务供给的社会性，改变

---

① 〔美〕莱斯特·M. 萨拉蒙：《公共服务中的伙伴现代福利国家中政府与非营利组织的关系》，田凯译，商务印书馆，2008。

② 李克强：《政府工作报告：2014 年 3 月 5 日在第十二届全国人民代表大会第二次会议上》，人民出版社，2014，第 28 页。

③ 中共中央文献研究室编《十八大以来重要文献选编》中，中央文献出版社，2016，第 392 页。

过去政府对公共服务的垄断，进而转向市场竞争，实现社会服务数量的增长和质量的提升。① 建立健全社会组织的行业规章和团体章程，完善社会的规范体系。社会组织参与社会治理要完善自身的评估体系，避免既当"运动员"又当"裁判员"的悖谬局面，开启社会治理的新篇章。评估既是政府行政体制改革深入发展的必然要求，也是社会组织实现"以评促建"的有效举措。

就服务购买的渠道来讲，国家层面的有民政部、文化部、科技部和中国残联等，另外地方层面的市级、区级甚至街道级也都有相应的政府购买服务；就立项申请的规范来讲，主要以项目是否合理为评审依据；就社会组织的项目设计来讲，要通过翔实的需求调研和需求评估来制定项目的总目标和分目标，通过制定切实可行的财务预算和评估方法来确保项目本身的规范性和可操作性。政府购买服务的推进有助于社会组织评估结果应用范围的扩大以及相关评估工作的可持续化进行，推动社会组织承担起政府职能转移的职责和功能，实现自身的依法自治水平和运作能力的提升。在中央政策的指导和引领下，各级地方政府纷纷出台了政府购买服务的相关细则和措施，全国大多数省份也出台了购买服务的相关政策文件和指导目录，进一步拓宽了社会组织的生存和发展空间。其中，北京地区推行政府购买服务的力度以及速度在全国都遥遥领先，北京市市级以及下属区县纷纷出台相关配套政策和具体措施，建立了不同层级的政策体系和相关的操作方法来推动政府对社会组织服务的购买，不断提升公共服务的质量。②

社会组织是参与社会治理和繁荣社会事业的重要主体。推动社会组织参与社会治理有助于充分发挥其专业优势，实现公共服务供给的数量增长和质量提升，进而实现公共服务供给水平的提高；有助于增强民众对社会事务的参与度，进而不断激发社会的活力，满足人们的多样化服务需求。社会组织承接政府购买服务，能够不断拓展自身的发展空间，

---

① 韩跃民：《我国社会主义社会建设基本问题研究》，中共中央党校博士学位论文，2012。
② 陈玉娟：《建国以来我国社会组织管理体制研究》，中共中央党校博士学位论文，2018。

更好地服务社会。在具体的实践环节，政府和社会组织之间的合作可以根据实际的发展需要采取委托管理、购买服务、合同立项等多种方式，实现对社会组织的资助途径的多元化，积极培育各类专业化社会组织，积极推进组织发展是为社会提供更广泛服务的前提，有助于不断提升公共服务的质量，满足公众日益增长的多层次、多样化需求。

2016 年习近平在参加全国政协十二届四次会议民建、工商联界委员联组会时强调："鼓励社会资本投向农村建设，允许企业和社会组织在农村兴办各类事业。"① 发挥社会组织在推动农业现代化当中的积极作用，给予社会组织参与社会建设的相关支持和引导。社会建设作为党的十八大报告中提出的"五位一体"总体布局的重要组成部分，是中国特色社会主义事业的重要分支和领域，使得中国早日实现社会主义现代化有了更清晰全面的抓手与着眼点，实现了从局部现代化到全面现代化的布局。社会建设的提出是我国现阶段发展的需要和真实反映。社会建设要以改善民生为重点，其具体内涵包括坚持以人民为中心的发展思想，切实满足人民群众对美好生活的多样化、多层次、多方面需要；不断提高保障和改善民生水平，加强和创新社会治理；提高社会治理社会化、法治化和专业化水平。社会建设的核心是维护最广大人民群众的根本利益，社会建设以包括基本公共服务在内的社会福利建设和包括社会组织在内的治理结构的完善为重要抓手，着力实现人民的幸福安康、社会的和谐稳定。② 具体来讲，社会建设涉及教育、就业、居民收入、医疗健康，以及社会保障、社会服务和社会组织等多个领域和对象。社会组织作为承接政府职能转移中参与社会治理的重要主体，必然要坚持问题导向和服务导向，以满足人民群众的多样化需求、实现其利益诉求为己任。党的十九大以来，"乡村振兴"成为振兴农村经济、缩小城乡差距、实现中国社会平衡充分发展的重要突破点，各类社会组织更要紧跟时代发

---

① 《习近平谈治国理政》第二卷，外文出版社，2017，第 261 页。
② 田瑞华：《当代中国社会管理创新研究——基于马克思主义社会管理思想视阈》，内蒙古大学博士学位论文，2017。

展潮流，通过在农村兴办各类事业来推动精准扶贫和城乡一体化发展，进而为我国社会建设能力和水平的提升做出应有的贡献。

精准扶贫作为国家重要的方针政策，关系着全面建成小康社会的实现程度。当前社会组织参与社会建设的一个重要着力点就是全面支持扶贫工作。党的十八大以来习近平多次强调，打赢脱贫攻坚战是中国共产党对全国人民的庄严政治承诺。① 国务院制订的脱贫攻坚计划中，强调了要支持社会组织从事扶贫开发事业，广泛动员广大社会力量进行帮扶。社会组织可以依托自身专业技能和优势在教育扶贫、健康扶贫、志愿扶贫、产业扶贫等领域进行相关社会建设。通过对各类社会资源的动员和广泛联系，真正做到扶贫工作的灵活精准，为我国的精准扶贫事业助力。另外，社会组织通过采用多种项目形式深度参与精准扶贫工作，并在专项扶贫、社会扶贫等方面取得了显著的成效，受到相关利益群体的广泛支持。社会组织对社会建设的广泛参与和积极作为，大大提升了其在农村当中的影响力和认可度，为今后更好地开展活动和提供服务打下了良好的群众基础。

2017 年 12 月发布的《关于广泛引导和动员社会组织参与脱贫攻坚的通知》强调，要充分利用社会组织在联系和动员社会帮扶资源、调动相关力量参与社会建设方面的优势，实现社会组织专业性与精准扶贫的有效对接，真正做到扶智和赋能，通过运用社会组织的专业技能和专业资源来促使贫困地区和人口真正摆脱贫困。该通知明确提出参与脱贫攻坚是社会组织的重要责任，明确划分了社会组织参与脱贫攻坚的重点领域，提出要积极发挥全国性社会组织和省级社会组织的示范带头作用，为社会组织参与精准扶贫创造有利条件和施展空间，积极发挥社会组织在推进社会主义现代化建设中的重要作用。为了响应中央关于确保 2020 年实现全面脱贫的号召，民政部通过成立引导社会组织支持深度贫困地区脱贫攻坚工作的领导小组，先后组织和动员中国扶贫基金会、中国慈

---

① 曹爱军：《民族地区社会组织的发展境域——以"五个建设"为视野》，《重庆工商大学学报》（社会科学版）2013 年第 6 期。

善联合会等 180 家全国性社会组织与深度贫困地区对接，实现扶贫资源向深度贫困地区的倾斜。国家的经济社会事业发展为社会组织的发展提供了诸多机会，社会组织也应及时关注国家经济社会发展的情况，积极投身社会建设，发挥自身的专业优势，开拓新的经济增长点，拓宽自身的发展空间。在这一社会参与的过程中，相关部门要对社会组织的发展给予相应的政策上的支持，做好自身的监督管理工作，简化社会组织的审批程序，给予相关费用及税收上的支持，使得那些有条件、有资源的社会组织能够积极投身医疗、养老、教育等社会事业，积极发挥社会组织在基层社区管理和农业农村发展中的作用，积极培育大量以扶贫为目标的社会组织，有力地支持精准扶贫工作的开展。

## 五　构建社会组织市场竞争机制

2013 年党的十八届二中全会通过的《国务院机构改革和职能转变方案》明确提出要改革社会组织管理制度，正确处理好政府和市场、政府和社会、中央和地方的关系，更好地发挥社会力量在管理社会事务中的作用。[①] 这就明确了政府对于微观事务管理权的下放，给予了社会组织更好地发挥自身功能和效用的政策环境。40 多年的改革开放使得我国实现了由计划经济体制向社会主义市场经济体制的重大转变，这一经济制度的革新同时带来了社会结构的发展变化。新兴行业和领域的出现使得社会生活发生了相应的变化，促使政府将社会治理的部分领域交给了社会力量，从而有助于政府更好地发挥其职能，满足国家和社会发展的需要。将自身无暇顾及或者做不好的问题交给社会力量来解决，既是政府实现社会分权的考量，更是实现国家治理体系和治理能力现代化的必然要求。"十一届三中全会以来，我国经济体制改革从一开始就是向着市场化方向发展的，是一个不断扩大市场机制作用的过程。"[②] 党的十九大报告强调要发挥市场在资源配置中的决定性作用，我国社会经济的众多

---

① 中共中央文献研究室编《十八大以来重要文献选编》上，中央文献出版社，2014，第 230 页。
② 郭德宏主编《中国共产党的历程》第三卷，河南人民出版社，2001，第 445 页。

行业和领域开启了推进市场化优胜劣汰的进程。社会组织作为社会力量的代表，要在今后的发展建设过程中尊重市场的规律、接受市场的检验，对于那些服务水平不达标、社会评价较低的组织和团体应根据退出机制撤销和取缔，对于那些拥有较大品牌效应和社会影响力的组织单位要加以奖励或加大政策倾斜力度，不断强化支撑体系，着力发挥各类社会组织在提供公共服务、参与社会治理和社会建设中的作用。

《国务院机构改革和职能转变方案》中提出了建立"政社分开、权责明确、依法自治的现代社会组织体制"① 的要求，实现社会组织与行政机关的分离，不断提高社会组织的自主性，引入市场化竞争机制，促使社会组织优胜劣汰。同时，这一方案当中明确了要"重点培育、优先发展行业协会商会类、科技类、公益慈善类、城乡社区服务类社会组织"，"直接向民政部门依法申请登记，不再需要业务主管单位审查同意"②。通过重点建立四类社会组织，简化登记程序，进而建立健全统一登记、各司其职、协调配合、分级负责、依法监管的社会组织管理体制。③ 充分提高社会组织的自主性，发挥其在社会治理当中的作用，通过市场化优胜劣汰的退出机制和政府购买服务推动社会组织的发展进步。引入市场化机制后，社会组织需要更好地开展与政府、企业、个人、基金会等主体的合作，进而不断提升自身的综合发展能力。对于那些专业能力较差、社会公信力较低的社会组织要采取优胜劣汰的退出机制，从而实现公共服务资源的优化配置，大力提升社会组织服务的质量和水平。

社会组织要发挥其市场中介的作用，通过引入社会资本、盘活各种社会资源来不断提升其社会服务的质量和水平，避免过去由对相关权力部门的挂靠和依赖造成的自主性的缺失和社会功能的缺位。2014 年颁布的《国务院关于促进慈善事业健康发展的指导意见》中指出："以扶贫

---

① 中共中央文献研究室编《十八大以来重要文献选编》上，中央文献出版社，2014，第230 页。

② 中共中央文献研究室编《十八大以来重要文献选编》上，中央文献出版社，2014，第231 页。

③ 赵立波：《中国特色公益服务体系的组织谱系分析》，《机构与行政》2014 年第 8 期。

济困类项目为重点，加大政府财政资金向社会组织购买服务力度。"① 这一举措既是政府减轻治理负担的需要，也是扩大社会组织发展空间的必然要求。财务资产的管理是全国性社会组织中较为重要的组成部分，但是从目前总体发展情况来看仍然是较为薄弱的环节，因为社会组织具有非营利性、志愿性、公益性等特征，它的日常运营通常需要通过外部的资助来加以维持。私人捐款是社会组织在以往发展中的一个重要资金来源，但是对于私人捐款的依赖会大大降低社会组织的自主性和延续性，从而不利于其长久发展。因此，社会组织需要探索除私人捐款和政府筹集之外的可持续发展路径，通过引入市场机制来满足供需双方的利益需求，从而实现自身的稳固发展。正确处理好社会组织的财务资产问题，既关乎社会组织的公共服务能力，也关乎其本身的合法性和社会评价。2015 年 7 月 8 日出台的《行业协会商会与行政机关脱钩总体方案》更是政府深化简政放权和实现职能转变的又一举措，行业协会商会与行政机关脱钩是改革社会组织管理制度的重要一环，这种一方放而另一方收的制度改革考验的是双方能否在这一过程中做到放而不乱、收而不瘫。② 对于社会组织来说，如何发挥自身的专业优势、整合社会资源、解决问题、提供公共服务、真正完成好自身的职能和角色任务是今后发展的一个重要方向。将社会组织纳入市场化竞争就是对其自身能力建设的一种考验，这要求社会组织不断地提升自身的核心竞争力。无论是在资源获取、社会资本吸纳还是核心能力的提升上都要加以创新发展，进而满足市场化发展的需要，推动自身的可持续运营。在政府将职能转移给社会组织的过程中要避免因社会组织自身不足，如能力弱、人员素质差、对政府依赖性强等问题，而无法完成政府的职能转移，错失发展的良机，这会影响政府对社会组织进行职能转移的力度和决心。所以，社会组织

---

① 中共中央文献研究室编《十八大以来重要文献选编》中，中央文献出版社，2016，第222 页。

② 中共中央办公厅、国务院办公厅：《行业协会商会与行政机关脱钩总体方案》，中办发〔2015〕39 号。

应在市场经济体制运行的过程中，不断发展壮大，规范体制机制，及时了解和应对市场竞争中出现的风险和挑战，及时反馈政府职能转移和权力下放带来的便利。

市场竞争机制的引入在解决社会组织存在和发展的经费问题的同时，也影响着其工作绩效指标的制定。市场化的工作绩效指标将以功能建设为核心，这一绩效指标有助于反映各类社会组织在提供服务、反映诉求、规范行为等方面的实际成效，进而有助于提升社会组织的自身建设能力和生存能力。① 将市场机制纳入社会组织的发展过程，优胜劣汰，这对于促进社会组织自身的能力建设以及推进社会公益事业的建设大有裨益。在全面深化改革的背景下，社会组织必然要积极顺应社会发展潮流，更好地发挥自身在推进社会治理过程中的功能和作用，实现整体能力的有效提升和飞跃。社会组织管理采取的是"登记、年检、培育、评估、执法"五位一体的模式，通过这一系列的监管手段构筑起社会组织的管理体系。② 社会组织的发展与社会组织评估、政府职能转移和政府购买服务、信用体系建设、年检制度建设等具有极大的关联性，要在市场化机制的运行中激发起社会组织功能建设的主动性和活力。各类社会组织的发展要在基础设施、人员配备和专业技术能力、内部治理结构、财务资产管理、社会评价和影响力、缴纳税收和社会保险、依法登记等方面整合推进，从而使社会组织能够不断优化自身的能力建设，提升自身的社会公信力和社会服务质量。市场讲求优胜劣汰，讲求经济效益和社会效益的获得，党的十八大以来，各类社会组织通过探索提升收益和降低成本的可行途径来推动自身的可持续运营。

综上所述，党的十八大以来，社会组织的完善和发展得到了党中央的大力支持和深度谋划，通过不断拓宽社会组织协商民主渠道、不断加强社会组织党建工作、不断推动社会组织法治化进程、不断加快社会组

---

① 余昌颖：《新时期福建省社会组织发展研究》，华侨大学博士学位论文，2015。
② 徐家良、廖鸿主编《中国社会组织评估发展报告（2014）》，社会科学文献出版社，2014，第29页。

织参与社会治理步伐、不断构建社会组织市场竞争机制等，使社会组织的发展有章可循、有法可依、有才可施，使其真正发展成为政府职能转移的回应者和广大群众的服务者，真正发挥其在政府和群众之间的桥梁和纽带作用。

## 第二节　党的十八大以来城市社会组织的发展概况

党的十八大以来，城市社会组织在国家政策的助力下得到了快速的发展，城市社区基层组织参与社会治理的程度和水平都得到了显著的提升，随着政府治理重心的下移，城市社会组织作为社会服务的承接者不断发挥自身的专业优势，为实现国家治理体系和治理能力现代化贡献自己应有的力量。群团组织改革如火如荼地推进和开展，实现了历史性的发展和进步。新型社会组织主要包括社会团体、基金会、民办非企业单位等三类社会组织。党的十八大以来新型社会组织在相关政策利好的背景下得到了飞速的发展，该类社会组织的社会服务能力和服务质量都得到了显著的提升。系统梳理和总结党的十八大以来城市社会组织的发展历程，总结发展过程中的经验，有助于为新时代城市社会组织的更好发展提供借鉴和启示。

### 一　城市社区组织的演变与发展

党的十九大报告明确提出："加强社区治理体系建设，推动社会治理重心向基层下移，发挥社会组织作用。"① 2018 年印发的《民政部关于大力培育发展社区社会组织的意见》指出："社区社会组织是由社区居民发起成立，在城乡社区开展为民服务、公益慈善、邻里互助、文体娱乐和农村生产技术服务等活动的社会组织。"社区社会组织扎根基层的

---

① 习近平：《决胜全面建成小康社会，夺取新时代中国特色社会主义伟大胜利——在中国共产党第十九次全国代表大会上的报告》，人民出版社，2017，第 49 页。

属性定位使其能够及时发现群众的困难和需求，更好地承接公共服务项目，积极融入城乡社区便民利民服务网络。通过面向困难群众的志愿帮扶和针对社区居民的专业服务来推动社区居民对于基层群众自治实践的参与，通过良好社区文化的培育来更好地践行社会主义核心价值观。社区社会组织作为党的工作和群众工作的重要阵地，是党的基层组织建设的重要领域，也是实现社会问题源头治理的重要力量。社区社会组织的发展需要拓展自身发展空间和增强事务开展的自主性，这样，"一方面给予社会组织参与社区治理尤其是利益表达的空间，培育社区自治；另一方面赋予社会组织更多的自主性，建立以社区需求为导向而不是单纯以政府为中心的社区服务体系"①。通过行政、人际和组织三个方面实现社会组织对社区的有效嵌入，提升社会组织参与社区社会治理的成效。另外，社会组织内部管理能力和社会服务供给水平的提升是其参与社区治理的根基。近年来政府的职能转移和权力下放也为社会组织的发展创造了良好的环境，二者之间的良性互动推动着双赢局面的产生，不断促进共建共治共享社会治理格局的加快形成。

2017 年发布的《关于加强和完善城乡社区治理的意见》也强调了社会组织在基层社会治理中的重要作用，通过推动社会组织、社区和社会工作之间的"三社联动"，支持社会组织承接政府职能转移来发挥其协同作用，着力提升城乡社区治理法治化、科学化、精细化水平和组织化程度。"不管是哪一政府层级推动的服务项目，不管是哪一类社会组织承担的服务项目，最终大多要在社区落地。"②街道社区作为社会治理的基层对象，直面公众的生活需求和真实样态，各类社会组织在街道社区构建完备的社区服务平台，能够更好地汇聚资源和解决困难，形成满足社会需求的合力。街道社区作为城市行政区划的基层单位，对于公众的实际需求更加了解，对于社区社会组织也更为热情、更为关切，从而形

---

① 王妮丽：《国家与社会关系视角下我国社区治理模式思考》，《云南师范大学学报》（哲学社会科学版）2019 年第 1 期。

② 黄晓勇主编《中国社会组织报告（2016~2017）》，社会科学文献出版社，2017，第 42 页。

成社会协同效应。国内一些地方已经建立了社区综合服务中心，通过场地提供、资源支持、合作交流、培育孵化等方式来支持社区社会组织的发展，从而推动社会组织在基层治理当中作用和功能的积极有效发挥。

各类社会组织在基层的服务机构和设施建设旨在契合我国社会治理重心向基层下移的政策方向。同时表明，政府越来越重视各类社会力量的多元参与，以实现协同治理，社会组织正在成为新时代我国社会基层治理的重要主体和参与力量。专门为基层群体服务的社区社会组织得到了快速发展，极大促进了社区的和谐稳定。社区社会组织的发展使得其自身管理社会事业和提供公共服务的作用得到了进一步的发挥，更好地承接了政府转移的相关事务，为实现基层治理的网格化发展和组织化建设起到了积极的促进作用。

社区治理是社会治理的基础，随着社会结构的深刻变动及居民需求的多样化发展，社区治理所面临的专业化困境和公共服务的有效供给缺失等问题日渐凸显。因此对于社区社会组织的培育和发展既是现实的需求，也是基层治理水平提升的必然要求。面对当前社区治理存在的问题，陈伟东、熊茜认为："在具体运行过程中存在着'管控'与'自治'双重向度的现实困境。"[①] 社区社会组织正是基于自身的多元协作、精细专业、灵活高效等优势，有效弥合了政府管控和社区自治之间的张力，从而推动多元治理格局的形成。在具体的实践举措上，王杨基于对北京草根组织的研究得出以下结论："政府部门应对社会组织进行社区嵌入发展的方向引导和能力建设，社会组织则应以专业服务为立足点，以创新公共物品生产为关键。"[②] 通过政府的积极引导和社会组织的自身能力建设，来增强社区公共服务的合法性和公信力。

社区是基层群众自治的单元，社区社会组织的公共性主要体现在公

---

① 陈伟东、熊茜：《论城市社区微治理运作的内生机理及价值》，《吉首大学学报》（社会科学版）2019 年第 1 期。

② 王杨：《社会组织在社区治理中的合法化路径与策略——基于北京市一个草根社会组织的个案研究》，《中州学刊》2018 年第 12 期。

共服务的提供、公共利益的表达和公共精神的传递三个方面，有效推动城市居民对社区公共事务的主动参与、推进居民主体意识的觉醒和赋权是今后社区社会组织工作的一个重点任务。社会治理目标是构建一个共建共治共享的社会治理格局，因此，社区社会组织要提高居民参与意愿，以深度的培育来不断增强其行动能力和行动成效。就实现居民参与的具体途径来说，袁方成教授认为："意识培育、民主协商、互动协作、技术创新等要素通过有效整合，可以构建较为完善的增能机制。"① 通过实现政府、社区、居民、社会组织等多元主体的互动整合，来不断地实现资源的优化配置，真正实现居民的自治权利，激发社区社会组织的活力和功能发挥，实现社区治理绩效的不断提升，实现政府治理重心下移的目标，达到社区社会组织参与基层治理的预期效果。

## 二　群团组织的改革与建设

2015 年习近平在群团工作会议上指出："切实保持和增强党的群团工作和群团组织的政治性、先进性、群众性，组织动员广大人民群众更加紧密地团结在党的周围。"② 讲话强调了群团工作的着力点和突破方向，为群团组织改革和发展进行了相关的定位。就这一会议来说，由党中央召开党的群团工作会议在党的历史上还属于首次，这充分说明了以习近平同志为核心的党中央对群团组织工作的高度重视和支持。2015 年 7 月公布的《中共中央关于加强和改进党的群团工作的意见》对群团组织改革进行了更为详细和系统的安排和规划，为推进新时代群团工作的发展提供了政策支撑。这一意见的出台使得我国群团组织的改革有了相应的框架和实践性导向，有助于相关工作的进一步展开和扎实推进。

群团工作在改革之前存在的显著问题就是"机关化、行政化、贵族化、娱乐化"，这使党的群团工作脱离人民群众，无法表现和发挥出自身应有的活力和作用。群团组织改革的核心方向是要牢牢把握党对群团

---

① 袁方成：《增能居民：社区参与的主体性逻辑与行动路径》，《行政论坛》2019 年第 1 期。
② 《习近平谈治国理政》第二卷，外文出版社，2017，第 306 页。

工作的领导，加强群团组织的党建工作，进一步巩固党的阶级基础和群众基础。对于群团组织改革要坚持问题导向，通过解决突出的问题来扭转群团工作中出现的不良现象，真正做到面向基层、面向老百姓，满足群众的需要。另外，群团组织改革也应积极发挥其自身的公共服务功能，实现对相关服务的承接，切实发挥工会、共青团、妇联等群团组织的职责和作用。

党的十八大以来，群团组织改革稳步推进，以工会、共青团、妇联为代表的群团组织工作得到了深入推进和发展。共青团作为培养青年后备人才的承接单位，在此次改革过程中，对自身的思想政治教育和人才培养这两个方面进行了再次审视，针对当前各级共青团存在的突出问题，积极采取一系列措施来不断强化团员的意识、加大对团干部的培养力度、不断发挥团干部的模范带头作用，使得该组织的覆盖面得到有效的扩大。共青团作为组织动员的重要载体和职能作用的承担者，在实现自身政治功能的同时不断维护青年的利益，通过自身的良性转型来实现群众本位的复归。另外，"型构群团组织与社会组织之间的关系"①，正成为一项重要的议题，并受到了相应的重视和推进，充分利用双方在政治职能和独立性方面的优势，共同为推进社会治理贡献出应有的力量。

工会改革把不断优化自身的组织结构作为努力方向，以巩固党的群众基础和阶级基础为自身改革的目标，不断提升自己在参与国家治理当中的作用和功能。对于各级工会要予以经费上的支持，通过不断优化自身的组织结构来满足现实的需求，规范自身的活动和事项安排，发挥其活力。工会的组织属性意味着其要满足群众的功能诉求，维护工人阶级的利益。在信息化时代，采用互联网这一工具不断地加强与群众的沟通和交流。工会在发挥自身团结工人、教育工人、服务工人作用的过程中，主动承担政府转移的职能，不断提升自身的服务能力和水平，实现健康

---

① 康晓强：《国家治理视域下的群团组织转型：逻辑路线与突出短板——以改革开放40年来的中国共青团为例》，《人文杂志》2019年第1期。

有序的发展；主动发挥在化解社会矛盾方面的功能和作用，促使社会和谐发展以及中华民族伟大复兴中国梦早日实现。

妇联的发展得到了进一步的推进。"妇联拥有政府和其他社会组织不具有的优势，在妇女发展的健康、教育、就业、社会保障等基础领域以及妇女儿童心理咨询、受侵害妇女儿童心理辅导、妇女法律咨询等专业化工作方面承接政府转移职能。"① 妇联的功能定位基于妇女撑起了半边天，新时代的女性角色和地位得到了相当程度的改善和提升。各级妇联的改革重在反映女性群体的利益诉求，通过相关针对性措施来不断地化解矛盾、维护女性的正当权利和切身利益。尤其是为了适应当今社会高节奏发展的现状，妇联工作将对女性群体的"精神疏导和心理疏导"作为重要的工作内容，通过建构平台实现女性之间的联系和沟通，促使其拥有积极乐观的状态。

党的十八大以来，群团工作在以习近平同志为核心的党中央高度重视和支持下得到了快速发展，群团组织的职能也进一步实现了从以往单一的组织联系向参与职能的转化，通过发挥自身的专业服务能力承接相关公共服务，群团组织的功能得到了进一步的发挥；群团组织作为具有鲜明政治特色和承接政治职能的组织形式，在加强党对社会基层的领导的同时也在不断地发挥自身的多元化作用，不断贴近群众，进一步巩固党的群众基础和执政基础。今后以工会、共青团、妇联为核心的三大类群团组织应不断加强彼此之间的联系和沟通，实现协同治理，建构网上群团协作平台和机制来不断扩大群团组织的影响力，实现新时代党的群团工作的稳步推进和跨越式发展。

## 三　新型社会组织的建立与完善

据 2014 年全国性社会组织评估情况的梳理分析，"3A 及以上等级社

---

① 胡若雨：《群团组织在新时代的改革取向》，《理论探索》2019 年第 1 期。

会组织数量达到历史最高值"①，这表明我国城市社会组织的发展告别了以往的野蛮增长阶段，开始向质量优化的方向迈进，跨入了崭新的发展阶段。民政部从 2007 年开始对全国性社会组织进行评估，数据分析表明，在评估工作有序推进的同时，我国社会组织的发展也开始实现了质的提升。党的十八大以来，城市社会组织的发展实现了巨大的突破，这一成绩的取得使得优质社会组织可以享受到政府职能转移、政府购买服务以及政府奖励方面的倾斜和扶持，5A 等级的社会组织可以享受到简化年检程序的便利。自身的能力提升，政府的购买服务、政策扶持，第三方机构的评估机制，会员和行业的良好反馈使得社会组织的发展终于在漫长的成长期之后跨入了质量增长的阶段。

截至 2019 年 2 月，全国依法登记的社会组织共 81.89 万个，与 1988 年民政部恢复社会团体登记管理工作时的 4446 个相比，30 多年的发展使得社会组织总体数量实现了百倍增长，年增长率达 18%。就社会组织的地域分布来讲，江苏、广东、浙江社会组织数量排名处于前三；就社会组织的类别而言，主要有社会团体、民办非企业单位和基金会，相较于省级、市级和部级而言，三类社会组织的县级数量都是最多的。这表明社会组织的数量发展与行政区划数量成正比。民办非企业单位在这三类社会组织中的数量位居第一，占 53.77%，社会团体的数量紧随其后，占 45.38%；华东地区的社会组织数量位居我国各区域之首，达到 30.17 万个。② 另外，我国社会组织在实现数量井喷式增长的同时，其服务能力也得到了相应的提升，随着其参与领域和空间的扩大，城市社会组织为经济社会的发展起到了巨大的推动作用。

新型社会组织在吸纳各类社会人员就业方面和社会服务的提供方面做出了重要贡献。随着近年来越来越多的高学历人才和专业人才进入社会组织领域，社会组织从业人员的职业化和专业化水平逐步提高。在促

---

① 徐家良、廖鸿主编《中国社会组织评估发展报告（2015）》，社会科学文献出版社，2015，第 1 页。

② 民政部 2018 年发布的《2017 年社会服务发展统计公报》。

进经济发展方面，行业协会商会为实现行业自律、处理对外贸易争端、实现市场经济的稳态发展、促进经济转型升级发挥了积极的作用。在公共服务的提供方面，各类民办社会服务机构为满足人民群众日常生活中出现的公共需求进行了有益的探索，得到了社区老百姓的信任和支持。在发展公益事业方面，依托社会募捐和志愿者服务，社会组织在环境保护、助学助医、精准扶贫、救灾防灾等方面做出了突出贡献。在创新社会治理方面，各类社会组织扎根基层，以城乡社区为治理空间，通过形式各异的项目活动发挥自身承接政府职能转移的功能。

公益信托、公益创投等社会投资方式在社会组织中的发展运用，社会各界对于社会企业发展的大力支持，"互联网+公益"的迅猛发展等，使得社会组织发展的产业生态链条得以凸显，平台和社会组织之间的资源对接不断地推动社会组织的发展进步。就产业生态链条来讲，"上游有基金会，中游有枢纽型、支持型、示范性社会组织，下游有实务操作性的生态链条初步显现"①。近年来一些面向社会组织的专业志愿服务的出现成为支持社会组织能力建设和实现质量增长的重要力量。这类专业性的志愿服务活动主要是由来自企业的技术和管理人员负责，他们对社会组织的项目咨询、人力资源管理、资金筹措等方面给予了专业性的指导。②这类服务虽然在学术界还缺乏相关的研究，但是其实用性和功效已经在实务领域得到体现，其商业运作和经营理念的输出对相关社会组织的规范化发展大有裨益。民政部办公厅发布的《关于发布2018年中央财政支持社会组织参与社会服务项目立项名单的通知》中显示，2018年中央财政支持社会组织参与社会服务项目共立项463个。各地也相继出台了相关的资金扶持和资金使用管理办法，不断创新工作机制和方法来扩大社会组织承接政府职能转移的范围，为社会组织实现由数量增长向质量提升的转变发挥了巨大作用。

另外，近年来涌现出多所致力于为社会组织提供法律、专业和资金

---

① 任姝玮：《把"大社会"做得更大》，《浦东开发》2013年第6期。
② 黄晓勇主编《中国社会组织报告（2016~2017）》，社会科学文献出版社，2017，第5页。

等方面支持的、服务于社会组织的专业机构，为社会组织发展的质量提升和规范化运作发挥了重要作用。各地出现的社会组织法律调解中心、社会组织"智库"、社会组织发展基金会等机构，为社会组织提供了常态化法律服务、智力支持、战略引导和资金支持等服务，使得社会组织的行业生态链条日渐清晰，推动了社会组织发展速度和服务质量的稳步提升。这类专门服务于社会组织的枢纽型机构是未来社会组织发展的主要方向，专业性机构的引导和培育使得我国城市社会组织能够在经济社会发展转型的过程中更好地满足人们对于公共产品服务的需求，推动社会组织行业生态链的进一步完善，更好地发挥社会组织这一重要社会力量在推进国家治理体系和治理能力现代化中的作用。

## 第三节　党的十八大以来城市社会组织
## 创新发展的特征

"少一些统治，多一些治理"成为现代社会治理的普遍共识。作为社会治理主体之一的社会组织，正是在这样的理念指导下开展具体的实务工作的。有学者指出："现代社会治理格局即共建共治共享社会治理格局的提出是对我国既往社会治理实践的发展与创新，具有丰富和独特的内涵，反映出我国社会治理从机制创新、体制完善推向格局营造新阶段，呈现出全面共治的系统要求，要求政府角色从'主导'向'负责'的重要转变。"① 这种观念和角色的转变反映出面对时代的发展变化，我国政府能够紧跟时代的潮流、切实站在人民群众的立场上，为国家的发展建设进行及时而又必要的自我调适，从而实现经济社会的发展进步、社会活力的极大激发和国家的长治久安。这一政府职能和角色自我调适的背后正是对"以人民为中心"发展思想的贯彻执行，从而不断提升我国社会治理的专业化、智能化、人性化、精准化水平，着力培养全民的公共参与意

---

① 江必新、王红霞：《论现代社会治理格局——共建共治共享的意蕴、基础与关键》，《法学杂志》2019 年第 2 期。

识和行为习惯。党的十八大以来城市社会组织的创新发展具备了新时代的特征，本节将从以下四个方面来进行归纳总结和具体阐述。

## 一　提高社会组织党的建设的质量

党的十九大报告指出："党政军民学，东西南北中，党是领导一切的。"社会组织是整合社会资源、开展群众工作的一支重要力量，更要大力做好党建工作，切实实现社会组织中的党组织覆盖和党组织活动的覆盖。"社会组织党建工作的有效开展对引导社会组织有序参与公共服务和社会治理具有全局性的战略意义。"① 2015 年出台的《关于加强社会组织党的建设工作的意见（试行）》对社会组织党建工作的重要性和总体布局作出了明确规定，将社会组织的党建工作纳入全国党建工作的总体布局，通过社会组织的党建带动其他方面工作的创新发展和实践，进而提升社会组织党建工作的整体水平。2016 年印发的《关于改革社会组织管理制度促进社会组织健康有序发展的意见》明确提出要加强党对社会组织工作的领导，各级党委和政府要加快完善对于社会组织的领导机制，建立多渠道、多元化投入的党建工作基础保障，做好社会组织相关负责人的政治思想教育和引导工作，使得他们能够积极支持社会组织党建工作的有序推进。党的十八大以来，随着全面从严治党的推进，社会组织的党建工作被放在了越来越突出的位置。全国各地的社会组织大都在党组织建立、生活制度落实、党员活动开展、作用发挥等方面进行了相应的改进和建设，使得社会组织的党建工作逐渐趋于正规化。

通过建立流动的党员信息库，实现了社会组织与党建工作的无缝衔接，并依托互联网技术，实现社会组织党建工作的大数据化和智能化。山西晋城通过抓典型和强调示范效应来提升社会组织党建工作质量，解决了现实中存在的"重经营轻党务"和党务工作"没人干、不会干"的问题，通过机制创新、经费保障和队伍建设等举措来形成社会组织党建

---

① 徐家良主编《中国社会组织评估发展报告（2017）》，社会科学文献出版社，2017，第 164 页。

工作的格局。① 党的群团组织对于构建枢纽型社会组织发挥着重要作用，实现工会、共青团、妇联的桥梁纽带作用有助于将各类社会组织凝聚在群团组织周围，进而实现党和政府对于社会力量的有效引领。另外，相关单位和部门根据行业相近、产业相通、区域相邻的原则，对于那些不具备单独组建党组织的社会组织，通过片区联建、同业共建、挂靠组建等方式建立联合党支部，并在具体的实践过程中探索出了精准划片、挂图督办的工作方法，实现了社会组织党的组织和党的工作两个全覆盖的有效建构和推进。马长俊指出，行业协会的党建工作可以通过以下机制来实现，"在目标、组织结构、运行机制三个层面实现党的领导与行业协会价值目标的统一"②。通过组织结构的嵌入来谋划和执行相关的治理决策，进而融合具体的监督机制，实现党对行业协会的全面领导，引导行业协会走中国特色的现代社会组织发展道路。

社会组织的党建工作在过去很长一段时间存在弱化的情况，党的十八大以来突出社会组织的党建工作成为社会组织发展的显著特征。过去很长一段时间，许多社会组织在成立党组织、定期举办党支部活动、贯彻学习党中央精神和加强政治站位上较少作为，党组织的作用亟须得到加强。③ 党的十八大以来各地社会组织的党组部门通过定期召开支部委员会、支部党员大会、党小组会以及开展党课等活动，丰富党组织的活动方式和类型，补齐相关的工作材料，使得社会组织的党建工作实现规范化发展和常态化运营。④ 当前社会组织的发展具备了相对完备的制度保障和广阔的发展空间，在这样的政策环境下社会组织更要突出自身党建工作的实效，切实把控组织自身的发展方向和风险，进而不断提升自

---

① 中共晋城市委组织部：《新形势下做好非公经济组织和社会组织党建工作的"晋城实践"》，《前进》2019 年第 2 期。

② 马长俊：《加强党的领导与行业协会法人治理相融合研究》，《社会主义研究》2018 年第 6 期。

③ 徐家良主编《中国社会组织评估发展报告（2016）》，社会科学文献出版社，2016，第 100 页。

④ 王向民、李小艺、肖越：《当前中国的社会组织培育发展研究：从结构分析到过程互动》，《华东师范大学学报》（哲学社会科学版）2018 年第 6 期。

身的合法性基础和社会公信力。

突出社会组织的党建工作，实现对社会力量的有效引领，要不断扩大党的组织覆盖和工作覆盖，引导社会组织在参与社会治理过程中树立正确的价值观、保持正确的政治站位，将工作重点放在服务民生上，避免被西方势力所利用，影响基层社会治理的正常开展。社会组织也要在党的有效领导下开展具体的实务工作。强化党对社会组织全面领导的关键就是要实现社会组织中党员对党组织的认同感和归属感，党员的组织认同来自党员身份认同、意识形态认同、利益认同三个方面，通过有效的党员教育、党员激励和组织动员来实现社会组织党员队伍的组织认同和主体作用的发挥，实现党组织的功能提升。党的十八大以来，各地在推动社会组织党建工作方面进行了有益探索，确保了社会组织的正确政治方向。社会组织及其工作人员紧密团结在党中央周围，不断扩大党在社会组织中的影响力和号召力，进一步巩固党的群众基础和阶级基础，不断夯实党的长期执政基础和对社会力量的有效引领基础。

## 二 增强社会组织发展的自主性

我国改革开放以来的行政体制改革史，就是一部权力下放的历史。社会组织作为社会治理的参与者，在承接政府权力下放中的公共服务方面被赋予了更多的自主权。从权威主体的维度来讲，统治的主体是单一的，治理的主体是多元的。政府、社会力量、个人作为多元主体共同参与社会治理本身就是政府创新社会治理模式的体现。"2013 年度，随着政府转移职能力度的进一步加大"[①]，社会组织承担的职能越来越多，这也就意味着它们所要承担的责任越来越大。党的十八大以来，社会组织被赋予了服务行业、服务会员、服务政府和服务社会的多重职能，社会组织需要付出更多的时间和精力来提高自身的行业影响力。增强社会组织发展的自主性，实现政府对权力的下放，更好地依托社会力量和市场

---

① 徐家良、廖鸿主编《中国社会组织评估发展报告（2014）》，社会科学文献出版社，2014，第 73 页。

机制来实现社会组织的良性发展。政府将权力下放，从而有更多的时间和精力把该管的事情管好，避免由管的事情太多造成很多事情都管不好的局面。从具体的操作层面来讲，就是要简化社会组织的登记管理流程，对于优先发展的四类社会组织给予门槛上和操作上的支持。改革社会组织管理制度，真正实现政府的管理重心下移，通过市场机制的作用实现社会组织的优胜劣汰。这样的制度环境对于社会组织自身的发展运作产生了切实的影响。当然，这种合法性基础是从政府的角度而言的，社会组织面对实现自我与政府赋予权力之间的双重合法，需要不断提升自身的核心业务能力，在成立条件、内部治理和组织行为上达到相关法律法规的要求，更好地实现自主发展和职责担当。

　　统治是强制的，治理也可以是强制的，但更多的是协商。社会组织作为参与社会治理的重要主体，本身就意味着我国社会治理模式已经从强制性的集权运作转为多头协商解决，这是政社分开改革后政府权力下放的突出表现。程坤鹏、徐家良认为："新时代政府积极扶持社会组织，分享社会治理权力，并赋予制度资源，强化了社会组织服务功能。在这一过程中，政府和社会组织的关系逐渐由行政吸纳演化为制度化的'策略性合作'关系。"[1] 政府购买社会组织服务，使社会组织的存在获得了一定的制度空间，政府和社会组织采取合作而非控制、吸纳等方式参与社会治理，从而不断激发社会组织的发展活力和潜能，实现政社合作的良性运转。有学者指出："社会组织在提供差异性公共产品和公共服务、弥补'市场失灵'和'政府失灵'等方面发挥的作用越来越明显。"[2] 社会组织作为政府和市场之间的第三方中介，政府、市场、社会三者之间关系的厘清和权责的划分对于社会组织的发展极其重要，因为社会组织的制度变迁和公共产品供给之间存在强关系架构。国家权力的下移和

---

① 程坤鹏、徐家良：《从行政吸纳到策略性合作：新时代政府与社会组织关系的互动逻辑》，《治理研究》2018 年第 6 期。

② 彭正波、王凡凡：《制度变迁、公共产品供给效率对社会组织发展的影响——来自中国省级面板数据的经验证据》，《华东经济管理》2019 年第 1 期。

政府职能的转变，正是基于市场化逻辑、民主政治逻辑和风险社会逻辑所做出的顺应时代发展潮流和趋势的正确选择。政府的权力下放基于人们需求的多样性提升以及效能型政府构建的诉求，从而使得社会组织在这样的制度环境下能够更好地建构自身的治理空间，为今天中国社会飞速发展和实现从短缺经济向相对过剩经济的转变发挥应有的作用。由经济结构变化带来的社会结构的转变使得政府开始在某些领域中退了出来，从而为社会组织的发展提供了制度性空间，促进了社会组织的功能和作用发挥。有学者指出："在关系结构方面，应厘清政府与社会组织在协同治理行动中的职能关系、权力关系、责任关系和利益关系。"① 实现社会组织对政府权力下放、职能转移的更好承接，不断提升社会组织公共服务供给的能力。在这样的政策环境和发展空间的培育下，社会组织将会有更大的机遇和空间进行专业化发展。在这个过程中，各类社会组织要不断提升自身的业务能力，开展地区之间的经验交流和学习活动，从而实现取长补短、完善自身的目的。对于不同地区、不同类别社会组织的创新实践和探索工作要加以实时关注和及时的交流反馈，从而对自身提供的公共服务做出相应调整。面对实际工作中存在的问题和困难，要加强与相关部门和优秀同行的交流探讨，从而促进自身的良好发展和功能的发挥。

政府的权力下放使得社会组织在实现职能转变的过程中发挥了桥梁作用。比如，全国性行业协会发挥桥梁作用的重要体现之一就是服务政府，多数全国性行业协会商会一般都会参与行业标准、行业准入条件和行业发展规划的起草和制定工作，这些工作既是政府转移职能的需要也是促进自身发展进步的必然。同样，各类社会组织在承担政府职能转移过程中也履行了服务社会的职能。"参评全国性行业协会商会努力推动

---

① 张继亮、王映雪：《政府与社会组织协同治理效能提升的三重维度》，《学术交流》2018 年第 6 期。

会员在公益事业方面发挥作用，重视社会服务、履行社会责任。"① 全国性公益活动的开展背后少不了各类社会组织的身影，它们正在以积极的姿态推动中国社会公共服务领域的发展进步。在公益类社团中中国性病艾滋病防治协会因为作用突出、积极宣传公益理念受到了社会的热烈欢迎。"协会重视工艺服务项目的运作，制定了详尽的项目管理制度，所有项目实行合同化管理，项目具有可持续性并且影响力较大。"② 对于自身功能的积极探索和作用的切实发挥取得了良好的成效，推动了艾滋病预防的社会宣传，并且随着公益短片《永远在一起》的传播而受到了人们的欢迎和支持。另外，中国中小企业协会也在社会职能的承担和公共服务的提供上探索出了一条适合自身的市场化道路。"协会自成立以来，一直遵循市场化、企业化的办公原则，坚持协会的独立性"③，严格按照政社分开的要求自负盈亏，对于促进经济发展和中小企业进步做出了积极的贡献。实践证明，"政府采取赋权支持型社会组织的间接培育模式更有利于社会组织的健康可持续发展"④。正是政府在推进职能转移过程中进行权力下放，才使得社会治理在治理主体、空间范围、治理方式等方面逐步地向现代治理靠近，进而推动国家治理体系和治理能力现代化的早日实现。

## 三　强化社会组织发展的规范性

党的十八大以来社会组织的发展被纳入依法治国的范畴，加强对社会组织的监督管理、实现社会组织的规范化发展成为这一时期社会组织发展的显著特征，因此建立在"以评促建"理念基础上的对于社会组织

① 徐家良、廖鸿主编《中国社会组织评估发展报告（2014）》，社会科学文献出版社，2014，第 82 页。
② 徐家良、廖鸿主编《中国社会组织评估发展报告（2014）》，社会科学文献出版社，2014，第 123 页。
③ 徐家良、廖鸿主编《中国社会组织评估发展报告（2014）》，社会科学文献出版社，2014，第 123~124 页。
④ 郁建兴、滕红燕：《政府培育社会组织的模式选择：一个分析框架》，《政治学研究》2018年第 6 期。

的评估受到各地的重视。① 2016 年印发了《关于改革社会组织管理制度促进社会组织健康有序发展的意见》、通过了《慈善法》和《关于慈善组织开展慈善活动年度支出和管理费用的规定》，2017 年出台了《民政部关于大力培育发展社区社会组织的意见》，这一系列的政策文件为社会组织的规范化发展提供了政策工具和外部支持体系。在社会组织管理体系中，评估工作、培育扶持、执法监督和年度检查共同构成了社会组织发展的监督手段和激励方式，从而不断改善和净化社会组织的制度生态和发展环境。近年来各地通过推进社会组织法人约谈制度、抽查制度，建立联合监管制度、社会组织风险预警机制等多元化的政府监管方式，使得社会组织的规范化发展得到了制度化保障。

加强对社会组织的监督管理，既是社会组织良性发展的需要，也是民政部作为主管部门推进政府职能转变的重要举措。有助于实现政府对公共服务的有效监督和管理，进而为实现国家治理体系和治理能力现代化添砖加瓦。有学者指出："现代社会组织的丛林化发展贯穿着现代性主体建构的霸权逻辑，在相互隔绝、各自为营、以邻为壑的纯粹外部性关系中狭隘地处理与政府和市场的关系。"② 对于社会组织发展中出现的种种不规范现象，需要进行相应的监督与规范，从而实现社会组织良好生态的培育，建构公共生活的良好秩序。政府在创新社会治理模式中所进行的路径探索，有助于加深对于社会组织运作和管理的认知，从而为更好地实施政府购买服务制度提供事实依据。各类社会组织在面对政府监管和自身监督的过程中，要不断规范自身行为从而适应时代发展的需要。

对不同社会组织在社会动员能力、社会参与能力、社会管理和社会服务等维度进行测评，划定等级层次，使那些得分较高的社会组织能够享受到相应的政策倾斜，提升其发展的积极性，对于那些得分较低的社会组织实行相应的退出机制，从而真正做到对各类社会组织的甄别和筛

① 王向民、李小艺、肖越：《当前中国的社会组织培育发展研究：从结构分析到过程互动》，《华东师范大学学报》（哲学社会科学版）2018 年第 6 期。
② 韩升、高健：《现代社会治理需要警惕社会组织发展的丛林化》，《东南学术》2019 年第 1 期。

选。另外，对于那些违反国家法律法规、弄虚作假骗取登记、未经许可擅自开展活动的社会组织，要分别采取吊销登记证书、依法撤销登记、依法予以取缔的惩戒措施。对于长期不作为的"僵尸型"社会组织要及时予以清算和注销，从而建构一个不断完善的社会组织退出机制。党的十八大以来，城市社会组织的发展紧密贴合政府进行职能转变的现实诉求和需要，通过实现与政府购买服务的合作得到了规范化发展，在服务质量和工作效率上都得到了较大的提高。

通过信息公开实现社会组织的规范化发展，成为党的十八大以来政府部门的基本工作思路。将登记、评估、表彰、处罚等信息公开，实现社会对于相关社会组织绩效、荣誉、信誉等情况的及时了解，从而实现政府和社会的有效监督，敦促社会组织通过互相监督和学习实现整体发展和进步。对社会组织的年检是登记机关的职责所在，"有助于登记管理机关了解社会组织的运行情况、审核并纠正其存在的问题，推动社会组织规范发展"①。社会组织的规范发展离不开相关体制机制的管理和监督，对于其每年运行情况的整体评估有助于后续工作的开展。社会组织的规范化建设能够提高其公信力和透明度，合理利用依法强制性监管和主动性监管能够更好地了解其发展得失，通过相关的退出机制实现社会组织的优胜劣汰和环境优化。

社会组织规范化发展的一个重要体现就是整体"工作绩效"水平的提升，项目运作和相关活动能够达到预期的要求和相应的成效将会增强社会组织存在的合法性，进而使其获得政府和民众的认可，实现良好运作和获得话语权。城市社会组织的存在旨在完善社会治理、提升社会自治能力和水平，对于种类繁多、数量巨大的各类社会组织采取市场化退出机制，有助于它们更好地履行自身的职责和义务，使得我国的社会治理能力和水平能够逐步满足社会发展的需要，实现国家的和谐稳定和长治久安。社会组织的规范化发展将是其优化发展环境从而提升社会影响

---

① 徐家良、廖鸿主编《中国社会组织评估发展报告（2014）》，社会科学文献出版社，2014，第 260 页。

力和信誉度的理性选择，各类社会组织对监管部门评估意见的消化吸收有助于其自身在制度管理、功能发挥、活动开展、组织架构等方面进行及时的调整和改进，这将大力促进其自身的规范化发展和有序化建设。社会组织的规范化发展将会进一步减轻民政部门的工作压力，它们在提升业务登记效率的同时探索创新社会治理的方式与途径，实现政府部门和社会组织之间的良性互动，不断提升政社分开的实效性和功能性。社会组织在进行内部治理的过程中，要做好组织自身的发展规划，根据组建的领导班子进行组织机构和人力资源的配备，通过良好的财务资产管理实现活动项目的正常开展和公共服务职能的发挥。40 多年的改革开放使得社会组织取得了较大的发展和进步，政府也在这一发展过程中对社会组织有了更加成熟的认识，从而能够不断完善系统化管理，以科学的规章制度来架构现代化管理体系，从而使得社会组织的管理、组织形式、内部治理走上了规范化发展的道路。社会组织的制度建构包括登记管理、法律法规的制定和完善、监督管理和评估等一系列的措施，使得城市社会组织的发展迈入了培育扶持和监督管理的崭新阶段。

总体而言，党的十八大以来城市社会组织在基础条件建设上表现良好，能够遵守相关法律法规的要求来进行项目的运作和实务活动的开展，在实际的组织战略管理方面充分体现了程序的规范性和执行的成效性，对于具体任务的落实能够加以监督和考评。比如，全国性行业协会商会"通过制定自律公约、开展认证以及配合政府开展行业质量检查和评比等发挥规范行业行为、营造公平环境、支持会员发展的行业管理作用"[①]。这类社会组织正是通过积极作为推动了行业的发展进步，为自身的职能发挥和正常运转提供了良好的环境和基础。2014 年公布的对于基金会的评估结果显示："大部分参评基金会拥有健全的项目运行监督机制，重大项目

---

① 徐家良、廖鸿主编《中国社会组织评估发展报告（2014）》，社会科学文献出版社，2014，第 81 页。

有论证和计划，运行中有监督和检查，结束后有总结和反馈。"① 大部分参评基金会能够遵守相关的程序和法规，探索科学、专业的公益服务体系，从而使得规范化评估的成效较为良好。同时，现代化的媒体也使得这类社会组织在具体开展工作的过程中能够及时做到信息的公开透明，通过多元化的监督渠道督促自身的规范化发展。项目管理制度详细而全面、项目立项前充分论证、项目实施过程中能够有效做到流程监控、项目执行结束后进行针对性的总结提升，这些都为社会组织的规范化运作提供了制度性保障。2014 年北京市社会组织评估结果显示，多数基金会都能按照要求召开理事会议，并通过留存会议纪要保证整个会议过程的透明化和公平性，通过基本的制度制定来实现自身的规范化运营。大多数民办非企业单位在建立健全内部规章制度、财务资产管理制度、重大信息披露制度等方面进行了成效颇丰的探索，建立了长效发展机制。

## 四 把握社会组织发展的不平衡性

党的十九大报告指出："我国社会主要矛盾已经转化为人民日益增长的美好生活需要和不平衡不充分的发展之间的矛盾。"② 社会组织作为社会治理的主体之一，也存在不同地区之间发展不平衡不充分的问题。因此，这一时期社会组织发展的着力点就是要解决自身发展存在的问题，从而推动社会矛盾的解决，更好地发挥自身的功能和价值。近年来社会组织的发展逐步增速。党的十八大以来已经实现了从数量增长阶段向质量增长阶段的转变。但是，"从社会组织总量和万人占比来看，发展仍很不充分；在地区之间和城乡之间呈现鲜明的不平衡"③。因此，应该着力推动枢纽型社会组织和社会组织专业服务机构的发展，为完整、健全的社会组织行业生态链的形成助力。

---

① 徐家良、廖鸿主编《中国社会组织评估发展报告（2014）》，社会科学文献出版社，2014，第 138 页。
② 习近平：《决胜全面建成小康社会，夺取新时代中国特色社会主义伟大胜利——在中国共产党第十九次全国代表大会上的报告》，人民出版社，2017，第 11 页。
③ 黄晓勇主编《中国社会组织报告（2018）》，社会科学文献出版社，2018，第 1 页。

中国社会组织公共服务平台发布的社会组织区域发展情况数据资料显示，截至2019年初，全国社会组织累计登记数量位居前十的省份分别是江苏、广东、浙江、山东、四川、河南、湖南、安徽、湖北、福建（见图4-1）。江苏省社会组织累计登记数量超过全国的1/10，其中排名前十的省份社会组织数量总和占全国社会组织的份额接近2/3（见图4-2）。全国不同省、区、市之间社会组织的累计登记数量存在较大的差异，数量最多的江苏省累计登记社会组织94157个，占11.49%，宁夏、青海与天津分列最后三位，数量最少的天津累计登记社会组织5401个，占0.66%，宁夏、青海的累计登记数量分别是6189个和5658个。通过中国社会组织公共服务平台上发布的社会组织大数据可以看出，不同省、区、市之间社会组织的发展情况存在较大的差异，这种地域分布的不平衡使得那些社会组织累计登记数量较少的地区被列为未来重点培育和扶持的对象，以充分发挥社会组织在推进社会治理中的功能。

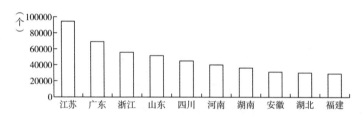

图 4-1　社会组织累计登记数量 Top10 的省份 （2019）

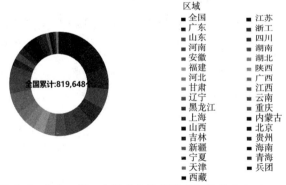

图 4-2　各省、区、市社会组织累计登记数量分布 （2019）

资料资源：中国社会组织公共服务平台官网，www.chinanpo.gov.cn。

从全国七大区域来看，华东地区社会组织总量位居第一，有 301910 个，占 36.83%，数量最少的东北地区有 55630 个社会组织，占 6.79%。社会组织累计登记数量在天津、山西、河北、内蒙古、北京五地均呈现增长态势，但是各地区之间的增速具有较大差异。通过对社会组织累计登记数量的大数据分析，可以清晰地看出各地社会组织的发展存在不平衡。

综上所述，党的十八大以来，城市社会组织在继承改革开放以来社会组织发展特征的基础上，结合新时代党对城市社会组织的整体布局和科学规划，在党的有效整合和自身使命转变的前提下，城市社会组织的发展呈现出鲜明的时代特征。正是城市社会组织与时俱进的发展态势，使得社会组织在党的建设、自主参与社会服务以及科学规范方面都取得了巨大成就。

## 第四节　党的十八大以来城市社会组织发展的主要成就

党的十八大以来，社会组织被纳入我国社会主义现代化建设当中，城市社会组织的发展取得了重大进展。政府和社会之间的良性互动为社会组织的发展培育了肥沃的土壤，社会组织的发展环境得到了极大的拓展和优化。社会组织通过进一步参与政治、经济、文化、社会、生态等各领域的发展和建设，成为推动我国社会治理创新的重要力量。对这一时期所取得的主要成就的梳理，有助于我们更清晰地看出党的十八大以来我国城市社会组织发展的经验，从而为今后的发展进步提供参考和导向。

### 一　城市社会组织党建工作突出

党的十八大报告强调："要落实党建工作责任制，强化农村、城市社区党组织建设，加大非公有制经济组织、社会组织党建工作力度，全面推进各领域基层党建工作，扩大党组织和党的工作覆盖面。"① 对社会组织党建工作提出了明确的规定和要求。加强社会组织的党建工作从而确保社会组织的正确发展方向，不断扩大党在社会组织中的影响力和号召力，充分利用社会组织与民众的近距离接触优势做好群众工作、巩固党的群众基础，发挥社会组织党组织的战斗堡垒作用和党员的模范带头作用。在具体的操作层面，社会组织的党建工作开展要通过社会服务的提供来拉近党组织与群众的距离，通过相关活动的开展实现对群众的团结和引领，进而赢得群众对党的信任和认同，不断丰富党执政的政治资源和群众资源。

城市社会组织承担着基层党组织建设的功能，脱胎于群众的特性使得它能够直接面向群众发挥团结动员的作用，同时作为政府和社会之间的市场中介履行着推动改革发展的职责。社会组织党建工作的开展旨在采取多种举措来积极地宣传党的主张，监督基层组织对党的决定的贯彻情况，提高基层治理的成效，基层党建工作的开展是社会组织政治功能发挥的重要着力点。② 另外，基层的社会组织也肩负着发展党员的重任，通过开展对基层民众的公共服务，为党输送优秀的实务人才。通过选优配强，加强社会组织党务工作者队伍建设，强化社会组织党建工作的基础保障，进而不断提升社会组织党建工作的实际成效和整体水平。各类社会组织要通过切实推进自身党建工作的开展落实，确保社会组织拥有正确的政治方向，通过切实维护好党同人民群众的密切联系不断巩固党的执政基础。

从党组织的覆盖率来讲，按照单位、行业、区域等层级和板块来建立社会组织的党组织，从而最终实现党组织的全领域覆盖。党员要当好排头兵，发挥先锋模范作用，社会组织要加强工作队伍和人才建设。社会组织党建工作机构的建立健全有助于理顺社会组织的管理体系，落实社会组织的党建责任，从而实现社会组织党的组织和党的工

---

① 中共中央文献研究室编《十八大以来重要文献选编》上，中央文献出版社，2014，第42页。
② 陈玉娟：《建国以来我国社会组织管理体制研究》，中共中央党校博士学位论文，2018。

作的两个覆盖，通过加强社会组织党务工作者的人才队伍建设和基础保障来不断提高党建工作水平。推动社会组织党建工作，有助于将社会组织纳入国家经济社会发展的大局，从而更好地促进自身社会治理主体地位的稳固和社会参与。从党组织活动的内容来讲，要正确处理好党的领导与社会组织依法自治之间的关系，实现二者的和谐统一。通过将党的领导融入社会组织的运行和发展，团结社会组织及其工作人员。另外，党建工作要因地制宜，合理利用自身的特点和优势，避免出现行政化和形式主义等不良现象。在实际操作层面要坚持问题导向，各地通过对社会组织党建工作中存在的社会组织体系不健全、组织覆盖不够全面、组织作用没有得到充分发挥这三大突出问题进行分析，因地制宜，采用灵活可行的方式来不断推进这三大难题的解决。各类党组织活动的开展有助于规范社会组织的内部治理和管理机制，不断提升自身管理的规范化水平，更好地提供社会服务，从而为推动基层治理、加强对群众的团结动员做出应有的贡献。社会组织在开展党建工作的过程中要注意密切联系党委、政府以及各类主体，从而为自身的发展进步争取更好的资源和更大的空间。

## 二 城市社会组织市场活力明显

2015 年《行业协会商会与行政机关脱钩总体方案》及《关于行业协会商会脱钩有关经费支持方式改革的通知（试行）》的出台，使得我国行业协会商会与行政机关脱钩的进程真正开启。这一总体方案的核心取向就是要面向市场、面向会员，改变以往行业协会商会由对权威行政资源的依赖造成的独立性不足、市场灵活度不高的问题。这一改革依托于政社分开的现代社会组织体系构建的目标，旨在通过市场化运作来提升行业协会商会的服务质量。通过市场化的运作和机制构建，加强与政府、企业、个人、社会之间的多方面全方位合作，实现社会组织的提供服务、反映诉求、规范行为、发挥行业影响力、开展社会宣传等功能。

社会组织按性质可以分为官办社会组织和民办社会组织。其中，官办社会组织主要有行业协会商会和党的群团组织等，基于其自身的职能设定，在过去很多年的发展过程中它们对政府权威部门具有较强的依赖性。因此这两类社会组织也就成了推进去行政化改革、推行政社分开的主要对象。康晓强认为："在新时代视域下，今后推进共青团诸群团组织良性转型需处理好党的领导与群团组织自主性之间的关系、群团组织复归群众本位以及型构群团组织与社会组织之间的关系这三大关键议题。"① 通过重构政府与群团组织之间的关系，推动去行政化改革，减轻群团组织对政府相关部门的依赖程度，培育群团组织的自身能力。另外，群团组织的发展应以群众为目标群体，实现群众本位的复归，并且通过构建与社会组织之间的联系来不断提升自身的社会服务能力。官办社会组织主要存在政社关系不清、官办一体、创新能力不足等问题，此次行业协会商会与行政机关脱钩方案的出台，对于双方在人、财、物等方面的关系的厘清提出了具体的要求。民办社会组织虽然相对于官办社会组织而言具有较强的自主性，可以独立自主地开展各种服务工作，但是对政府购买服务的依赖使得该类社会组织的发展较多受制于政策变化和行政喜好。

从政府层面来讲，党的十八大以来政府为了激发社会组织的活力、创新社会治理体制，大力推进官办社会组织去行政化改革，降低社会组织的准入门槛，对社会组织的监管方式更加多元化，进而为其自主性的发挥创造了良好的制度环境和实践空间。② 通过贯彻"政社分开"的发展理念，鼓励社会组织大胆创新，将不适宜政府来做或者政府在过去没有做好的事情交给相关的社会组织来做，为社会组织的发展建设提供了施展空间。政府购买服务这一政策的实施使得很多社会组织的项目资金有了可靠性来源和渠道，也为社会组织的规范化发展形成了相应的倒逼效应。40多年来中国治理模式逐渐形成了"强调治理主体多元兼容、治

① 康晓强：《国家治理视域下的群团组织转型：逻辑路线与突出短板——以改革开放40年来的中国共青团为例》，《人文杂志》2019年第1期。
② 黄晓勇主编《中国社会组织报告（2016~2017）》，社会科学文献出版社，2017，第2页。

理形式和谐共治、治理手段民主协商、治理成果社会共享"① 的发展架构和轮廓。在发挥好政府的指导和监督作用的前提下，不断提升社会组织等多元社会力量的协同参与，进而提升我国社会治理的成效。

从社会组织自身来讲，党的十八大以来，城市社会组织通过特色工作的开发和运营、对人才及其结构质量的投入和提升，将组织自身的发展与信用体系挂钩，为自身的市场化发展扫除了障碍。各类社会组织通过对企业治理经验的学习和引进，不断提升组织化运作的规范性和实效性，在自身的业务范围内进行深耕并取得了良好的成效。社会组织参与社会治理是一个系统化的过程，市场化运作和机制构建有助于进一步明晰治理路径、方法的选择，明晰社会组织如何介入公共服务、如何实现自身活力的发挥以及相关工作成效的评估，进而为社会组织自身的发展提供有意义的借鉴，为国家治理体系和治理能力现代化的实现构建可行路径。

2015 年下半年，民政部开展的关于全国性行业协会商会与行政机关脱钩的试点工作不断推进，各地政府出台了关于此次去行政化改革的具体实施方案，通过采取一系列试点工作实现对各类社会组织加强市场化运作的探索和培育。另外，2015 年发布了《中共中央关于加强和改进党的群团工作的意见》，旨在提高群团工作的广泛性和代表性，通过去行政化改革来建立扁平化的组织结构，在社会组织中建立基层群团组织。群团工作改革成效较为突出的是北京市。过去几年北京市的工青妇群团组织在所有社区、村庄都建立了基层组织，并且全市 1200 多座商务楼实现了工会、共青团、妇联、社会服务、党建工作站"五站合一"。通过政府购买社会组织服务的方式，开展基层群团组织工作，提高自身的广泛性和代表性。具体来讲，教育类民办非企业单位通过结合市场的需求，开设具有较强的应用性、社会适应性和职业性的专业，不断改进教育教学方式，满足市场化需求。通过直接面向服务对象、灵活应对市场变化，

---

① 曾盛聪：《迈向"国家—社会"相互融吸的整体性治理：良政善治的中国逻辑》，《教学与研究》2019 年第 1 期。

实现组织的快速发展，不断满足民众多样化的教育需求。

社会组织所具有的非营利性特征使其发展受到系统的综合性因素影响，从社会的发展状况、相关的制度环境到自身的发展现状都会对其良性可持续发展产生重要的影响。党的十九大报告指出，要实现市场在资源配置中的决定性作用，从而使得社会主义市场经济的发展进入一个崭新的阶段。面对这样的社会环境，社会组织唯有坚持市场化导向、不断建立健全市场化运作机制才能切实提升自身的治理能力和水平，更好地融入国家发展的潮流和大势之中。社会组织作为深化市场经济体制改革的延伸地带，要通过服务政府、服务民众、服务行业、服务社会成为经济社会发展的增长点，推动现代化社会秩序的构建和公共服务的优化升级。

### 三 城市社会组织服务能力高效

党的十八大以来，"政府和社会组织的合作成为中国社会治理改革的主流方向之一"[①]。政府对于社会组织态度的转变和政策的支持，为社会组织的发展提供了良好的制度环境和空间。政社分开旨在减轻社会组织对于行政资源的依赖性，弱化社会组织实务的行政化色彩，从而更好地提升社会组织的自主性和公共服务的质量。政社合作改变了以往政府对社会组织在社会治理中作用的忽视和不信任，通过采取政府购买服务等方式来建构双方的合作伙伴关系，从而达到有效服务民生、实现社会治理创新的目的。双方的良性互动激发了社会组织的发展活力，进一步培育了公益市场，通过社会组织专业技能的发挥来不断地推动社会的发展进步。樊鹏认为："改革开放四十年来，中国的国家权力与社会力量得到双向扩张，但引人瞩目的是，中国的国家-社会关系在各发展阶段并没有出现彻底的'脱嵌'或相互对抗，社会权力运行始终相对'内嵌'于国家制度与权力运行，二者在适度分离中持续互动合作。"[②] 政府

---

[①] 黄晓勇主编《中国社会组织报告（2017）》，社会科学文献出版社，2017，第7页。
[②] 樊鹏：《互嵌与合作：改革开放以来的"国家-社会"关系》，《云南社会科学》2019年第1期。

和社会之间关系的发展变迁折射出的正是中国发展道路的特点，双方之间的良性互动在推动社会稳定前进的同时，也在不断地提升着社会服务的水平和质量。社会组织作为社会力量的重要代表，通过与政府之间的良性互动，来助力社会的发展进步。

比如，学术类社团积极发挥自身的学科科普作用，不断提升公众对于科学知识的了解和运用水平。"中国药学会创新科普工作模式，推广科学用药知识，促进民众安全、合理用药"，发挥自身服务社会的功能，使民众增长了健康用药知识。中国智力残疾人及亲友协会"创建了'六助一支持智障人模式'，联合政府、残联、专家、家长、亲友和社区共同帮助残疾人"。[①] 对各方力量的调动使得助残事业能够有效帮助更多智障人士，受到社会各界的积极评价和热烈支持。北京爱它动物保护公益基金会通过制作微电影和公益广告、开设相关课程等方式开展反对虐待动物和保护珍稀动物的宣传教育工作，不断培育和引导公众在对待动物方面的价值观念和行为方式。"中国留学人才发展基金会则针对留学人才的需求设计项目，吸引留学人才回国建设组织"，通过自身的专业化工作来实现本领域相关社会需求的满足。"中国社会福利基金会的'免费午餐'项目于 2011 年发起，截至 2014 年累计支出 7042 万元，覆盖全国 23 个省区 439 所学校，向农村学生供餐 3252 万人次。"[②] 这些社会组织通过开展持续多年的项目活动来不断扩大自身的社会影响力，打造具有品牌效应的创新模式，进而为受益人群带来切切实实的好处，使其生活有所改观。

养老服务是社会组织在社区服务中最具显性特征和硬性需求的服务领域。面对养老这样一个全社会的重大问题，党的十八大以来城市社会组织在这一领域进行了有益的探索和实践，逐渐发展成为我国城市养老

---

① 徐家良、廖鸿主编《中国社会组织评估发展报告（2015）》，社会科学文献出版社，2015，第 81~82 页。

② 徐家良主编《中国社会组织评估发展报告（2016）》，社会科学文献出版社，2016，第 107~108 页。

服务的生力军。面对国家、市场和家庭在养老服务方面的供给不足，社会组织在与政府和家庭的交流协作与良性互动中逐渐迈入了规范化、专业化的发展轨道，以公建民营、民办公助、委托管理、合资合作等多种形式提供养老服务。城市社会组织通过积极参与养老服务业的发展建设，为老年人提供全方位、高质量的服务和产品，不断推动养老事业的多样化发展，不断提升养老服务的质量和水平。

在公益活动的开展上，城市社会组织坚持面向社会、服务公众的原则，各类社会组织找准了自身的服务对象和服务目标。其形式多样、内容丰富的活动取得了较好的社会反响，具有积极的社会意义。社会组织在服务政府、服务社会、服务公众、服务行业的背景下，通过对服务项目、服务责任、服务方式、服务质量的界定和厘清，为推动社会的发展进步助力。服务社会是一项系统化、专业化的工作，各类社会组织通过精细划分服务对象、扩大受益人群的覆盖面来开展有针对性的活动，充分结合机构的使命愿景和同期的政策环境，开展多种形式的工作，来实现自身的社会责任和义务，切切实实地做到服务公众与服务社会。慈善组织作为公益活动的重要参与主体，要积极发挥自身的专业优势和资源特点来实现和政府之间的合作交流，促进我国慈善事业的有序发展和规范化运行。有学者指出，要"厘清政府责任边界，注重慈善组织自身建设，强化社会救助合作机制，培养全社会公益慈善理念"①。强调要通过政府和社会组织之间的权责划分来更好地发挥二者在慈善事业中的作用和功能，尤其是要通过多元主体的参与实现社会救助的合作机制，进而形成全社会对于慈善理念的认同和践行。这种多元主体参与的社会救助合作机制，将会最大限度地调动各类资源，实现对公益事业发展的巨大推动作用，从而不断提升社会服务的质量和水平，为社会弱势群体搭建一个更为稳定可靠的帮扶机制。

当前民生需求呈现宽领域、多样性的特征，面对这样的社会实际，

---

① 宋忠伟、郑晓齐：《行政生态学理论视角下慈善组织参与社会救助探析》，《社会科学》2019 年第 2 期。

社会组织通过实务探索改变了传统的救助式、静态化的服务，转而通过创新社会服务模式满足人们多元化、个性化和发展性的需求，积极发挥自身的社会服务功能。陈成文、陈建平认为："新时代社会救助制度必须构建'协作型'供给模式，坚持政府责任、市场责任和社会责任相统一。"① 通过厘清政府在社会服务中的角色和功能，以及社会组织提供的发展式救助，来不断提升社会服务供给的质量和层次，满足人民群众的现实需求。朱力、刘玢认为："在党的历年文献中，社会力量的作用越来越被强调，从社会协同到社会自我调节，再到社会调节，体现着中央顶层设计的社会治理体系中政府与社会之间的界限逐渐明晰。"② 社会组织作为参与社会调节的重要主体，通过其专业性的服务对我国社会公共服务的供给以及相关社会事务的处理和解决发挥了一定的作用。党的十八大以来，城市社会组织在公共服务的提供上不断提升其专业性，通过创新高效的项目运作模式，为我国社会治理能力的提升和社会治理体系的构建发挥了巨大的作用。

## 四　城市社会组织质量提升显著

党的十八大以来，各地社会组织的发展不断地结合当地的经济发展水平和市场需求，各类突出区域特色的社会组织应运而生。"北京市教育培训需求旺盛，与此相应，教育类民办非企业单位得到快速发展；同时，北京作为首都，行政资源丰富，异地商会成立于此。"③ 北京地区的社会组织依托其教育培训市场和行政资源建立了相应的社会组织门类，这对于更好地发挥社会组织的功能作用、实现其利益诉求至关重要。上海处于对外开放的前沿，国际化水平比较高，外资机构众多，因此有许多涉外民办非企业单位，并且经济的发达为大量非公募基金会提供了生

① 陈成文、陈建平：《社会救助供给模式与新时代"弱有所扶"》，《甘肃社会科学》2019年第1期。
② 朱力、刘玢：《社会调节在社会治理中的作用》，《社会科学研究》2019年第1期。
③ 徐家良、廖鸿主编《中国社会组织评估发展报告（2014）》，社会科学文献出版社，2014，第40页。

存发展的土壤。上海市利用自身的经济发展优势，为大量非公募基金会和涉外民办非企业单位提供了施展拳脚的空间和资源，从而使其作为特色工作不断为上海市社会组织的发展助力。另外，宁波市以工作技能提升为目标的培训需求旺盛，民办非企业单位这种组织形式适合培训类社会组织，所以宁波市存在许多以劳动职业教育培训为使命的民办非企业单位。宁波民办非企业单位的存在和涌现正是对于市场需求的宏观把控和积极应对，从而不断满足当地对于劳动职业培训的大量需求，更好地发挥了社会组织在提供社会服务方面的积极作用，为政府减轻了工作压力。正是各个地区社会组织在基于地区资源优势和发展需求的前提下开展工作，才能不断地提升社会组织在开展特色工作中的效率和优势，进而实现其自身的良性有序发展。①

不同类别的社会组织擅长的领域各有不同，它们在各自领域的创新发展经验值得其他组织学习和借鉴。例如，2014年"学术类社团在社会评价指标上得分最高，其在利用大众媒体扩大组织影响力等方面的经验值得借鉴"。党的十八大以来，各类学术类团体紧跟时代发展潮流，利用新媒体传播渠道，在各类公众号、微博、博客等平台积极发表自身的相关看法，采取老百姓喜闻乐见的、简单易懂的语言进行知识传播和观点表达，受到了广大网友的关注和追捧。这类社会组织能够积极利用现代媒体来不断扩大社会影响力，从而实现自身功能的发挥和职责的履行。另外，"联合类社团在工作绩效指标上的得分优势明显，其在服务会员、反映会员诉求、维护会员利益、宣传交流等方面做了大量的基础性工作"。这一特色工作显示了联合类社团所具有的不俗的工作能力和专业水平，从而为其他社会组织的发展壮大树立了榜样，值得更多的社会组织向其学习。"中国友好和平发展基金会的'彩虹桥'工程被作为特色工作进行推介，体现出其在公益事业发展中的突出贡献。"该组织的特色工作因为影响力巨大受到了社会的广泛好评，凸显出其在特色工作开

---

① 张彦惠：《深圳市非公企业党的建设历史考察及经验研究》，中共中央党校博士学位论文，2018。

发和创新上的成绩。特色工作的发展创新使得社会组织的覆盖面和受惠人群得到进一步的细化和精准化，推动了我国社会事业的纵深发展。

另外，同一地区不同层级的社会组织，所处的发展阶段也具有较大的差异性，因而在工作内容、服务对象、主要功能等方面也存在较大的差异。党的十八大以来各地社会组织的发展在结合全国性的经验和要求之余，开始了本土化的发展历程。鉴于不同地区、不同层级社会组织所面对的资源和服务对象的差异性，各类社会组织开展了各具特色的探索。这种基于自身特点、历史背景和发展状况的差异性，使得这些社会组织能够在加强交流与合作的过程中找到自身的竞争优势，进而打造独具一格的品牌文化和品牌效应。各地主管单位面对发展情况大不相同的社会组织也进行了有针对性的评估，从而使得双方的发展和效能检验不断融合与挂钩。评估指标的内容设置和具体要求根据各地社会组织发展情况进行动态的变更，从而使得双方在实务与社会效果层面最终达成共识。各类社会组织在面对活动中的不同诉求和实际情况时，能够不断增强创新性和品牌强度，从而使得项目任务具有了自身特色、品牌成效。特色工作的实践为各类社会组织的发展集聚了较大的社会影响力和公信力，成为地区和行业发展的指路明灯。社会组织在服务会员、服务政府、服务社会和服务行业的过程中，开展具有品牌优势的特色工作，将会带来长远的经济效益和社会影响，进而推动整个行业甚至整个社会的发展进步。这些社会组织的特色工作也是社会组织精细化发展的必然结果，更好地实现了社会组织的公共服务效能，实现了自我利益和社会效益的协同推进。

社会组织的第三方评估，指的是"与政府没有隶属关系、与社会组织没有关系的具有专业性、独立性、民间性的中介机构对社会组织进行全面评估"①。第三方评估机构的介入使得社会组织的工作避免了由内部从业人员的单向监督导致的个别人员权力寻租的可能性。这种与政府这

---

① 徐家良、廖鸿主编《中国社会组织评估发展报告（2015）》，社会科学文献出版社，2015，第 9 页。

样的监管者和社会组织这样的服务提供者脱离社会关系的第三方机构的存在，对于完善社会组织的综合监管体系，从而实现其透明化和可持续化发展具有重要意义。对于社会组织的监管和评估在过去是政府的专有权力，这就导致了社会组织评估行政色彩浓厚、评估机构独立性欠缺，不利于社会组织积极性的发挥。将评估工作直接交给第三方机构，减轻了政府部门的行政压力，适应了政府简政放权、实现职能转变的需要，从而使得各级民政部门能够有更多的时间和精力投入政策研究和宏观把控。相对于以往的社会组织评估，第三方评估机构更加强调对于社会组织的事中和事后监管，这样使得入口登记管理和事中、事后管理具有了同等重要的地位和作用。同时，第三方评估机制还在发展完善过程当中，必然会存在这样那样的问题，但是这一机制的引入对于党的十八大以来城市社会组织的发展是一个重要的成就和进步。这种源自第三方的评估模式也会对政府的监管方式改革产生相应的借鉴意义，有助于不断强化社会组织的信用评价体系建设和内部治理能力监督。虽然还存在独立性不强、专业化水平有待提高等问题，但是第三方评估机构的重要性以及实际操作的可行性已被 2015 年政府工作报告和现实的反馈所证实。建立第三方评估机制，有助于实现社会组织评估主体的多元化和公正性。社会组织本身具有非营利性和独立性特征，使得其与政府和市场区别开来，唯有多元化的评估主体才能实现评估结果的有效性和权威性，第三方评估机制旨在推动社会力量参与对社会组织的评估。

"2014 年全国性社会组织评估打破了由民政部民间组织服务中心管理服务处一家单位负责的局面，由中国社会组织促进会作为第三方评估机构。"[①] 实践领域的一次次迈进换来了我国社会组织第三方评估机制的飞速发展。这种具有公正性、专业性、综合性和科学性的评估机制使得政府和社会组织大为受益，人民群众也在这种有序推进中不断感受着公共服务质量提升带来的幸福感和满足感。2015 年颁布的《民政部关于探

---

① 徐家良、廖鸿主编《中国社会组织评估发展报告（2015）》，社会科学文献出版社，2015，第 11 页。

索建立社会组织第三方评估机制的指导意见》对于第三方评估机制的总体思路、基本原则、政策措施以及组织领导都进行了相关说明，这一社会组织评估方面的重要文件为其今后的发展运作指明了方向。第三方评估机制的实施和不断完善正是为了适应政府进行职能转变的大的方向性要求，这一转变对于社会组织活力的激发和综合监管体系的完善都产生了深远的影响。这一政策性文件强调要坚持政社分开、管评分离，由独立的第三方机构进行专业化的评价；坚持分级管理、分类评估，各级登记管理机关要加以指导和监督，形成包括民办非企业单位、社会团体、市场中介机构、事业单位等多种形式的专业评估机构，采取招标或者邀标的方式择优选择，将第三方评估经费纳入社会组织管理工作经费或者政府购买服务目录，支持社会力量的捐助，强调评估机构不得向评估对象收取任何费用。[①] 对于社会组织的第三方评估是检验组织发展绩效的重要举措，孙莉莉、钟杨认为："绩效评估是服务型政府的重要治理工具，社会组织参与社会治理的绩效关系到国家治理目标的实现程度。"[②] 社会组织的第三方评估能够为其服务的提供和功能的发挥进行有效性检测，从而提升党和政府对社会组织参与社会治理的资源配置的精准度，不断提升社会组织服务社会的质量和水平。彭莹莹认为："构建科学的社会治理评估指标体系，可以有效衡量当前社会治理现代化的发展阶段，发现有效经验形成示范效应，同时对实际工作者明确未来工作任务和要求具有指导意义。"[③] 社会组织的第三方评估正是建构在科学评估体系之上的对社会组织治理效果的有效衡量，能够实现治理结果的量化和数据可视化，发挥有效经验形式的示范效应，来促进社会组织的相互学习借鉴，明确社会组织的发展水平和未来优化调整的方向。

　　"2014 年北京市民政局利用 177.71 万元财政资金，委托第三方评估

---

① 　徐家良、廖鸿主编《中国社会组织评估发展报告（2015）》，社会科学文献出版社，2015，第 28~30 页。

② 　孙莉莉、钟杨：《社会组织参与社会治理的绩效评估：理论框架和评估模型》，《宁夏社会科学》2018 年第 5 期。

③ 　彭莹莹：《社会治理评估指标体系的设计与应用》，《甘肃行政学院学报》2018 年第 2 期。

机构，对符合条件的 180 家社会组织进行了评估。"① 评估机构的力量得到了有效充实，通过项目式委托和契约式管理，采取规范化的工作程序进行实地评估，作出了相应的评估意见。通过深化结果的运用，将社会组织的评估管理升级为等级管理。2014 年安徽省"省级政府购买服务项目向社会公开招标评估工作承接单位，安徽省社会组织联合会中标开展省属社会组织评估工作"②。通过政府采购、招标等形式，探索第三方评估机制，建立评估工作的组织体系。蚌埠市通过将审查材料与实地考察、专家评审与业务指导部门和登记管理部门评审、评估结果的有关单位通报和媒体公示相结合，探索出了一条具有创新性和示范性的第三方评估办法。2015 年发布《广东省民政厅关于遴选第三方评估机构承接社会组织等级评估工作的通知》，"面向全省性社会组织公开遴选社会组织第三方评估机构，9 家单位报名参加遴选"③，最后确立了 3 家第三方评估机构。其他地方政府通过实施评估结果与信用体系建设衔接、与政府购买服务以及职能转移挂钩等举措，使得第三方评估结果不断发挥实际效用，促进评估工作的公信力建设和有序推进。2015 年民政部发布了《2015 年度全国性社会组织评估第三方评估机构入围招标公告》，最终 15 家参评机构中有 3 家单位中标。

第三方评估机制的建立使得评估委员会的人员构成得到了优化，评估机构进入了专业化发展阶段。社会组织评估委员会需要对评估的实施方案以及评估决策的制定进行评判，通过优化由来自登记管理机关、相关政府部门、业务主管部门以及其他群体的代表所组成的人员的结构，使得社会组织的相关利益群体能够参与评估，提高评估结果的代表性和可信度。另外，第三方评估机制的建立使得社会组织的评估建设进入了

---

① 徐家良、廖鸿主编《中国社会组织评估发展报告（2015）》，社会科学文献出版社，2015，第 31 页。

② 徐家良、廖鸿主编《中国社会组织评估发展报告（2015）》，社会科学文献出版社，2015，第 33 页。

③ 徐家良、廖鸿主编《中国社会组织评估发展报告（2015）》，社会科学文献出版社，2015，第 35 页。

专业化阶段，扭转了以往专家水平参差不齐、专业评估人才缺失的被动局面，使得社会组织评估专家在年龄层次、专业结构、知识结构等方面不断得以优化。就专业结构来说，使学者、相关利益群体代表、管理咨询人员、法律工作者、会计审计专业人才、社会组织一线从业人员代表等实现比例上的均衡，并且定期对这些评估人员进行培训，及时更新人员储备库和评审人员的知识库。社会组织的评估工作是一项需要融合评估理论、评估方法和评估技术的综合性和专业性工作，该领域专门人才的引入和科学化机制的构建为社会组织营造了良好的成长环境和进步空间。社会组织评估的结果只有得到合理化应用，才能增强参评组织的积极性、评估效果的有用性，不断提升社会治理和社会管理的效能。在具体的实践过程当中，网络媒体的运用使得社会组织评估得到了充分的宣传和社会关注度，提升了社会组织以及评估机构的社会影响力。另外，建立社会组织评估结果反馈机制，使评估对象能够更好地了解自身存在的优势和问题，实现双方的沟通交流，不断提升和优化社会组织的内部治理能力。在社会组织评估的过程中，评估对象可根据相关的申诉制度依法向有监督权的机关提起申诉，避免评估机构的权力寻租和滥用。

# 第五章 既往·站位·开来：新中国成立以来城市社会组织整合的基本经验与战略思考

新中国成立 70 多年来，中国社会发生了巨大的变迁，中国共产党带领中国人民实现了从"站起来"、"富起来"到"强起来"的伟大飞跃，中国的面貌、中华民族的面貌、中国人民的面貌、中国共产党的面貌呈现新的生机和活力。城市社会组织在 70 多年的社会发展中出现复杂的发展态势，同时面临新的机遇和挑战。新时代如何提高党对城市社会组织的整合力，完成城市社会组织参与实现中华民族伟大复兴中国梦的使命，是党在自我革命、实现能力提升方面面临的新问题。因此，回顾和审视新中国成立 70 多年来城市社会组织整合的举措和特点，把握其规律，总结其经验，以此探究新时代提高党对城市社会组织整合的具体路径与战略思考，对于巩固党的执政合法性，提升党的执政能力和实现社会和谐稳定大有裨益。

## 第一节 新中国成立以来城市社会组织整合的基本经验

新中国成立 70 多年来，党对城市社会组织的整合积累了大量富有成效的工作经验，这些经验涉及城市社会建设的方方面面，对新时代城市社会组织的发展及整合具有一般指导性意义。马克思、恩格斯认为："这种社会组织在一切时代都构成国家的基础以及任何其他的观念的上层建筑的基础。"① 同样，总结 70 多年来城市社会组织整合的历史进程，提炼其有益经验，并结合新时代的要求创造性地予以借鉴和吸纳，可为实现中华民族伟大复兴提供强大的组织力量。

## 一　坚持党的领导是开展城市社会组织整合的基本前提

党的十九大报告指出："党政军民学，东西南北中，党是领导一切的。"党的领导是中国特色社会主义最本质的特征。新中国成立 70 多年来城市社会组织的演变与发展，是在中国共产党的坚强领导下，在各社会组织之间的团结协助下，依据宪法和其他法律规定的职责范围，依据自身的发展情况，不断进行组织重构和改革的过程。

1949 年新中国的成立，开辟了我国历史的新纪元。新中国成立初期，为巩固新生的人民政权、稳定党的执政地位、恢复国民经济、提高人民生活水平、维护国家主权和安全，党开展了大规模的社会组织重构，这一时期的社会组织出现了最剧烈、最深刻的新旧交替。毛泽东指出："我们应当将全中国绝大多数人组织在政治、军事、经济、文化及其他各种组织里，克服旧中国散漫无组织的状态。"② 党和政府开始了有组织、有纪律地对城市社会组织的整顿。城市的"单位"组织将工人阶级这个重要的群体牢牢置于党中央的领导下。城市居民委员会是党在城市社会实施基层管理的重要载体，"街居"组织是党联系群众，特别是城市"无单位"群众的重要纽带和桥梁，它的存在不仅使党的城市治理体系更加完善，而且使党的基层群众基础更加牢固。此外，为团结广大爱国民主群众团体，政府牵头新建了一批群团组织，如中华全国总工会、中华全国文学艺术联合会、中华全国归国华侨联合会等。新中国成立后的最初 30 年间，党和政府对城市社会组织的规范管理十分重视，相继制定出台了一系列政策，如《社会团体登记暂行办法》，该法确定了社会

---

① 《马克思恩格斯选集》第一卷，人民出版社，2012，第 211 页。
② 中共中央文献研究室、中央档案馆编《建党以来重要文献选编（一九二一——一九四九）》第二十五册，中央文献出版社，2011，第 771 页。

团体的类别、登记范围、登记管理原则和体制。当然，这一时期党也在城市基层社会广泛建立了党组织，以实现对社会组织的有效整合。

1978 年党的十一届三中全会的胜利召开，在思想上、政治上、经济上实现了拨乱反正，党的工作重心由"以阶级斗争为纲"转移到社会主义现代化建设上来。自此，党的政治生活逐渐走向正常化，人民的生活水平逐步提高，社会组织的发展进入一个新的时期。改革开放以来，中国共产党在大力推进经济体制改革的同时不断推进政治体制改革，政府职能不断转变，对社会领域的个体及组织不断"松绑"。1978 年至 2012 年社会组织有了较快的发展，不仅数量大幅增长，质量建设也卓有成效。同时，城市社会组织的发展面临法规制度建设滞后、支持引导不够、管理体制不健全、社会组织自身建设不足等问题。这一时期的社会组织发展大体分为三个阶段，一是恢复重建和自在发展时期，二是自觉发展和规范管理时期，三是稳步发展与培育引领时期，中国共产党根据不同时期城市社会组织发展情况对其进行整合。1978 年，中国科协在党中央关怀下开始恢复工作，拉开了学术类社会组织发展的序幕。随着改革开放拉开大幕，经济类社会组织在城市建设中的功能定位也得到国家的认可。随着社会主义市场经济体制的建立和完善，社会组织如雨后春笋般蓬勃发展起来。党和国家也通过对社会组织管理机构的统一与相关法律法规的完善，使社会组织的发展逐步走向正规化和法治化。

经过 40 多年的改革开放，中国的社会面貌发生了翻天覆地的变化，中国经济在为国家和个人带来巨大物质财富的同时，也给社会带来诸多不稳定因素。城市社会组织的现代性价值得到进一步确认，但也面临新的结构性挑战和自身发展困境。党的十八大以来，党中央果断提出坚持和改善党的领导的重大政治要求，强调党的领导是做好党和国家各项工作的根本保证。因此，社会组织的党建工作被放到了十分重要的位置。2012 年至今，与社会组织党建有关的政策文件不断出台，党对社会团体、基金会、民办非企业单位等新型社会组织的整合力度不断加大，同时政府的职能转变力度也持续增强，为新型社会组织的发展释放出积极信号，特别是民政部首批公布的免予登记的基金会和民办非企业单位，未来发展空间十分巨大。可以说，党的十八大以来，党对城市社会组织的领导全面加强，社会组织的党的建设质量全面提升，与此同时，城市社会组织也进入高质量发展期。综上所述，坚持党的领导是开展城市社会组织整合的基本前提。在社会主义革命、建设和改革时期，中国共产党在城市社会组织的发展历程中都扮演着领导角色。

新中国 70 多年的历史发展证明，坚持党的领导是开展城市社会组织整合的基本前提。新中国成立以来，城市社会组织虽历经多次变迁，但党对社会组织的领导地位从未变过。在新中国成立初期，党对城市社会组织进行了清理和整顿，恢复重建了许多社会组织，对国家经济社会的恢复和人民政权的巩固发挥了重要作用；在社会主义建设和改革时期，城市社会组织作为一支重要的社会力量，与中国共产党人一道不断发展中国特色社会主义政治、经济和文化，逐步实现了从"富起来"到"强起来"的历史性飞跃。中国特色社会主义进入新时代，城市社会组织要始终坚持党的领导，始终牢记党的重任和重托，从历史的实践中总结经验，不忘为人民服务的初心，不忘为人民谋利益的使命，始终做人民群众利益的忠实捍卫者和保护者，始终做城市社会建设的支持者和贡献者。

## 二　坚持群众广泛参与是推动城市社会组织整合的关键

群众路线是党的生命线，也是中国共产党在革命、建设和改革过程中的工作方法。毛泽东指出："人民，只有人民，才是创造世界历史的动力。"[1] 群众路线是城市社会组织合理存在与发展的现实基础。从历史渊源来看，中国是一个有着悠久历史的文明古国，中国历史上存在社会组织雏形，这些旧的社会组织是基于经济利益、情感寄托、兴趣爱好、人生发展等因素而自愿结成的社群团体，这些团体或多或少都掺杂着群众因素。新中国成立以来，群众参与不仅是城市社会组织整合的关键一

---

[1]　《毛泽东选集》第三卷，人民出版社，1991，第 1031 页。

环，更是城市社会组织存在与发展的持久性动力，党和政府借鉴革命战争年代发动群众、组织群众的方式，让群众真正成为参与社会建设的中坚力量。

新中国成立初期，为巩固新生的人民政权，党中央提出了要努力把党内党外、国内国外的一切直接的、间接的积极因素调动起来，为建设社会主义现代化国家而努力。① 党和政府在对社会组织进行清理整顿和规范管理的过程中，就特别注重发挥社会组织与人民群众联系紧密、服务直接的特点和优势。党通过社会组织了解社会各阶层的需求，并通过各种形式对群众的需求进行回应。在新民主主义革命时期，中国共产党广泛发动群众、组织群众、联系群众，让人民大众汇聚成推翻帝国主义、封建主义、官僚资本主义的磅礴力量，最终取得新民主主义革命的胜利。在新旧社会交替的关键历史时期，在社会主义建设初步探索阶段，在推动城市社会组织重构的过程中，党同样运用革命战争时期的群众运动形式，让群众参与社会组织重构的全过程。新中国成立初期，以单位为基础的组织化模式已经成为中国共产党建设新中国的重要方式，并且使之成为涵盖城市政治、经济、文化、社会等领域的基层组织。单位制的主要特征是把人民群众分到一个个单位中，每个单位都有一定的行政级别且配有若干工作人员及干部，党和政府通过单位这一新中国初期建立的特殊组织，通过自上而下的领导，组织和发动群众投入各种政治活动，达到恢复城市生产和整合城市社会组织的目标。作为基层管理组织的街道、居委会的重建彻底改变了中国城市基层管理组织的功能及其属性，并成为城市基层社会整合和改造的重要形式。计划经济体制下的"单位制"、"街居制"以及工会、青年团、妇联等社会团体的扩展使每一个人都与政府发生关系，使得党和政府可以大规模地组织动员城市群众，群众的广泛参与为新中国成立初期城市社会组织的整合提供了人才支撑和力量源泉。

---

① 《毛泽东文集》第七卷，人民出版社，1999，第44页。

改革开放 40 多年来，城市社会组织在促进经济发展、维护社会和谐稳定、推动城市建设、维护群众利益等方面的作用日益突出。一方面，社会组织不断强化其社会职能，发挥其团结动员群众干事创业的作用，推动其所联系的群众积极主动地参与到党组织要求的各项工作中来，在改革开放的大局中建功立业。居委会以社区居民为服务对象，以社区为主阵地，不断回应居民利益诉求，满足群众需要，让居民参与城市各项管理。工会以普通劳动者为主要服务对象，以企业、街道、园区等为主阵地，以维护职工的合法利益为基本职责，让职工参与决策和座谈等。共青团以青少年为主要服务对象，以学校、社区等为主要阵地，不断加强对青少年的理想信念教育，不断巩固和加强党执政的群众基础和力量来源。妇联以妇女为主要对象，以城市流动妇女等为重点对象，以社区、家庭为主阵地，切实维护妇女的根本利益，不断引导妇女参与到各项建设中去。各种新型社会组织也发挥自身优势，教育引导群众参与城市建设，引导群众依法依规表达自身诉求。另一方面，党也不断努力增强群众参与社会组织的自觉性。毛泽东指出："动员群众的方式，不应该是官僚主义的。官僚主义的领导方式，是任何革命工作所不应有的。"[1] 各社会组织通过多维的宣传手段，大力宣传社会组织是群众自己的服务机构的理念，不断提升群众对社会组织的认同感和归属感。党和政府在整合社会组织的过程中，也加大了对社会组织职能和定位的知识普及，不断引导群众实现由"要我参与社会组织活动"到"我要参与社会组织活动"的转变，切实做到互利双赢，以理性的、合法的途径让群众参与城市社会建设。群众的广泛参与也为社会组织的发展提供了资金支持，为城市社会组织的整合带来了新的动力。

新中国 70 多年的历史发展证明，坚持群众广泛参与是推动城市社会组织整合的关键。新中国成立以来，社会组织在不同历史时期都发挥了重要作用，其关键就在于有人民群众的广泛支持和参与。一方面，群众

---

[1] 《毛泽东选集》第一卷，人民出版社，1991，第 124 页。

的参与为城市社会组织提供了人才支撑，另一方面，群众的参与也为城市社会组织的发展提供了资金来源，也就是说群众的支持与参与是城市社会组织生存发展的基础条件。中国社会组织与西方社会组织的最大不同在于职能定位，我国社会组织最基本的职能在于联系群众、发动群众、教育群众、帮助群众。在新民主主义革命时期，党通过社会组织这个重要的政治触点，将人民群众广泛地组织和动员起来，普遍宣传党的方针政策，宣传劳苦大众被压迫、被奴役的悲惨局面，激发他们的革命热情，进而带领人民群众取得了新民主主义革命胜利，建立了新中国，走上了社会主义道路，确立了社会主义基本制度，开始了对社会主义建设的探索。改革开放以来，党和政府充分认识到人民群众的无穷智慧和创造力，不断转变政府职能，广泛动员人民群众参与城市社会组织恢复、重建和发展的全过程。40 多年来，群众参与社会组织的人数显著增加、覆盖率显著提升，城市社会组织得到突飞猛进的发展，城市社会组织已实实在在成为党组织与基层群众联系的桥梁和纽带。习近平指出："群团组织开展工作和活动要以群众为中心，让群众当主角，而不能让群众当配角、当观众。要更多关注、关心、关爱普通群众，进万家门、访万家情、结万家亲，经常同群众进行面对面、手拉手、心贴心的零距离接触，增进对群众的真挚感情。"① 回顾新中国成立以来党对城市社会组织的整合过程，不难看出，党之所以选择社会组织作为革命、建设和改革事业的重要合作伙伴，在根本上是因为对社会组织背后群众功能的看重。群众参与是社会组织从中国发展的历史进程中获得"存在感"的关键所在，是城市社会组织在党组织的领导下不断整合和发展壮大的关键。

### 三　坚持把社会组织作为中国共产党执政的新兴资源是实现城市社会组织整合的保障

社会组织是独立于政府和企业的社会团体，是联系人民群众的桥梁

---

① 习近平：《切实保持和增强政治性先进性群众性，开创新形势下党的群团工作新局面》，《人民日报》2015 年 7 月 8 日。

和纽带，在国家建设和社会治理中扮演着重要的角色。新中国成立以来，党和政府开始发挥社会组织的特殊功能，对社会中存在的问题进行有效治理。中国共产党执政的基础来自人民，执政的成果由人民共享。新中国成立 70 多年来，随着中国经济的迅猛增长，我国社会发生了翻天覆地的变化，但同时存在一些社会问题和矛盾。社会组织作为党和政府社会治理工作的辅助者，在城市社会治理中日益发挥着不可替代的作用，对城市社会建设和社会治理具有深远的影响。

从 1949 年新中国成立到改革开放前这段时间，我国社会组织以人民团体为主，基金会、民办非企业单位、慈善组织等尚未建立。新中国成立初期，旧的封建性社团被取缔和改造，一大批人民团体和官办文艺社团在城市社会建立起来，特别是以工会、青年团、妇联、青联、科协为代表的人民团体得到了短暂的繁荣与发展。1950 年政务院颁布的《社会团体登记暂行办法》，明确了社会组织分级登记管理制度及活动范围等，使得社会团体在宪法和其他法律的范围内名正言顺地参与城市社会治理。新中国成立后，党和政府不仅要安排好国计民生，还要构建一个安定的社会秩序，更要建立一个革命化的新社会。完成这样的目标和任务，迫切需要各方力量的参与。为此，毛泽东提出了"动员一切社会力量"、将人民群众"组织起来"的理念。社会治理需要群众的广泛参与，群众的广泛参与是社会治理的重要特征，也是社会治理的关键所在。社会组织是联系群众的关键纽带，是满足人民群众需求、为其谋求利益和提供服务的组织机构。新中国成立初期，社会组织作为党和政府的重要帮手，充分发挥了组织动员、宣传动员、生产动员的作用。在参与抗美援朝的社会动员方面，以妇联、工会和青年团为代表的人民团体广泛发动人民群众参加抗美援朝，为前线捐款捐物；在爱国节粮方面，各人民团体组织群众开展爱国节粮运动，使粮食供应问题得到有效解决；在扫除旧社会痼疾方面，各人民团体积极参加社会治理工作，教育改造了大批妓女，在禁烟禁赌运动中发挥了重要作用。这一时期，以人民团体为代表的社会组织广泛参与城市社会治理，在城市人民政权巩固、经济恢复发展、社会问题治理、社会风尚转变等方面付出了巨大的努力，为减少社会矛盾、扩大党的执政基础做出了重要贡献。

改革开放 40 多年来，我国城市社会组织的发展突飞猛进，积极参与城市社会治理，在促进城市经济发展、维护城市社会稳定和改善城市形象方面发挥了不可替代的作用。如，城市社区在丰富人民生活、营造社区文化上的作用就十分明显。各城市社区组织积极配合政府相关部门，参与社区自治，如普遍建立的老年人协会、计划生育宣传组织、社会文化组织等，有效弥补了党在社会治理方面的不足。各社区积极开展志愿者服务工作，如成立社区环保宣传组织、卫生监督组织、治安巡逻组织等。各社区还组织文体活动，开展各种文化宣传、文艺表演，丰富居民的精神生活。又如，各种民办非企业单位在推动社会公益事业、文化繁荣传播方面也成效显著。20 世纪 80 年代中期兴起的民办教育机构，缓解了公办教育资源的不足，为促进全国各大中小学生的深造学习、缓解社会矛盾做出了贡献。卫生类、科技类民办非企业单位在缓解医疗资源短缺、推动科技交流方面贡献很大。各学术性社团加强学术交流，在促进文化繁荣发展方面的作用不可替代。各行业协会在参与政府决策、助力经济社会发展方面的作用也十分大。此外，社会组织在慈善捐赠方面贡献特别大。截至 2017 年底，全国共建立经常性社会捐赠工作站（点）和慈善超市 2.8 万个。全年共接收社会捐款 754.2 亿元，其中，民政部门直接接收社会各界捐款 25 亿元，各类社会组织接收捐款 729.2 亿元。①从民政部统计的数据来看，基金会等各类社会组织俨然成为社会慈善救助的重要机构，成为新时代扶贫救济的重要力量。总之，改革开放以来城市社会组织作为中国共产党执政的重要新兴资源，日益成为建设中国特色社会主义伟大事业的重要力量。

新中国 70 多年的历史发展证明，坚持把社会组织作为中国共产党执政的新兴资源是实现社会组织整合的保障。新中国成立以来，城市社会

---

① 《2017 年社会服务发展统计公报》，http://www.mca.gov.cn/article/sj/tjgb/201808/2018
0800010446.shtml。

组织在数量上和功能上都发生了深刻变化，中国社会治理形态也发生了重大变化。新中国成立初期党对社会实行全面管控与经营，后来逐步向社会管理阶段转变，随着改革开放的深入和各种矛盾的日益凸显，社会治理格局逐渐转变，实现了从"包办社会"到"经营社会"，再到"管理社会"，最后到"治理社会"的发展历程。① 但城市社会组织的初心和使命始终没有变，它们始终与党和政府一道在不同时期参与社会治理工作，社会组织在提供公共服务、整合社会资源、促进社会发展等方面发挥着重要作用。在全面建成小康社会的关键时期，在实现"两个一百年"奋斗目标和中华民族伟大复兴中国梦的历史征程中，用好社会组织这一执政新兴资源，凝聚起包括社会组织在内的所有力量，中华民族的伟大梦想就一定能实现。

中国共产党的历史，是接力奋斗的历史。回顾中国共产党在新中国成立后 70 多年的奋斗历程，发现党对城市社会组织的整合也经历了一个探索、发展、成熟的历程。党对城市社会组织的整合积累了宝贵的经验，同时由于各种主客观条件的限制，也出现了一些失误和挫折，留下了不少教训。正如毛泽东所说，"过去的思想改造是必要的，收到了积极的效果。但是在做法上有些粗糙，伤了一些人，这是不好的"②。这些挫折和失误之所以产生，总的来说是因为历史条件和基本国情的限制。下面，我们从三个时段对存在的不足和教训做简单剖析。

第一，1949 年至 1978 年城市社会组织整合出现的问题。新中国成立后，我国实行社会主义制度，建立起以中国共产党为核心的政权体系和社会管理体系，这是历史和人民的选择，是符合历史发展和前进方向的。对社会组织整合的过程中，受当时历史条件，特别是高度集中的计划经济体制的限制，社会组织的生存空间受到了严重压缩。1956 年三大改造完成以后，为尽快恢复国民经济和提高人民生活水平，建立起高度

---

① 陈鹏：《中国社会治理 40 年：回顾与前瞻》，《北京师范大学学报》（社会科学版）2018 年第 6 期。

② 《毛泽东文集》第七卷，人民出版社，1999，第 226 页。

集中的计划经济体制。在这种体制下，企业没有自主权，广大群众完全被束缚于单位中，城市社会组织失去了生存的空间和必要性。新中国成立前夕新建的群团组织及旧政权遗留的社会组织，或自行解散，或被取缔，或经过改造被纳入中国共产党主导筹建的社会组织体系中，社会组织数量锐减。

第二，1978 年至 2012 年城市社会组织整合过程中出现的不足。改革开放以来，我国各类社会组织有了突飞猛进的发展，但也存在各种各样的问题，而且在不同的发展阶段存在不同的特点。一是发展初期社会组织的管理制度没有及时跟上。在城市社会组织恢复重建与自在发展时期（1978~1989），没有及时出台一套完整的社会组织管理制度，存在多头审批、无章可循问题。1950 年通过的《社会团体登记暂行办法》，在"文革"中也不复存在。这一阶段，全国没有统一的社会组织管理部门，也没有统一的审批登记管理制度。在解放思想和经济体制改革的情况下，社会组织如雨后春笋般迅猛发展，社会组织出现增长过多、水平参差不齐的现象，还有极少数社团受自由化思想的影响，策划成立全国性的非法组织，影响了社会的稳定。二是发展过程中关于社会组织的立法没有同步。在城市社会组织自觉发展与规范管理时期（1990~2001），中央决定社会团体登记管理工作归民政部统一负责，解决了当时社会团体过多的发展问题，社会组织重新恢复了登记，平稳发展。但在社会组织快速增长的时候，关于社会组织的立法没有同步跟上。这一时期由于立法的不足，加之国际交流的日益增多，一些非法社会组织也相应增多，且活动猖獗。国内一些敌对分子在境外势力操控下，成立了"中国发展联合会"等一批反对四项基本原则的民间组织，在政治、经济、宗教、民族等领域进行政治破坏活动，试图影响社会的稳定。[①] 三是高速增长过程中社会组织的发展不平衡。改革开放后 30 多年，我国社会组织的管理体制、配套政策不断完善，社会组织走上了健康发展的轨道，但发展不平

---

① 余晖主编《中国社会组织的发展与转型》，中国财富出版社，2014，第 122 页。

衡的问题日益凸显。由于各地政府职能转变的进程不同，各地让渡给城市社会组织的发展空间各不相同。各地社会组织管理体制的完善程度也不一致，有的地方甚至相当长时间内没有业务主管部门。各地经济发展水平不一致，导致社会组织的资金来源和自我营运能力差距很大。这些因素的存在，使得中国社会组织在不同区域之间、不同领域之间，呈现不平衡性。

第三，党的十八大以来，在以习近平同志为核心的党中央坚强领导下，不断总结新中国成立以来特别是改革开放以来城市社会治理的经验，不断通过政策的调整和制度的完善来构建一个有利于城市社会组织发展的法律政策体系。城市社会组织自身建设不断加强，正走向与政府实现合作与互动的良治道路。

总之，新中国成立以来党对城市社会组织的整合由于经验不足，的确走了一些弯路，我们要客观看待、正确认识。犯错误固然是消极的事情，但如果能够吸取城市社会组织整合的教训，也可能带来积极的效果。正如恩格斯所说，"伟大的阶级，正如伟大的民族一样，无论从哪方面学习都不如从自己所犯错误的后果中学习来得快"[1]。我们相信，只要勇于承认错误、发现问题，认真吸取教训，就可以探索出一条符合中国国情的、以人民为中心的社会组织整合发展道路。

## 第二节　促进社会组织发展的国际经验与启示

改革开放以来，中国社会组织迅猛发展，在公共治理领域发挥着日益重要的作用，越来越受到广大人民群众的支持和认可。新中国成立70多年来中国社会组织在国家治理体系和治理能力现代化过程中虽发挥了巨大作用，但与西方发达国家在社会组织发展的监管体制、法律规范、政府与社会组织的关系处理等方面的成熟经验相比，我国社会组织的发

---

[1]　《马克思恩格斯文集》第一卷，人民出版社，2009，第379页。

展仍存在不足，国外成熟经验无疑为新时代社会组织的发展提供了有益借鉴。如何培育、引导、扶持、规范社会组织的发展，如何建立配套的法律制度和监管体制，使社会组织走上一条适应中国国情的、正规化、法治化的发展道路，真正让社会组织发挥承接政府职能转变的功能，是新时期党和国家必须深入研究的问题。

## 一  国外社会组织的监管体制对中国的启示

托克维尔指出："在美国，结社权是从英国进入的，并且一直会存在下去。现在，行使这一权力已成为美国的习惯。"[①] 结社自由的背景使西方国家在处理第三部门方面有很大的选择性。如美国是目前社会组织最发达的国家，其职能在一定程度上促进了资本主义的建立和发展，且在处理结社自由等方面有许多成功经验。国外社会组织的发展由来已久，资本主义社会大多强调对政府权力的制衡，不采用政府包办福利的办法，而是让社会组织在其中扮演重要的角色。政府对社会组织的监督管理主要体现在对其非营利性的审查及财务活动的监督上，并不是对社会组织的运行和各种活动进行干预。国外对社会组织的监督主要体现在社会监督方面，大致有舆论监督机制、捐赠者监督机制、第三方评估机制、国家慈善信息局等，这样能大大减轻政府压力并确保社会共同参与。更重要的是加强社会组织的内部监督机制，如美国有一种被称为"看门狗"的社会组织，其主要工作任务是监督社会组织的活动，并对其加以评论。[②] 西方根据监管适度的原则，对社会组织实行分类管理，其成熟的监督体制可为我国社会组织的发展提供些许借鉴。

从新中国成立 70 多年来党对社会组织整合的历程来看，社会监督是一个不可替代的机制。加强社会监督不但可以促进社会组织健康稳定发展，而且对促进城市社会组织整合及维护社会和谐稳定大有裨益。随着改革开放以来社会组织不断发展和完善，除了社会组织内部监督外，行

---

① 〔法〕托克维尔：《论美国的民主》，董果良译，商务印书馆，1997，第 216 页。
② 张向前：《中国社会组织监管创新战略研究》，光明日报出版社，2016，第 168 页。

业协会、第三方评估机构及传媒机构等社会力量在社会监督中也起到很大的作用。目前我国已经有了对城市社会组织的第三方评估机制，虽然与西方国家的第三方评估在公信力方面还有一定的差距，但改革开放40多年来我国的第三方评估机制仍有很大成绩，对新时代党对城市社会组织的整合提供了监管力量和现实启示。首先，中国的特殊国情决定了城市社会组织不能由其本身来管理，必须在政府支持和社会监管的共同作用下实现。其次，科学的考核体系可确保第三方监督机构有章可循，确保城市社会组织能够在运作过程中自觉遵守和维护相关条例。最后，注重与公共媒体的合作，大众媒体作为城市社会组织监督的重要力量，作为传达社会舆论的重要途径，社会组织应多听取媒体的信息报告，确保二者之间的合作关系，间接地对社会组织的运作进行监督，及时反映社会公众的意愿，并提出解决问题的意见和建议。党对城市社会组织的整合是一个漫长的过程，不可能一蹴而就，需要全社会的共同参与来维护城市社会组织的发展，建立客观、公正、高效的第三方评估体系，全面、有效的社会监管体制是城市社会组织发展的重要保障。

## 二　国外社会组织的法律体系构建对中国的启示

西方国家对社会组织的管理大致有一套完备的法律规范体系，如德国和法国都有宪法规定的结社自由，都有公法和私法的划分，都有社会团体登记制度。按照公法设立的社会团体为公法人，按照民法典设立的社会团体均为私法人。[①] 这一健全的法律体系使社团在自由、规范中运行。英国早在1601年就出台了《慈善用途法》，该法是世界上较早规范非营利性组织的法规。西方国家对从事公益目的的非营利性组织或慈善活动都给予了各种特殊待遇并制定了相关法律政策，为社会组织的良好发展提供了法律保障。

良好的法律制度是实现城市社会组织自我管理的基础，没有法律的保

---

① 余晖主编《中国社会组织的发展与转型》，中国财富出版社，2014，第172页。

障，社会组织是难以靠自律来实现自我管理的。习近平指出，法治是中国特色社会主义的本质要求和重要保障，城市社会组织是中国特色社会主义社会建设的重要方面，对其整合更应做到有法可依、有法必依。新中国成立以来，中国共产党根据社会组织的不同发展阶段制定了一系列法律，这对规范社会组织发展及参与城市社会服务发挥了重要作用。同时，我国社会组织所制定的基本法律是行政法规，没有真正上升到立法的高度，限制了立法的权威性和约束力。随着社会的不断发展，城市社会组织的规模越来越大，其在城市社会服务中的参与范围会越来越广泛。在建立社会组织的法律框架时，必须明确城市社会组织的管理制度，对社会捐赠、政府资助、财产管理、绩效管理等进行程序性的规定。同时政府也可适当调整税收政策，通过制定合理的城市社会组织免税和减税政策，对城市社会组织进行有效的管理和监督，促进城市社会组织的健康有序发展。总之，对城市社会组织的法律监管并不是束缚其发展。相反，要通过监管建立起城市社会组织的良性发展运行机制，打击违反犯罪行为，保障广大人民群众的切身利益，实现党对城市社会组织的有效整合。

## 三　国外政党与社会组织的关系处理对中国的启示

资本主义制度下孕育的两党执政和多党轮流执政是西方政治的标志，特殊的国情决定了政党在处理与社会组织的关系上有一定的灵活性、多样性，西方选举成为影响政党与社会组织之间关系的关键变量。在现实选举过程中，一方面社会组织成为政党竞选的重要支持力量，另一方面政党的取缔、改革要适应社会组织的发展。西方政党与社会组织的关系，可分为独立型、合作关联型、依附型和隶属型等类型。独立型，即政党与社会组织之间没有关联，社会组织不作为政党选举的帮助者，甚至成为政党选举的反对者，政党不为社会组织的发展提供任何帮助，二者之间相互独立；合作关联型，即二者之间关系紧密，成为休戚与共的合作者；依附型和隶属型，即社会组织的发展需得到政党的支持和帮助，政党的选举需替代部分选举功能。这些复杂的关系在给西方政党发展带来机遇的同时，也对政党利用社会组织提出了新挑战。

中国坚持中国共产党领导的多党合作制度，不存在在野党和反对党，各党为了共同的目标勠力同心、携手共进，这一新型政党制度具有无可比拟的优势。政党与社会组织之间存在紧密的合作关系，但这种没有竞争的驱动，也可能使社会组织在发展过程中动力不足。新中国成立70多年来，政党与社会组织更多的是合作和依附关系，没有党的支持和引领，社会组织就不能在社会中立足，没有社会组织参与城市建设，政府管理基层社会就会更困难。为此，我们应科学吸收西方政党和社会组织之间相处的经验，结合中国特色社会主义实际，正确处理二者之间的关系，让社会组织真正成为政党建设的得力助手，让政党真正成为社会组织的忠实护卫。

综上所述，西方国家社会组织已进入一个相对成熟的发展阶段，在数量、质量、规模、范围等方面都有很好的成绩，全面有效的监管体制和法律保障是其重要基础。与西方国家相比，我国的社会组织起步较晚，相关法律制度和监督体制还很不健全。我们需要借鉴西方社会组织发展的经验，不断提升和完善自己。但我们更应有清醒的认识，西方社会组织的发展是以资本主义的民主和法治为基础的，是以强调人权理念和构建公民社会组织为基调的，是服务于资本主义制度的群众组织。我们建立的社会组织是服务于广大人民群众的，是在中国特色社会主义制度下建立的自治组织，具有中国特色、中国元素、中国智慧。

## 第三节　新时代提升城市社会组织整合
## 效应的战略思考

提升新时代背景下城市社会组织整合的效应，是贯彻中国特色社会主义事业"五位一体"总体布局的需要，是我国社会治理体系和治理能力现代化的重要内容，是落实以人民为中心的发展思想的题中应有之义，更是新时代社会组织努力改革的方向。党的十九大报告指出："我国社会主要矛盾已经转化为人民日益增长的美好生活需要和不平衡不充分的发展之间的矛盾。"矛盾是推动事物向前发展的永恒动力，新时代主要矛盾的变化在促进社会不断发展转型的过程中，同样影响着社会组织领域，发展不平衡不充分的矛盾在社会组织领域同样存在。中国特色社会主义进入新时代，新时代赋予了社会组织新的使命、新的定位、新的目标。"我国社会组织工作已经站到了新的历史起点上，具备了在新时代更好发挥作用的实践基础和制度基础。"[①] 在新征程中如何发挥社会组织的重要作用，如何科学规范新时代社会组织的发展方向，如何提升新时代党对社会组织的整合效应，值得探讨和思考。

## 一　以史为鉴，加强和改善社会组织的党建工作

在社会组织中建立党组织、开展党建工作一直是中国共产党不断探索的方向，有深厚的历史逻辑。从 1949 年到 20 世纪 90 年代中期，是社会组织党建的酝酿阶段，从重视把握社会组织的政治方向到提出在社会组织中开展党建工作，体现了党在规范自身与社会组织关系上的努力和进步。从 20 世纪 90 年代中期到 2001 年，是社会组织党建工作全面开展阶段，这一时期对社会组织党建工作的指导思想、责任主体、建立党组织的标准等方面逐步有了明确的规定，社会组织党建的制度化和规范化程度不断提高。从 2002 年到 2012 年，是社会组织党建的初步成熟阶段，这一阶段社会组织党建工作的政策规定相对完备，"两个覆盖"的比例不断提高，党建实践与社会组织业务的结合也趋向成熟，社会组织党建已经步入相对成熟期。[②] 同时，社会组织党建工作在实践中也存在一些问题。其一，社会组织开展党组织活动形式单一，缺乏吸引力，导致党员在参加政治活动时积极性不高；其二，社会组织发展党员困难，由于社会组织中人员的流动性较大、人事关系不属于社会组织，加上发展党

---

① 詹成付：《中国社会组织工作要自觉肩负起新时代的历史责任——学习党的十九大报告的初步体会》，《中国社会组织》2017 年第 20 期。

② 周俊、张冉、宋锦洲编著《社会组织与慈善组织管理》，北京大学出版社，2017，第 175 页。

员名额有限，党组织很难引入新鲜血液；其三，社会组织开展党建活动不积极，主要是一些社会组织负责人担心开展活动影响工作，认为党组织对社会组织并没有起多大作用，一些人则认为组建党组织浪费资金，更会受人监督；其四，社会组织管理制度落实不够有力，社会组织范围广泛，但是在规模上参差不齐，有些党政机关按照上级要求成立了相应业务范围的社会团体，但其一直没有发挥作用。

从社会组织党建的历史演进中可以看出，从新中国成立到党的十八大，社会组织党建大致经历了酝酿阶段、全面开展阶段、初步成熟阶段，社会组织党建工作在取得卓著成效的过程中也面临许多新的问题和挑战。中国特色社会主义进入新时代，我们更应总结历史经验，不断加强党对社会组织的领导，引领社会组织确立正确的发展方向，把社会组织及其从业人员紧紧团结在党的周围，不断增强党执政的阶级基础和群众基础。如何提升新时代社会组织的党建工作水平呢？

第一，提高政治领导力。党的十八大报告明确指出："加大非公有制经济组织、社会组织党建工作力度，全面推进各领域基层党建工作，扩大党组织和党的工作覆盖面。"[1] 党的十九大报告更是旗帜鲜明地提出："把党的政治建设摆在首位，""坚持和加强党的全面领导。"[2] 新时代党对社会组织的领导主要表现为政治领导，党对社会组织的政治领导主要是引领其政治发展方向，保证党的基本路线、方针、政策能够充分在社会组织得到贯彻实施。我们务必要把政治建设的相关要求放在第一位，旗帜鲜明地讲政治，不能有丝毫松懈和马虎。提高社会组织党建工作在政治方面的引导力，最重要的是要牢固树立"四个意识"，坚定"四个自信"，坚决做到"两个维护"，在开展活动中要坚决以党的政治意识来统一社会组织的意志和行动。

---

① 胡锦涛：《坚定不移沿着中国特色社会主义道路前进，为全面建成小康社会而奋斗》，《十八大以来重要文献选编》上，中央文献出版社，2014，第42页。

② 习近平：《决胜全面建成小康社会，夺取新时代中国特色社会主义伟大胜利——在中国共产党第十九次全国代表大会上的报告》，《人民日报》2017年10月28日。

　　第二，提高组织凝聚力。提高社会组织中党组织的凝聚力，就是要使党员和群众有归属感和获得感，使其具有参与组织生活的意愿。为此，要下大力气提升社会组织的党建工作质量，逐步解决社会组织中党组织制度规范缺失、党员教育管理缺位、党内活动与业务工作不协调、党员的先锋模范作用不突出等问题。加强社会组织的党建工作，要以习近平关于社会组织党建工作的重要讲话精神为依据，落实好 2015 年中共中央办公厅印发的《关于加强社会组织党的建设工作的意见（试行）》，认真理顺社会组织党组织的归属关系，明确社会组织中党建工作的主体责任，建立起一种各级层次分明、权责明确、关系融洽、工作落实的党建工作局面。提高组织的凝聚力，要特别注重对党员基本权利的维护，充分彰显党员的主体地位，加大交流和培训的力度，不断提升党员的基本素质，增强党员的组织归属感、获得感和幸福感。

　　第三，提升组织创新力。新时代社会组织党建工作的开展，必须创新党建工作方法和活动载体。社会组织中的党组织在活动形式、工作方式和人员主体上都与其他事业单位不同，存在自身的特点和规律，这就要求我们在开展党建工作时一定不能照抄照搬其他党组织的工作方式，要有所借鉴、有所创新，要让社会组织党建工作真正活起来、发展起来、壮大起来。为此，一方面，党建工作的开展要与业务工作的开展相结合，党建工作的开展要成为社会组织发展的动力而不是阻力。这就要求社会组织党建工作要结合本组织工作的实际业务特点，认真规划和理顺两者之间的关系，充分发挥党员的双向作用，使党建工作和社会组织共同发展。另一方面，要创新活动载体，不能简单套用党政机关、企事业单位的党建模式，要结合社会组织自身的特点，打造活动内容丰富、形式多样、意义深刻的活动载体。如可采用歌咏比赛、演讲辩论、座谈交流、参观会演等活动形式，在创新活动的过程中提升党组织的影响力，让党员群众在轻松娱乐的环境中接受精神的洗礼。在开展具体活动时，要注重控制成本、务实高效，真正做到党组织活动能"为组织发展所需要，为法人代表所支持，为单位党员所欢迎，为职工群众所拥护"①。

## 二　推动社会组织的政治参与，丰富党的政治资源

社会组织的政治参与是群众通过一定途径试图影响政治过程的活动，是衡量一个国家政治发展状况、民主政治完善程度、公民权利保障程度的重要指标。社会组织的政治参与，有助于社会各阶层利益诉求的整合，形成权力监督和制约机制，促进民主化进程与社会主义现代化建设。1978 年后，我国进行了经济体制和政治体制改革，经济结构发生了重要变化，与此同时，社会阶层结构和社会组织形态也发生了深刻变化，新型经济组织和新型社会组织如雨后春笋般蓬勃发展起来。党的十八大报告指出："强化企事业单位、人民团体在社会管理和服务中的职责，引导社会组织健康有序发展，充分发挥群众参与社会管理的基础作用。"②为此，新时代背景下社会组织如何进行有序的政治参与，发挥政治作用，促进党的政治资源的丰富，是新的历史条件下增强党的执政能力必须解决的重大问题。本书在总结新中国成立以来社会组织政治参与经验的基础上，借鉴国内外社会组织政治参与的实践经验，从战略高度提出三点对策建议。

第一，发挥行政协调作用，提高政治参与效率。社会组织是广大群众团体的收集器和传感器。如果希望政府的决策部署受到人民群众的拥护而不是反对、期盼其能顺利实施而不是受阻，那么政府决策就应欢迎社会组织的依法有序参与。为了支持社会组织开展各项活动，参与社会治理，充分发挥社会组织在政府与群众间的桥梁和纽带作用，就应着重借助政府权威建立社会组织协调支援机构，这样有助于提高社会组织政治参与效率。在此过程中，政府应不断转换职能，通过开展信息交流、宣传教育、座谈调研等活动，为社会组织参与政治提供渠道。协调支援

---

① 李明忠：《加强社会组织党建工作的思考》，《改革与开放》2016 年第 19 期。
② 中共中央文献研究室编《十八大以来重要文献选编》上，中央文献出版社，2014，第 30 页。

机构应为社会组织开展活动提供场地、对社会组织开展活动予以支援、向有关政府部门提供政策建议。协调机构也应推动建设公共信息交流平台，促使社会组织通过各种平台进行交流和合作，避免恶性竞争。有序的规范管理，可以使社会组织政治参与效率显著提升，为弥补政府的管理不足提供帮助。

第二，提升专业技术水平，增强政治参与能力。社会组织的专业化水平是影响其政治参与的一个关键因素。新中国成立以来社会组织经历了长时间的发展演变，很多社会组织对政治参与和社会治理有极高的热情和信念。但大多数社会组织都是群众性、自主性极高，缺乏专业化的服务能力，开展活动中规中矩没有创新，不能充分调动群众的积极性。为此，新时代要增强社会组织的政治参与能力，必须大力提升专业技术水平。一方面，要找准政治参与的立足点，我国社会组织的种类和数量都有相当大的规模，应结合各自组织的特征和要求，专注于某个部门或者某个领域的活动，如环境保护的宣传、老年服务中心的推广、某个项目的调研等，社会组织在政府无暇顾及的领域发挥自己的专长，起到查漏补缺的政治参与效果。另一方面，要吸收和培养专业化人才，政治参与的基础是社会组织拥有了解政治、精通业务、知晓法律、沟通力强的高素质人才，要加强从业人员的专业培训和思想教育引导，提高他们的服务意识和服务水平，增强各社会组织之间的交流和整合，形成有效合力参与社会治理。

第三，争取各方价值认同，增强政治参与的合法性和正当性。虽然我国宪法规定公民有结社自由，承认和肯定社会组织的合法性，但社会组织在参与政治的过程中仍然受到外部制度和政策环境的制约，法律制度的不健全以及社会认同的欠缺导致其无法有效调动社会力量。这就要求社会组织通过自身的活动及政治参与，借助宣传、调研、游说等多种方式，不断扩大自己的影响力和号召力，基于自己的组织规范，向政府提供信息和政策建议，从宏观上形成社会组织健康发展的外部环境。社会组织同样要处理好与政府之间的关系，主动为政府分担压力，当好政府的助手和参谋，这样才能赢得政府的认可和支持，获得更多的政治参与机会。同时，社会组织要加强与所代表的群体之间的沟通，倾听他们的呼声，维护他们的利益。要善于在广泛调研的基础上，提出切实可行的意见建议，从而赢得特定群体的认可。社会组织还应通过与新闻媒体的合作和联系，宣传政治参与的主张和方式，使政府和群众了解社会组织及相关议题的情况，争取他们的支持，增强政治参与的影响力。

## 三　发挥社会组织的市场中介功能，丰富党的经济资源

市场中介组织一般是在社会主义市场经济体制下，广泛存在于政府与市场之间、市场与企业之间、企业与企业之间的，从事服务、协调、评价、监督等活动的非官方社会经济组织。市场中介组织一般介于政府和企业之间，本身不参与市场交易活动，是政府和市场、市场和企业、企业和企业之间的纽带和桥梁。1949~1978 年，在我国高度集中的计划经济体制下，社会一切经济活动都由政府直接负责管理和实施，市场中介功能当然无从发挥。改革开放以来，由于党和国家把工作重心转向经济建设，促进经济持续发展，建立社会主义市场经济，发挥市场配置资源的功能，市场中介的自主性不断扩大，社会组织的中介功能就越来越显示出重要作用。党的十九大报告指出："发挥市场在资源配置中的决定性作用，更好发挥政府作用。"[1] 改革开放的理论与实践充分证明，市场配置资源是最有效率的形式，在发展社会主义市场经济体制的过程中，既要充分发挥政府的引领作用，也应注重市场的调节作用。中国特色社会主义进入新时代，面对百年未有之大变局，面对全面深化改革进入深水区，党和国家更应把市场这只"看不见的手"和政府这只"看得见的手"都用好，找准市场中介功能和政府行为的最佳结合点，充分发挥社会组织的作用和功效，努力形成政府与市场之间有机统一、相互补充、相互协调、相互促进的新格局。

---

[1]　习近平：《决胜全面建成小康社会，夺取新时代中国特色社会主义伟大胜利——在中国共产党第十九次全国代表大会上的报告》，《人民日报》2017 年 10 月 28 日。

第一，搭好政府与企业之间的桥梁，做好政府参谋与助手。随着政府机构改革的深入和政府职能的转变，社会组织特别是社会经济组织①日益成为政府管理经济的参谋和助手。在政府和企业之间，各社会组织作为会员企业的利益代表，应积极向政府反映企业的意见、建议，同时作为政府的助手，社会组织应及时向企业传达政府的相关发展规划和政策信息。社会组织也应积极参与政府部门行业规划、行政法规、产业政策的制定和实施，并在日常工作中配合相关部门进行行业调整、产品销售、质量检查、行业调研等事项。通过协助政府部门来进行行业管理和维护企业的合法利益，推动企业和社会组织的健康发展。② 社会组织还应组织企业进行经验交流，增进相互了解，实现信息共享，组织各种展销活动，拓宽产品交流的渠道，促进企业间的合作和联系，增强行业团体凝聚力。让社会组织真正成为政府与企业之间的得力助手，为市场经济的进一步发展贡献力量。市场经济从根本上讲是法治经济，企业在运行中需要健全的法律体系来保障其平等地位和合法权益。但是在实际市场运行过程中，仅靠法律的规范和约束是远远不够的，因为司法监督毕竟有一定的滞后性和局限性，社会中的经济纠纷需要社会组织予以调解处理。社会组织需要对任何一方的不规范行为进行监督并予以批评，从而避免市场主体的合法权益受到侵害。优胜劣汰是市场竞争中的规则，保证每一个市场主体都能进行公平竞争，是经济环境公平的主要标志。③一方面，社会组织要有强大的自律功能，对组织内部的企业行为进行干预，维护会员共同利益和市场秩序，促进企业内部的公平竞争，打击违规违纪行为。制定行业规则和行为标准，使企业经营有法可依、有据可循，这对推进行业管理和自律有很大的作用。另一方面，社会组织要充分发挥其市场中介功能，在新时代尽快适应社会主义经济的新体制，为

---

① 主要指各专业经济行业协会、总商会、市场交易委员会、消费者协会、质量检查所、计量检查站、学会、研究会、联谊会、经纪行、技术交易站、报价系统、结算中心等组织。
② 黄晓勇主编《中国民间组织报告（2008）》，社会科学文献出版社，2008，第245页。
③ 李恒光：《市场中介及其功能与作用》，《吉林财税高等专科学校学报》2002年第2期。

市场经济的有效运行提供优质服务。在市场错综复杂的经济纠纷中，社会组织应提供各方都能接受的方案，发挥其协调性和组织性。社会组织还应发挥其监督功能，对市场经营活动进行有效的监督和管理。为此，除了需要健全的法制和完善的市场管理制度以外，还必须充分发挥社会组织的沟通、协调、服务和监督功能，保障市场主体的合法利益，促进市场公平与社会和谐。

第二，推进建立企业联盟，促进市场体系的完善。社会组织作为政府和企业之间的得力助手，对企业的经营和管理比政府更加清楚。现在的市场是由商品市场、信息市场、资本市场、劳动力市场、房地产市场构成的合集。这些分散的子系统为了追求自己利益的最大化，不惜采用各种手段参与企业竞争，这就带来了企业间竞争过度、技术开发能力弱、产品增值税低等问题，因而企业价格协调、技术联合开发、推动市场联盟的作用就尤为突出。社会组织作为市场上不以营利为目的的中介组织，应努力为企业搭建平台，避免企业之间的过度竞争，提高企业的经济效益，为企业的发展提供良好的外部环境。同时，社会组织要进一步发挥其市场中介功能，努力促进市场体系的完善。社会组织可以在研究者、生产者和消费者之间不断地传送信息、牵线搭桥，使企业研究成果迅速转化为生产力，根据市场的需求不断创造新产品，满足消费者的需要。在企业的资金来源方面，除了企业自筹资金、银行贷款外，社会组织也可以利用其联系广泛、信息灵通、业务熟练的优势，在资金供需双方建立融资关系的过程中发挥重要的媒介作用，不断募捐和筹措资金，从而使资本市场活跃起来，真正构建起市场有朝气、企业有活力的新型市场体系。

## 四　发挥社会组织的服务功能，丰富党的社会管理资源

社会组织根植于各界群众，作为区别于政府部门和各企事业单位的自治组织，在社会事务中已成为服务社会、参与社会管理不可忽视的重要力量。改革开放以来，社会组织在数量上突飞猛进，所涉及的领域涵

盖教育、卫生、文化、体育、宗教、工商服务、科技研究等，其中社会服务类、工商服务类、文化类、教育类社会组织占有重要地位。党的十八届三中全会以来，在推进社会公共服务结构性改革过程中，为进一步调整供给结构，政府应不断转变职能，将更多的公共服务事项交给社会组织来管理。为充分发挥新时代我国社会组织的公共服务功能，丰富党的管理资源，本书提出以下三点建议。

第一，促使社会服务由单一化向多元化转变。传统观点认为，公共服务的要素完全要由政府来提供，因为政府掌握着大量公共资源，有着庞大的公共利益机构，它有能力和义务为公众提供服务。但是，这种由单一政府提供的公共服务容易造成事实上的垄断，很难改变公众对社会服务不满的现状，公共服务领域缺乏应有的竞争也易造成公共服务设施水平及其构建效率低下，同时政府的能力有限也会导致对公众的要求不能及时回应。在这种背景下，政府应转变观念、调整思路，打破政府垄断公共服务的局面，实现公共服务提供主体由一元化向多元化的转变。各种社会团体、基金会、民办非企业单位是多元公共服务的主体，政府应减少对社会组织的过分规制，适当简政放权，保障社会组织有法可依、有法必依，在活动经费上给予一定的支持和帮助，让社会组织真正成为提供公共服务的重要力量，在公共服务供给的社会和市场参与机制中真正发挥其组织引领、协调整合、排忧解难的功能。如，各种以促进经济建设为主要目的的行业协会，应积极与企业进行经济项目对接，加强项目和贸易交流；各种科技和学术性社团，应加大科研部门与地方和企业的联系，使科研和学术成果变成现实生产力，增强科研和学术为生产服务的能力；公益性社会组织要积极开展公益活动，解决人民的忧虑和困难，通过提供人民满意的优质服务来改善民生。

第二，科学界定政府与社会组织的服务领域。1978 年以来，社会组织不断发展，同时为社会提供了大量公共服务产品，但由于政府和社会组织都可以提供公共服务，且二者由于特点、形式及实力的不同，提供的公共服务也有区别。为更好地发挥社会组织的服务功能，做到各尽其职，需要明确二者之间的关系。社会组织作为非营利性机构，其职能主要发挥在城市社区服务领域、社会公共服务领域、经济领域等。在经济领域，由于社会组织能在政府和企业之间进行协调沟通、充当中间人的角色，这类社会组织不仅能为企业和消费者提供一些具体的服务，还能发挥一些政府不能发挥的作用，起到保障市场机制正常运行和市场经济健康发展的作用。在社会公益领域，因为社会组织具有非营利性特征，所以建立起了各种慈善、公益和志愿组织，它们是社会公共服务的重要组成部分，在社会中从事减贫济困、安老扶幼、助学助医等公益活动。在社区服务领域，既要提供便民服务性质的服务，更要向特殊群体提供服务。政府的服务领域主要是基础性服务及社会领域的服务，主要是宏观设计。政府与城市社会组织在提供公共服务的过程中无论是服务质量，还是提供的服务种类都各有千秋，政府应在规章制度允许的范围内让渡更多的服务领域给社会组织，另外，扶持和培育社会组织，增强其服务能力，使之能对政府的服务起到拾遗补阙的作用，减轻政府公共服务的压力，满足社会的多元化需求。[①]

第三，创新方式以发挥社会组织的服务功能。服务功能是社会组织最根本的特征之一，社会组织生存和发展的前提是以提供更优质服务为其宗旨。发挥社会组织公益方面的功能，除了利用外来资金开展志愿活动、建设基础设施、提供公共服务外，新时代更应创新社会组织的服务功能，由直接的给予帮助转化为政府和社会组织的协同合作。政府相关部门可授权社会组织让其向社会提供某种服务，如社区组织、商会、行业协会等。政府授权后，社会组织可以在政府的监督下开展具体事务，使其顺利地满足群众的需求，这是社会组织发挥服务功能的一种重要途径。政府也可提供给社会组织一定的资金，由社会组织提供具体的服务项目，这也是充分发挥社会组织公共服务功能的一种途径。在信息化时代，社会组织应创新服务模式，建立一套与之相适应的高效运行机制，

---

① 肖望兵：《论我国非营利组织在服务型政府中的公共服务功能》，广西师范大学硕士学位论文，2006。

政府和社会力量应搭建起社会组织网络服务平台，依靠人才、信息、技术、资金的支持，积极开展社会救助；社会组织在服务中应引入市场机制，盘活整合各方资源，推动社会力量的广泛参与，避免因直接服务而忽视群众参与，实现项目和公益事务的有效对接；社会组织在参与公共服务过程中更应注重精准化和专业化，确保参与项目的服务成效，提升群众的满意度和幸福感。

## 五  发挥社会组织的利益协调功能，丰富党的群众资源

社会组织是基于一定的利益需要而产生的，不同的社会组织是各种利益分化的结果。切实发挥利益协调功能，充分调动成员的积极性、主动性和创造性，增强组织之间的协调性和沟通性，增强组织内部的向心力和号召力，是构建合理、协调、有效利益机制的关键。"利益协调是在承认不同利益主体利益合法性的基础上，通过竞争、合作、妥协、调节等方式将各利益主体的利益诉求理性地保持在一定限度。"[1] 改革开放的伟大战略决策，打破了平均主义的利益格局，40 多年来中国社会取得了巨大发展成就，群众的财富和利益也得到了一定程度的增长和保障。同时，随着我国政治、经济、文化、社会改革进入深水区，各种矛盾和利益冲突日益加剧，社会转型迫在眉睫，这一系列的变化促使社会结构发生重大转变。"各种主体不断分散开来重新组合，社会的群体不断变化，同时需求也在不断发生变化，因此出现的利益碰撞和矛盾也就十分尖锐，社会需要新的组织来协调社会利益关系。"[2] 因此可以充分发挥社会组织协调利益关系的"安全阀"作用，构建社会组织发展的利益协调机制，丰富党的群众资源。在新时代背景下，发挥社会组织的利益协调功能，应在两个方面发力。

---

[1]  张菊梅、吴克昌：《控制社会阶层分化的利益协调机制研究》，《经济研究导刊》2007 年第 9 期。

[2]  张峰、李长健：《从群体性事件看民间组织的功能逻辑与发展路径》，《延边大学学报》2010 年第 5 期。

第一，充分发挥社会组织在表达群众利益诉求中的载体作用。社会组织是在政府、市场、社会之间发挥协调、服务、监督等作用的非政府性、非营利性中介组织。矛盾事件是由社会不公平因素和群众切身利益得不到切实维护造成的，广大群众在自身利益诉求表达不顺畅时就容易急躁，影响社会稳定。特别是群众个体，他们在表达自身诉求时由于不了解相关的具体程序，耗费了大量的时间、精力、金钱，却未达到理想的效果甚至收效甚微，就容易采用粗暴的方式或者不理性的方式表达。为了拓展社情民情表达渠道，应充分发挥作为群众服务调节器的社会组织在群众利益诉求中的载体作用。一方面，社会组织可有效维护群众的多元化利益，社会组织的结合基于共同的利益诉求和相同的兴趣爱好，其文化和规章制度能够促使群众的利益在组织体系中得到充分的表达，因而社会组织能够普遍吸纳群众的利益诉求，尽一切可能维护成员的多元化利益；另一方面，社会组织具有广泛性、针对性和科学性，具备收集、分析和处理问题的能力，能够有效实现组织的利益判断和利益表达，提高群众利益诉求的质量和效果。此外，单个人进行利益诉求不仅次数众多，而且花费较多，社会组织本身具有整合作用，能减少利益诉求的主体和次数，有效降低利益诉求的成本。

第二，充分发挥社会组织利益协调的桥梁作用。社会组织这种独特的作用，可以弥补政府和市场的缺陷。现实生活中，人民的诉求不会是单一的，会随着生活水平的提高出现多元和分散的趋势。当群众有利益诉求时，可以先找相关组织进行合理表达和申诉，而不是直接找国家机关进行投诉，把所有的问题和矛盾都集中到政府。与西方发达国家相比，我国政府承担着更为繁重的任务。新时代，党和政府应增强社会组织参与社会转型和利益协调的功能。首先，社会组织可以实现群众内部的利益协调，相同组织内部基于共同的文化及兴趣爱好，可通过交流增强利益主体的归属感和认同感，使个体之间的利益冲突可以在组织内部得到解决，使分散的个体利益实现组织内的整合。同时，将人民内部的利益摩擦和矛盾在社会组织内部分散一部分、缓和一部分、化解一部分，这样就能够最大限度地减少不和谐因素、增加和谐因素。① 其次，社会组织可以实现群众之间的利益协调。社会组织本身具有特殊性和非营利性，可以通过双方组织进行有效的沟通，降低双方的信息成本，尽量避免群体事件的发生。最后，社会组织可以通过政治参与的方式，向政府和市场反映群众的诉求。当然，社会组织也应对政府制定的相关政策和市场运行的规律及时进行宣传和动员，以提高政策执行的合法性和科学性。

---

① 路江、吴悦:《试论社会组织在群众利益诉求和维护中的作用》,《改革与开放》2013 年第 10 期。

# 参考文献

## 一 原始档案类

成都市档案馆藏档案：《1950 十月份民政科工作总结》，全宗号 85，目录号 1，案卷号 4。

成都市档案馆藏档案：《成都市第五区区委会关于五〇年工作总结》，全宗号 54，目录号 1，案卷号 22。

成都市档案馆藏档案：《成都市关于城市区整顿基层组织克服五多现象及郊区乡政权建设工作的报告》，全宗号 85，目录号 1，案卷号 144。

成都市档案馆藏档案：《1950 年成都市建立居民委员会工作总结》，全宗号 85，目录号 1，案卷号 5。

成都市档案馆藏档案：《成都市居民组织问题》，全宗号 85，目录号 1，案卷号 105。

成都市档案馆藏档案：《成都市民主妇联协助政府宣传贯彻执行婚姻法的总结报告》，全宗号 54，目录号 1，案卷号 106。

成都市档案馆藏档案：《成都市人民政府第四区区公所检查居委会工作总结》，全宗号 85，目录号 2，案卷号 24。

成都市档案馆藏档案：《成都市社团调查材料》（1951 年 7 月），全宗号 85，目录号 1，案卷号 64。

成都市档案馆藏档案：《成都市五年来城市救济工作情况》，全宗号 85，目录号 1，案卷号 197。

成都市档案馆藏档案：《关于调整旧有的社会救济福利团体工作的

报告》，全宗号 85，目录号 2，案卷号 157。

成都市档案馆藏档案:《结束居民委员会建立居民小组总结报告》，全宗号 85，目录号 1，案卷号 1。

成都市档案馆藏档案:《社会团体登记暂行办法施行细则》，全宗号 85，目录号 1，案卷号 78。

成都市档案馆藏档案:《社团登记情况及审查处理意见》，全宗号 85，目录号 1，案卷号 78。

成都市档案馆藏档案:《中国新民主主义青年团成都市工作委员会六个月工作总结》，全宗号 79，目录号 1，案卷号 1。

南京第二历史档案馆藏档案:《全国各省市乡镇保甲户口总表》，全宗号一（2），案卷号 1247。

上海市档案馆藏档案:《关于里弄居民工作情况和今后建立城市人民公社打算的报告》（1960 年 3 月），全宗号 A20，目录号 1，案卷号 2。

上海市档案馆藏档案:《关于社团登记和旧社会团体处理工作的意见报告》（1956），全宗号 B2，目录号 1，案卷号 50。

上海市档案馆藏档案:《上海市居民委员会组织暂行办法》，全宗号 B2，目录号 122，案卷号 82。

上海市档案馆藏档案:《上海市社会团体登记工作计划（草案）》，全宗号 B168，目录号 1，案卷号 802。

上海市档案馆藏档案:《上海市社会团体工作综合报告》，全宗号 B168，目录号 1，案卷号 806。

上海市档案馆藏档案:《一九五一年街道里弄组织工作总结及今后任务的报告》，全宗号 B168，目录号 1，案卷号 765。

上海市档案馆藏档案:《本局民政处社团科一年来工作总结报告》（1949 年 6 月至 1950 年 6 月），全宗号 B168，目录号 1，案卷号 499。

武汉市档案馆藏档案:《武昌区新河地区街道民主改革工作结束报告》，全宗号 35，目录号 1，案卷号 813。

武汉市档案馆藏档案:《武汉市居民委员会经费使用情况检查报

告》，全宗号 83，目录号 1，案卷号 503。

武汉市档案馆藏档案：《武汉市人民政府武昌办事处民政科四个月工作总结》，全宗号 35，目录号 1，案卷号 422。

郑州市档案馆藏档案：全宗 1，目录 14，案卷 1085。

## 二 文史资料类

成都市地方志编纂委员会编纂《成都市志·公安志》，四川人民出版社，1999。

成都市地方志编纂委员会编纂《成都市志·民政志》，方志出版社，1997。

成都市地方志编纂委员会编纂《成都市志·群众团体志》，四川辞书出版社，2000。

成都市地方志编纂委员会编纂《成都市志·宗教志》，四川辞书出版社，1998。

范静思主编《上海民政志》，上海社会科学院出版社，2000。

江西省妇女联合会、江西省档案馆选编《江西苏区妇女运动史料选编》，江西人民出版社，1982。

锦江区地方志编纂委员会编纂《成都市东城区志》，成都出版社，1995。

刘健清主编《中华文化通志·社团志》，上海人民出版社，1998。

青羊区地方志编纂委员会编纂《成都市西城区志》，成都出版社，1995。

全国人大常委会办公厅研究室编《中华人民共和国人民代表大会文献资料汇编（1949～1990）》，中国民主法制出版社，1991。

易庆瑶主编《上海市公安志》，上海社会科学院出版社，1997。

中共四川省委党史研究室编《中国共产党四川历史大事记（1950～1978）》，四川人民出版，2000。

中共中央党校党史教研室编《中共党史参考资料》，人民出版社，1979。

中共中央文献研究室编《建国以来重要文献选编（1949～1965）》

第六册，中央文献出版社，1993。

中共中央文献研究室编《建国以来重要文献选编（1949～1965）》第一至三册，中央文献出版社，1992。

中共中央文献研究室编《十八大以来重要文献选编》上、中，中央文献出版社，2014、2016。

中共中央文献研究室编《十四大以来重要文献选编》下，人民出版社，1999。

中国社会科学院现代史研究室编著《中国共产党历次代表大会》，中共中央党校出版社，1982。

中央档案馆、中共中央文献研究室编《中共中央文件选集（1949.10～1966.5）》第1~15册，人民出版社，2013。

中央宣传部办公厅编《党的宣传工作文件选编》，中央党校出版社，1994。

## 三　著作类

〔德〕马克斯·韦伯：《经济与社会》上卷，林荣远译，商务印书馆，1997。

〔韩〕河连燮：《制度分析：理论与争议》，李秀峰等译，中国人民大学出版社，2014。

〔美〕莱斯特·M.萨拉蒙：《公共服务中的伙伴现代福利国家中政府与非营利组织的关系》，田凯译，商务印书馆，2008。

〔美〕安东尼·唐斯：《官僚制内幕》，郭小聪等译，中国人民大学出版社，2017。

〔美〕戴维·E.阿普特：《现代化的政治》，陈尧译，上海人民出版社，2016。

〔美〕吉尔伯特·罗兹曼主编《中国的现代化》，陶骅等译，江苏人民出版社，1988。

〔美〕罗纳德·英格尔哈特：《发达工业社会的文化转型》，张秀琴译，社会科学文献出版社，2013。

〔美〕马克·莱文：《民主的假面：即将逝去的美国光环》，赖超伟译，中信出版集团，2017。

曹允源、李根源等纂《吴县志》卷四十九，苏州文新公司承印，民国 22 年。

（清）姜顺蛟、叶长扬修，施谦纂《吴县志》卷八，乾隆十年刻本。

《建国以来毛泽东文稿》第 1 册，中央文献出版社，1987。

《建国以来毛泽东文稿》第 3 册，中央文献出版社，1989。

《建国以来毛泽东文稿》第 4 册，中央文献出版社，1990。

《建国以来毛泽东文稿》第 12 册，中央文献出版社，1998。

《列宁选集》第 1~4 卷，人民出版社，2012。

《刘少奇选集》上、下卷，人民出版社，1981、1985。

《马克思恩格斯选集》第 1~4 卷，人民出版社，2012。

《马克思恩格斯全集》第 18 卷，人民出版社，1964。

《毛泽东文集》第 4~5 卷，人民出版社，1996。

《斯大林选集》上、下卷，人民出版社，1979。

《周恩来选集》上、下卷，人民出版社，1980、1984。

《党的十九大报告辅导读本》，人民出版社，2017。

《十八大报告辅导读本》，人民出版社，2012。

蔡磊：《非营利组织基本法律制度研究》，厦门大学出版社，2005。

杜倩萍：《草根非政府组织扶助弱势群体功能探究》，社会科学文献出版社，2012。

高宁、刘佳：《社会组织的社会责任》，山西人民出版社，2015。

国务院发展研究中心社会发展研究部课题组：《社会组织建设：现实、挑战与前景》，中国发展出版社，2011。

共青团广东省委员会编《广东共青团与青少年发展蓝皮书（2013）》，中山大学出版社，2014。

郭德宏：《中国共产党的历程》第 3 卷，河南人民出版社，2001。

郭广辉等：《法治进程中的社会组织发展研究》，中国检察出版社，2013。

何一民主编《近代中国城市发展与社会变迁》，科学出版社，2004。

胡献忠、孙鹏、刘佳等：《现代国家建构视野下的共青团改革历程》，中国青年出版社，2017。

兰久富：《社会转型时期的价值观念》，北京师范大学出版社，1995。

李惠斌、薛晓源主编《中国调查报告：社会经济关系的新变化与执政党的建设》，社会科学文献出版社，2003。

李克强：《政府工作报告：2014 年 3 月 5 日在第十二届全国人民代表大会第二次会议上》，人民出版社，2014。

梁丽萍：《政治社团的发展与社会主义民主政治建设》，中央编译出版社，2015。

陆学艺、景天魁主编《转型中的中国社会》，黑龙江人民出版社，1994。

路小昆：《走向全面小康：成都城市化·现代化研究》，四川大学出版社，2004。

任慧颖：《非营利组织的社会行为与第三领域的建构》，上海大学出版社，2009。

汤志华：《中国共产党利益整合能力建设研究》，中国社会科学出版社，2010。

王名、刘培峰等《民间组织通论》，时事出版社，2004。

王名等：《改革开放研究丛书：中国社会组织（1978～2018）》，社会科学文献出版社，2018。

王绍光：《多元与统一——第三部门国际比较研究》，浙江人民出版社，1999。

王卫平、黄鸿山：《中国古代传统社会保障与慈善事业：以明清时期为重点的考察》，群言出版社，2005。

习近平：《习近平谈治国理政》第二卷，外文出版社，2017。

徐家良、廖鸿主编《中国社会组织评估发展报告》（2014、2016），社会科学文献出版社，2014、2016。

闫东：《中国共产党引导社会组织发展的方式与途径研究》，中央编译出版社，2016。

杨冬梅主编《工会组织与工会法教程》，上海交通大学出版社，2016。

俞可平等：《中国公民社会的制度环境》，北京大学出版社，2006。

虞崇胜、唐皇凤：《第五个现代化——国家治理体系与治理能力现代化》，湖北人民出版社，2015。

张建国、徐微主编《走向谈判：中国工会的实践探索》，新华出版社，2014。

中华人民共和国民政部编《中国民政统计年鉴：中国社会服务统计资料》（2013、2014、2015），中国统计出版社，2013、2014、2015。

周秋光主编《中国近代慈善事业研究》，天津古籍出版社，2013。

朱建刚：《国与家之间：一上海邻里的市民团体与社区运动的民族志》，社会科学文献出版社，2010。

## 四 期刊论文类

曹爱军：《民族地区社会组织的发展境域——以"五个建设"为视野》，《重庆工商大学学报》（社会科学版）2013 年第 6 期。

陈柏峰：《中国法治社会的结构及其运行机制》，《中国社会科学》2019 年第 1 期。

陈鹏：《中国社会治理 40 年：回顾与前瞻》，《北京师范大学学报》（社会科学版）2018 年第 6 期。

陈思：《我国社会组织参与社会主义协商民主问题研究》，《理论月刊》2018 年第 12 期。

程坤鹏、徐家良：《从行政吸纳到策略性合作：新时代政府与社会组织关系的互动逻辑》，《治理研究》2018 年第 6 期。

高冬梅：《新中国建立初期的慈善救助事业》，《理论前沿》2008 年第 19 期。

韩升、高健：《现代社会治理需要警惕社会组织发展的丛林化》，《东南学术》2019 年第 1 期。

韩莹莹、苏杨：《群团组织改革的基础是厘清政府权责范围并合理调配行政资源——以人口新形势下计划生育多元共治为例》，《发展研究》2017 年第 7 期。

胡若雨：《群团组织在新时代的改革取向》，《理论探索》2019 年第 1 期。

康晓强：《国家治理视野下群团组织转型的困境与出路——以改革开放 40 年来的中国共青团为例》，《中共中央党校学报》2018 年第 3 期。

黎见春、王军：《建国初期社会的转型与党对意识形态的整合》，《三峡大学学报》（人文社会科学版）2002 年第 1 期。

李强：《当前我国社会分层结构变化的新趋势》，《江苏社会科学》2004 年第 6 期。

李友梅、肖琪、黄晓春：《当代中国社会建设的公共性困境及其超越》，《中国社会科学》2012 年第 4 期。

廖鸿、杨婧：《改革开放以来社会组织的发展与主要成就》，《中国民政》2018 年第 15 期。

刘道福、檀雪菲：《马克思主义经典作家关于党群关系的主要思想》，《当代世界与社会主义》2005 年第 1 期。

刘勇：《建国以来我国社团发展状况及其对政治发展的影响》，《理论与改革》2005 年第 4 期。

路风：《中国单位体制的起源和形式》，《中国社会科学季刊》（香港）1993 年第 5 期。

吕作燮：《明清时期苏州的会馆和公所》，《中国社会经济史研究》1984 年第 2 期。

马长俊：《加强党的领导与行业协会法人治理相融合研究》，《社会主义研究》2018 年第 6 期。

邱国盛：《从国家让渡到民间介入——同乡组织与近代上海外来人

口管理》,《华东师范大学学报》(哲学社会科学版) 2005 年第 3 期。

任云兰:《近代城市慈善组织运作机制探析——以天津市慈善组织为例》,《天津大学学报》(社会科学版) 2009 年第 5 期。

宋雄伟:《群团组织改革必须依靠体制机制创新》,《中国党政干部论坛》2016 年第 7 期。

孙铭浩、蔡永江、刘志毅、刘明军、苏春江:《慈善事业:中国社会保障的配套工程》,《理论导刊》1998 年第 10 期。

谭日辉:《社会组织发展的深层困境及其对策研究》,《湖南师范大学社会科学学报》2014 年第 1 期。

田凯:《我国公共服务领域政府与社会组织合作关系的发展》,《国家行政学院学报》2018 年第 5 期。

王栋、朱伯兰:《社会组织腐败治理:政社分开的逻辑进路》,《国家行政学院学报》2018 年第 5 期。

王劲颖:《借鉴工商登记制度改革经验 全面深化社会组织管理制度改革》,《中共青岛市委党校(青岛行政学院学报)》2015 年第 1 期。

王凛然:《新中国成立以来党的群团工作的主要成就及基本经验》,《中州学刊》2017 年第 9 期。

王妮丽:《国家与社会关系视角下我国社区治理模式思考》,《云南师范大学学报》(哲学社会科学版) 2019 年第 1 期。

王绍光、何建宇:《中国的社团革命——中国人的结社版图》,《浙江学刊》2004 年第 6 期。

王先俊:《建国初期的社会变迁与党对思想文化的整合》,《当代中国史研究》2003 年第 3 期。

王向民、李小艺、肖越:《当前中国的社会组织培育发展研究:从结构分析到过程互动》,《华东师范大学学报》(哲学社会科学版) 2018 年第 6 期。

王杨:《社会组织在社区治理中的合法化路径与策略——基于北京市一个草根社会组织的个案研究》,《中州学刊》2018 年第 12 期。

徐家良：《新组织形态与关系模式的创建——体制吸纳问题探讨》，《北京大学学报》（哲学社会科学版）2008 年第 3 期。

徐顽强、于周旭、徐新盛：《社会组织参与乡村文化振兴：价值、困境及对策》，《行政管理改革》2019 年第 1 期。

徐永祥：《社会的再组织化：现阶段社会管理与社会服务的重要课题》，《教学与研究》2008 年第 1 期。

杨凤城：《新中国建立初期的文化转型研究》，《党史研究与教学》2008 年第 2 期。

杨荣：《北京市基层管理体制的历史变迁》，《北京社会科学》2004 年第 1 期。

郁建兴、滕红燕：《政府培育社会组织的模式选择：一个分析框架》，《政治学研究》2018 年第 6 期。

张继亮、王映雪：《政府与社会组织协同治理效能提升的三重维度》，《学术交流》2018 年第 6 期。

张紧跟、庄文嘉：《非正式政治：一个草根 NGO 的行动策略——以广州业主委员会联谊会筹备委员会为例》，《社会学研究》2008 年第 2 期。

张奇林、李君辉：《中国慈善组织的发展环境及其与政府的关系：回顾与展望》，《社会保障研究》2011 年第 6 期。

张圣友：《创新社会组织党建思路探索》，《兰州学刊》2008 年第 7 期。

赵立波：《中国特色公益服务体系的组织谱系分析》，《机构与行政》2014 年第 8 期。

周浩集：《改革开放以来党领导社会组织发展的历史考察》，《聊城大学学报》（社会科学版）2018 年第 5 期。

朱力、刘玠：《社会调节在社会治理中的作用》，《社会科学研究》2019 年第 1 期。

## 五  学位论文

曾正滋：《中国特色社会主义社会组织协同治理研究——以国家治

理现代化为视角》，福建师范大学博士学位论文，2015 年。

陈剑：《中国协商民主发展问题研究》，吉林大学博士学位论文，2016 年。

陈洁：《新形势下党的群团工作创新研究》，兰州大学博士学位论文，2017 年。

崔晓晖：《意识形态认同：新时期中国共产党社会整合的思想基础》，吉林大学博士学位论文，2008 年。

龚爱国：《改革开放以来我国青年社会组织功能及其实现研究》，山东大学博士学位论文，2016 年。

黄建军：《马克思主义经典作家社会管理思想及其当代发展》，南京师范大学博士学位论文，2013 年。

龙永红：《互惠利他链：官民慈善组织资源动员的比较研究》，南京大学博士学位论文，2012 年。

卢希望：《执政党的社会整合功能研究》，中共中央党校博士学位论文，2005 年。

申霞：《从对抗到合作：冲突社会下的风险治理》，中央民族大学博士学位论文，2013 年。

谭磊：《中国城镇社会福利事业社会化转型研究》，华中科技大学博士学位论文，2012 年。

田丽：《非营利组织资金运营管理研究》，东北财经大学博士学位论文，2012 年。

涂小雨：《转型期中国共产党社会整合机制研究》，中共中央党校博士学位论文，2010 年。

王猛：《改革开放以来中国慈善组织公信力建设研究》，湖南师范大学博士学位论文，2015 年。

王向南：《中国非营利组织发展的制度设计研究》，东北师范大学博士学位论文，2014 年。

余昌颖：《新时期福建省社会组织发展研究》，华侨大学博士学位论文，2015 年。

玉苗：《中国草根公益组织发展机制的探析——以 B 组织为例》，华中师范大学博士学位论文，2013 年。

张丽莉：《马克思主义视域下的社会管理思想研究》，南开大学博士学位论文，2013 年。

张文岩：《改革开放以来中国共产党社会利益整合研究》，兰州大学博士学位论文，2015 年。

张彦惠：《深圳市非公企业党的建设历史考察及经验研究》，中共中央党校博士学位论文，2018 年。

张泽宝：《和谐社会视域下中国共产党利益整合研究》，电子科技大学博士学位论文，2013 年。

## 六　文件资料

《财政部、民政部关于支持和规范社会组织承接政府购买服务的通知》，财综〔2014〕87 号。

《关于鼓励和规范宗教界从事公益慈善活动的意见》，国宗发〔2012〕6 号。

《关于行业协会商会脱钩有关经费支持方式改革的通知（试行）》，财建〔2015〕788 号。

《民政部关于推进民间组织评估工作的指导意见》，民发〔2007〕127 号。

《关于印发〈政府购买服务管理办法（暂行）〉的通知》，财综〔2014〕96 号。

《关于做好政府向社会力量购买公共文化服务工作意见的通知》，国办发〔2015〕37 号。

《国家中长期人才发展规划纲要（2010—2020 年）》，中发〔2010〕6 号。

《国务院办公厅关于政府向社会力量购买服务的指导意见》，国办发〔2013〕96 号。

《国务院办公厅关于做好 2014 年全国普通高等学校毕业生就业创业

工作的通知》，国办发〔2014〕22号。

《国务院扶贫开发领导小组关于广泛引导和动员社会组织参与脱贫攻坚的通知》，国开发〔2017〕12号。

《民政部、财政部关于加强社会组织反腐倡廉工作的意见》，民发〔2014〕227号。

《民政部关于大力培育发展社区社会组织的意见》，民发〔2017〕191号。

《民政部关于开展2014年度社会组织评估工作的通知》，民函〔2014〕307号。

《民政部关于社会组织成立登记时同步开展党建工作有关问题的通知》，民函〔2016〕257号。

《民政部关于探索建立社会组织第三方评估机制的指导意见》，民发〔2015〕89号。

《社会团体登记暂行办法》，1950年9月29日政务院第52次政务会议通过。

《社会团体年度检查暂行办法》，民社发〔1996〕10号。

《关于加强和完善城乡社区治理的意见》，中发〔2017〕13号。

中共中央印发《中国共产党党组工作条例（试行）》。

《关于在公共服务领域推广政府和社会资本合作模式指导意见的通知》，国办发〔2015〕42号。

民政部2018年发布的《2017年社会服务发展统计公报》。

《关于发布2018年中央财政支持社会组织参与社会服务项目立项名单的通知》，民办函〔2018〕83号。

《关于开展2013年度社会组织评估工作的通知》，民函〔2013〕69号。

《关于加强社会组织党的建设工作的意见（试行）》，中办发〔2015〕51号。

《关于加强和改进党的群团工作的意见》，中发〔2015〕4号。

# 后 记

　　本书系国家社科基金一般项目"新中国成立以来党对城市社会组织整合的历史进程"（13BDJ008）的结项成果，在前期研究的基础上由课题组结合党的十九大精神进行修改完善后最终成书。课题负责人四川大学马克思主义学院高中伟教授全面组织领导了整个课题的研究及写作工作，提出了总的研究思路，确定了研究撰写的框架结构和主要内容，撰写了相关章节，并对全书各章节进行了认真细致的修改和统筹。付志刚、赵淑亮协助课题负责人进行了文字统筹。全书各章节的研究和撰写者为：高中伟（序）；付志刚、高中伟（第一章）；高中伟、邱爽（第二章）；高中伟、田向勇（第三章）；高中伟、苏彦玲（第四章）；高中伟、田向勇（第五章）。在整个研究和撰写过程中，课题组借鉴了相关研究成果，参考了大量文献资料，在此对相关作者表示诚挚的谢意！

2019 年 4 月

**图书在版编目（CIP）数据**

新中国城市社会组织整合研究 / 高中伟等著. -- 北
京：社会科学文献出版社，2020.9
ISBN 978-7-5201-7076-5

Ⅰ.①新…　Ⅱ.①高…　Ⅲ.①社会组织管理-研究-
中国　Ⅳ.①C916.1

中国版本图书馆 CIP 数据核字（2020）第 146912 号

## 新中国城市社会组织整合研究

著　　者／高中伟　等

出 版 人／谢寿光
组稿编辑／曹义恒
责任编辑／吕霞云
文稿编辑／许文文

出　　版／社会科学文献出版社·政法传媒分社（010）59367156
　　　　　　地址：北京市北三环中路甲 29 号院华龙大厦　邮编：100029
　　　　　　网址：www.ssap.com.cn
发　　行／市场营销中心（010）59367081　59367083
印　　装／三河市尚艺印装有限公司

规　　格／开 本：787mm×1092mm　1/16
　　　　　　印 张：16.75　字 数：241 千字
版　　次／2020 年 9 月第 1 版　2020 年 9 月第 1 次印刷
书　　号／ISBN 978-7-5201-7076-5
定　　价／99.00 元